高校英语教学与思维能力培养研究

—— 张秋菊 李俊鹤 傅 勇 ◎ 著 ——

吉林出版集团股份有限公司
全国百佳图书出版单位

图书在版编目（CIP）数据

高校英语教学与思维能力培养研究 / 张秋菊，李俊鹤，傅勇著. -- 长春：吉林出版集团股份有限公司，2022.8

ISBN 978-7-5731-2123-3

Ⅰ．①高… Ⅱ．①张… ②李… ③傅… Ⅲ．①英语—教学研究—高等学校 Ⅳ．①H319.3

中国版本图书馆CIP数据核字(2022)第160978号

GAOXIAO YINGYU JIAOXUE YU SIWEI NENGLI PEIYANG YANJIU

高校英语教学与思维能力培养研究

著　　者	张秋菊　李俊鹤　傅勇
责任编辑	张婷婷
装帧设计	朱秋丽
出　　版	吉林出版集团股份有限公司
发　　行	吉林出版集团青少年书刊发行有限公司
地　　址	吉林省长春市福祉大路5788号
电　　话	0431-81629808
印　　刷	北京昌联印刷有限公司
版　　次	2022年8月第1版
印　　次	2022年8月第1次印刷
开　　本	787 mm×1092 mm　1/16
印　　张	12
字　　数	270千字
书　　号	ISBN 978-7-5731-2123-3
定　　价	65.00元

版权所有·翻印必究

前　言

随着高校培养人才目标的不断变化和互联网技术的发展，传统的教学方式已经不能满足学生的需求，高校教师将新媒体技术运用到英语课堂教学中，可以通过新媒体教学提高师生的互动性，使课堂变得更加生动有趣，更好地激发学生学习英语的兴趣，从而提高学生综合运用英语的技能。在互联网快速发展的背景下，高校英语教学改革是紧迫且必要的。

《普通高中英语课程标准（2017年版）》指出：英语教师在培养学生的语言知识、文化素养、学习能力的同时，注重培养学生的思维品质。教师要善于利用多种工具和手段，如思维导图或信息结构图，引导学生通过自主与合作相结合的方式，在学习过程中辨析语言和文化中的具体现象，梳理、概括信息，建构新概念，分析、推断信息的逻辑关系，正确评价各种思想观点，创新表达自己的观点，具备多元思维的意识和创新思维的能力。这样，才能提高学生独立思考和判断的能力，培养学生的创新精神和实践能力。而这正好是高校英语核心素养的目标和要求。因此，在高校英语教学中，教师不仅要培养学生的听、说、读、写等基本语言技能，更要注重培养学生的质疑、批判和创新等英语思维品质，发展学生的综合语言运用能力。

"思维品质指思维在逻辑性、批判性、创造性等方面所表现的能力和水平。思维品质体现英语学科核心素养的心智特征。思维品质的发展有助于提升学生分析和解决问题的能力，使他们能够从跨文化视角观察和认识世界，对事物做出正确的价值判断。"[①] 但是，仔细观察当前的英语课堂，在大多数英语课堂上，学生只是知识的被动接受者，只会鹦鹉学舌，缺乏独立思考能力。一方面，教师只注重英语语言知识如英语词汇、语法和句型的讲解，教学重心始终停留在语言知识的讲解上，很少重视对学生思维品质的训练。另一方面，学生只会机械地记忆知识点，没有对所学语言的质疑、批判的思维意识，不会提出问题，更不会有自己独到的见解。长此以往，教师的这种死教、学生的死学，会导致英语课堂死气沉沉，缺乏活力与灵性。因此，在高校英语教学中，教师必须转变观念，重视学生思维品质的培养。

---

① 中华人民共和国教育部，普通高中英语课程标准（2017年版）[M]，北京：人民教育出版社，2018.

目 录

第一章 高校英语教学中存在的问题 ··· 1
- 第一节 高校英语教学相关问题的症结剖析 ··· 1
- 第二节 英语基础知识教学中存在的问题 ·· 9
- 第三节 英语听、说教学中存在的问题 ··· 14
- 第四节 英语读、写、译教学中存在的问题 ······································· 17

第二章 高校英语学科教学模式 ··· 25
- 第一节 高校英语教学模式概述 ·· 25
- 第二节 结构和认知取向的英语教学模式 ·· 29
- 第三节 功能取向的英语教学模式 ··· 33
- 第四节 任务取向的英语教学模式 ··· 36
- 第五节 社会文化互动取向的英语教学模式 ······································· 41
- 第六节 全语教学模式 ·· 44

第三章 高校英语教学方法 ·· 46
- 第一节 高校英语教学方法的创新 ··· 46
- 第二节 多学科交叉视角下的高校英语教学方法 ································· 49
- 第三节 基于提升课堂学习效率的高校英语教学方法 ··························· 52
- 第四节 高校英语教学方法中的情境英语教学法 ································· 55
- 第五节 构式语法与高校英语教学方法创新 ······································· 57
- 第六节 "互联网+"背景下的高校英语教学方法 ······························· 61
- 第七节 在创新创业背景下浅谈大学英语的教学方法 ··························· 62

第四章 高校英语线上与线下教学研究 ··· 65
- 第一节 线上教学概述 ·· 65
- 第二节 现代线上大学课程教学模式 ·· 67
- 第三节 线上与线下混合式教学模式 ·· 71
- 第四节 线上与线下混合教学模式的环节设计 ···································· 78
- 第五节 线上与线下混合教学模式的实践要求 ···································· 85

第五章 跨文化交际下的高校英语课程体系建设 88

第一节 英语口语课程建设 88

第二节 英语教材建设 95

第三节 教师团队建设 106

第四节 英语课程资源建设 109

第六章 大数据时代中高校英语教学 114

第一节 大数据时代中高校英语教学改革 114

第二节 大数据时代中高校英语翻转课堂教学模式 117

第三节 大数据时代中高校英语空间教学行为优化 121

第四节 大数据对高校英语教育教学的影响 129

第五节 大数据时代中高校英语数字化教学的转型 132

第六节 大数据时代中英语教学的微传播 135

第七章 高校英语教学中学生能力的培养 139

第一节 高校英语教学中学生文学思维与人文精神的培养 139

第二节 利用立体化高校英语教学培养学生的思辨能力 142

第三节 高校英语教学中学生交际能力的培养 144

第四节 高校公共英语教学中学生英语应用能力的培养 147

第五节 高校英语翻译教学与翻译能力培养 150

第六节 高校英语教学中学生自主学习能力的培养 155

第八章 高校英语思维和思维培养 158

第一节 语言思维的发展 158

第二节 思维的分类 163

第三节 思维的培养方式 165

第九章 高校英语思维培养策略 166

第一节 创新思维培养 166

第二节 模仿思维的培养 169

第三节 艺术思维的培养 173

第四节 理性思维的培养 175

第五节 负迁移思维的培养 180

参考文献 184

第一章 高校英语教学中存在的问题

第一节 高校英语教学相关问题的症结剖析

笔者认为，我国高校的公共英语教学一直是基于一个统一的教学大纲，缺乏分类指导，学习英语通常是为了通过考试（当然不排除日常交际的功用）。自实行全国大学英语四级和六级考试以来，各高等院校对英语越来越重视。很多高校要求所有专业的学生要通过一二年级的学习最后通过"全国大学英语四级考试"。全国大学英语四级考试主要测试学生的听、读、译、写能力，现在又对部分学生增加了口语考试；这对调动学生学习英语的积极性、提高英语教学水平起到了很大的促进作用。然而，由于没有后续教学，非英语专业的学生在通过了全国大学英语四级和六级考试后就觉得自己已经"圆满"地完成了在大学期间的英语学习任务。大学三年级和四年级两年基本上没有系统的英语课程，ESP（Englishfor Specific Purposes，专门用途英语）并未得到应有的重视，在我国，ESP 教学尚处于初级阶段，关于 ESP 教学的具体理论研究和实践还不成体系，适合中国学生的 ESP 教材十分有限。ESP 教学的匮乏与社会发展对人才的需要相矛盾。目前高校培养出的学生绝大多数看不懂英文产品说明书，更不晓得某个术语用英语怎么说，他们无法用英语获取相关的专业知识。这样的教学是不完整的，更是无法顺应时代需求的。当今社会对外语人才的需求呈多元化趋势，单一外语专业或单一技术技能型的人才已经不能适应市场经济的需要。人们普遍感到在学校中所学的英语满足不了实际交际的需要。目前外语界最热门的话题就是"如何培养复合型人才？""如何提高学生的英语实践能力？"这意味着当前的英语教学必须顺应时代要求，转变教学模式，由单科的"经院式"人才培养转向"宽口径""应用型"复合型人才培养模式。高校要做到这一点，就必须大力倡导 ESP 教学。

与国外 ESP 的快速发展形成鲜明对照，ESP 在我国的发展相对滞后。我国 ESP 研究起步较晚，二十世纪六七十年代 ESP 研究在国外兴起之时，我国应用语言学的研究几乎处于停滞状态。从 20 世纪 70 年代起，我国一些理工科院校相继成立了外语系或科技外语系，组织和实施高校英语教学，各个省成立了高校英语教学专业委员会，全国成立了高校英语教学指导委员会，专门负责高校英语的教学、研究和考试。我国对于 ESP 研究始于 20 世纪 70 年代末，到目前为止，我国外语界对 ESP 在课程设置、教学法、教材建设、ESP 工具书编纂等方面进行了多维的探索。为了更好地教授ESP课程，相关学界人士对与之关系甚为密切的工具书进行研究，并依据这些研究成果编纂相应的辞书，如《英汉自动学及检测仪表词汇》《英汉计算机技术词典》《英汉美术词典》《英汉社会科学词典》《英汉空气动力学词典》等。但是，就写作的宏观结构和微观结构而言，不少辞书仍存在着诸多缺憾。其间一些学生也发表了不少与ESP相关的文章和论著。但令人遗憾的是，大部分相关研究成果仍停留在介绍国外的研究成果上，只有少数英语教师结合自身ESP从教经历探讨了大学ESP教学模式。与国外ESP的系统研究相比，国内相关方面的研究相当有限。

在我国，ESP教学兴起于20世纪80年代初，标志为科技英语和经贸类英语专业的设置，以及由此带动的各类专业英语课程的开设。同时一些外语院系也开始尝试开设"科技英语"课程，并尝试与其他国家交流。1981年，在联合国开发署的资助下，ESP教学网在北京外国语大学、上海外国语大学、西安外国语大学的出国人员培训部成立，其任务是帮助ESP项目学员（主要是科技人员）用半年左右的时间完成语言训练，使学员能够掌握英语交际能力。然后，学员由中国与联合国有关组织和机构商定的经济技术合作项目派往国外参加学术交流、学术深造或研究。

一方面，实践领域付出了巨大的努力，另一方面却不时传来学术界对ESP是否存在的种种质疑。对于是不是有"科技英语"（即"专门用途英语"），我国的外语界从一开始就有一场针锋相对的争论。当时中国科技大学研究生院李佩在向中国科学院各研究所发出的征求意见书中就记载了这样的意见分歧：

近年来，我国外语界对大学公共英语教学应取向"科技英语"还是"普通英语"一直有所争议。所谓"科技英语"是20世纪70年代在国外流行的"专用英语"被引进中国后的一种说法。赞成"科技英语"者认为，随着科学技术的飞速发展，国际交往日益频繁，英语已成为国际学术交流所必备的工具，因此，他们认为"科技英语"或"学术英语"应是大学英语的主攻方向，以便满足学生的特殊需要。而主张"普通英语"者则认为无论是哪一个专业系统，其所用英语均处于该语言的大体系之中，只有"为科技所用的英语"，而不存在什么"科技英语"，只有让学生打下一个扎实的英语基础，方能真正使英语起到得心应手的工具作用。

李佩所选的中国科学院各研究所所长和研究员基本上都反对"科技英语"这一说法。他们在回信中分别写道"把外文的基础打好，读科技文章就不成问题。""我偏向于以'公共英语'为基本，只有掌握这门语言的'共核'部分，才能有利于英语在科技方面的应用。""我100%地支持大学公共英语应趋向'普通英语'的看法。"中国科学院院士，当时复旦大学校长杨福家撰文指出："不能将语言简单地划为'科学英语'，乃至'物理英语'、'生物英语'等等。"他甚至断言："'科学英语'根本不存在。"张少雄撰文认真评说了科技英语词汇不存在的种种理由，并由此断言：不仅科技英语词汇不存在，按学科分类方法分割出的各种专业英语，除有一定程度的心理意义以外，并无理论上的科学性，也没有实践上的必要性。

当学术意见不同时完全可以争论，但这场争论已超越了理论上的探索，直接影响了我国高校英语的教学课程设置和发展方向。在较长的一段时间里，一种观点占主导地位：我国的高校英语教学是基础英语即普通英语的教学，不需要也根本没有必要进行专门用途英语的教学。按照一般的理解，科技英语是 ESP 的重要组成部分，我国的 ESP 教研也是首先从科技英语开始的。如果科技英语不存在，那么 ESP 存在的理由就必然苍白无力。出现这种尴尬的局面有多种原因，最主要的是长期缺乏理论研究使得我国高校的 ESP 教学体系多年来一直处于较为混乱的状态，突出表现在教学大纲对 ESP 课程定性与定位不明、ESP 师资匮乏、教材滥用等。

1983 年，上海交通大学受中华人民共和国国家教育委员会（简称国家教委）的委托，对全国部分院校毕业生在工作中使用英语的情况进行了调查分析，这是我国高校英语教学首次对学生的交际需要进行分析；尔后又对部分院校新生入校时的英语水平进行了调查分析。这些分析虽然不尽完善，却为国家教委于 1985 年颁布的《高校英语教学大纲（文理科通用）》（以下简称"85《大纲》"）的制定提供了重要的数据资料。85《大纲》将大学英语分为专业英语阅读阶段和基础阶段。85《大纲》指出专业英语阅读阶段的培养目标是：使学生能以英语为工具，获取专业所需要的信息。尽管 85《大纲》中不少内容的确定都采用了 ESP 的方法，如"微技能表"就是以门比（Munby）的被应用语言学界誉为 ESP 中最深刻、最严谨的需要分析的《交际大纲设计》（*Communicative Syllabus Design*）一书为蓝本。但 85《大纲》没有明确提及 ESP 课程，只是遮遮掩掩地称其是"专业阅读"（尽管最初开设的课程以科技英语为主），并没能明确地指出 ESP 课程到底是英语课还是专业课，至于到底读什么，深度和难度如何，均没有量化的指标。

85《大纲》对 ESP 教学没有实质性的推动，加之 ESP 本身的跨学科性和当时社会经济状况对英语要求不高，因此在经历了 20 世纪 80 年代末到 20 世纪 90 年代初短暂的科技英语热之后，ESP 教学的发展几乎停滞。原本设立 ESP 专业的学校，由于毕业生没有明显的就业优势，不得不放弃 ESP 特色。例如，原华西医科大学曾在 1986 年开设了医学科技英语专业，学生除学习英语外，每学期还至少学习一门医学课程，学制相应延长至 5 年。该专业的培养目标为医学院校英语教师，毕业生既能胜任公共英语教学，也能承担医学英语甚至医用拉丁语教学。但是，走上教学岗位的毕业生反映，医学院校有的没有开设医学英语，有的开设了但不是由外语教师任课，因此该校英语专业从 1994 级学生开始，基本上停开了所有医学课程，学制也缩短至 4 年。

就教学对象来讲，ESP 和 EGP（English for General Purposes，通用英语）一样在我国有着广大的学习者。许多岗位上的工作人员利用业余时间参加 ESP 课程培训，每年有几十万名学习者参加由剑桥大学举办的剑桥商务英语（Business English Certificate，简称 BEC）考试从中就可以看出这种趋势的存在。从国家教委到外语学界的专家、学者以及一线教师都意识到了开设 ESP 课程的重要性。

1996年出版的高等学校理工科本科用《大学英语专业阅读阶段教学基本要求（试行）》弥补了85《大纲》的缺陷。对85《大纲》中关于专业阅读课教学的要求和安排做了进一步阐述，制定了课程的教学基本要求，加快了专业阅读课教学规范化的步伐。

同时，外语专业教学内容和课程体系改革也在紧锣密鼓地进行中。1994年年底，国家教委制定了"高等教育面向21世纪教学内容和课程体系改革计划"，"面向21世纪外语专业教学内容和课程体系改革"课题项目由上海外国语大学和北京外国语大学合作承担，并邀请了北京大学、清华大学、复旦大学、南京大学、对外经贸大学、外交学院、华东师范大学和解放军外国语学院等院校的专家、教授参与工作。为了便于开展研究，分别成立了由上海外国语大学和北京外国语大学牵头的南北方两个课题组，在教育部高等教育司外语处的直接指导下工作。课题组自1996年正式开展工作，到1997年6月截止，课题组分两个阶段进行了大量的调查研究、信息数据统计和分析研讨工作。两组分别设计了调查问卷和分析反馈信息，并在此基础上撰写了分析报告。1997年6月，课题组成员参加了高等学校外语专业教学指导委员会英语组年会；1997年11月，又参加了全国外语院校协作组年会。在两次年会上，课题组成员认真听取了外语界专家对外语专业教学内容和课程体系改革的意见和建议，与会专家肯定了课题组的调研工作以及关于外语专业教学改革的总体思路。

经过对全国部分外语院校（系）人才培养和教学现状的摸底调查，基于各院（系）的总体改革和发展情况，结合21世纪对外语人才的需求，课题组提交了《关于外语专业教育改革的建议》，其核心内容是：21世纪是一个国际化的高科技经济时代、信息时代、智力和人才竞争的时代。我们培养的学生作为21世纪的社会主义建设者和接班人，应该能立足我国以经济建设为中心的各条战线，面向改革开放前沿，适应市场经济，利用所学语言和知识，在传播沟通信息和进行科研成果的对外交往与合作、从事教育与科学研究等方面胜任工作，并发挥积极作用。这是21世纪的中国和世界对外语专业人才提出的新要求。《关于外语专业教育改革的建议》还指出，当前外语教育专业改革的当务之急是转变教育思想，更新教育观念。由于社会对外语人才的需求呈多元化的趋势，过去单一外语专业和技术技能型人才已经不能适应市场经济的需要，市场对纯语言专业毕业生的需求量正逐渐减少。因此外语专业必须从单科的"经院式"人才培养模式转向宽口径、应用型、复合型人才的培养模式。其实，英语专业的学生仅仅是ESP学习者的一小部分，更大一部分来自非英语专业的学生以及专业工作人员。

ESP课程的进一步明确是1999年修订的《高等学校英语专业教学大纲》（以下称"99《大纲》"），正式提出了"专业英语"的名称，对"专业英语"的地位和重要性给予了充分的肯定，并规定"专业英语"为必修课。99《大纲》明文规定："专业英语是高校英语教学的一个重要部分，是促进学生完成从学习过渡到实际应用的有效途径。各校均应在三、四年级开设专业英语课……切实保证大学英语学习四年不断线。"99《大纲》的要求明确了大学英语第二阶段即提高阶段的教学方向（第一阶段为基础阶段），为大学高年级阶段的ESP教学定了位。

但99《大纲》依然存在问题。既然是《高等学校英语专业教学大纲》做出的规定，那么专业英语课理应属于英语课程系列，是公共基础课。但是，由于99《大纲》规定"专业英语课原则上由专业教师承担，外语系（部、教研室）可根据具体情况配合和协助"。在实际操作中，外语教学部门的配合和协助基本上是一句空话，ESP课程完全成了专业课教师的业务。《高等学校英语专业教学大纲》对ESP课程的定位不明可能导致了各个学校的教务部门对它的认识五花八门。以同济大学为例，在42个开设有ESP课程的专业中，有21个专业把它列为专业基础课，有15个专业把它列为专业课，还有6个专业把它列为公共基础课。同济大学的情况在全国高校中很有代表性。作为专业课或专业基础课，ESP课程理所当然地应该由专业课教师来组织教学。作为公共基础课（大学英语课程的一个分支），ESP课程应该由英语教师来组织教学。从ESP的全称English for Specific Purposes来看，它首先是一门英语课，应该由英语教师来承担。无论是英国、美国等英语国家还是新加坡、罗马尼亚等英语水平较高的国家都把ESP课程作为英语教学的一个分支，由英语教师来承担教学工作。而在我国，由于定位不明确，ESP课程一小部分由英语教师承担，其余大部分由专业课教师包揽，使得从事ESP教学的教师主要有这样两类：

第一类：在服务前(pre-service)以学文学为主，后从事EGP教学。由于教学计划改变，或为满足学习者新的需要，转向一些较热门的专业英语的教学，如法律英语、商务英语、科技英语等。由于这类教师本身不是某一话语共同体的成员，给教学带来了一定的局限性，如不完全熟悉该专业的业务，无法了解学习者的各种需要，不精通该语言体裁的特点或词汇特点，容易将专业学科教学上成英语的辅助课，使语言教学易走弯路，不但费时、低效，甚至误导学习者。

第二类：在许多高校，专业英语的教学任务都是由某一系或某一专业的英语水平较高的专业教师承担。这类教师的优势是熟悉本专业的词汇和交流机制，他们既是目标话语共同体的成员，又是该专业的行家里手。但是，专业课教师讲授ESP课程有很多缺陷。首先，教师群体的英语应用水平和教学水平不一。不能否认少数专业课教师有较高的英语应用水平，但是，就如同汉语讲得好的人不一定会教中文一样，专业课教师并不一定有能力组织有效的ESP教学。更何况，英语应用能力强的教师不一定被安排去教ESP课程，这就不可避免地使相当一部分教学任务落到了英语应用能力一般的教师身上。同济大学的相关调查表明，不少从事ESP教学的专业课教师对自己的英语能力信心不足，多数教师只用传统的语法翻译法教学。同济大学作为全国排名靠前的重点大学，情况尚且如此，那么其他高校的情况如何，就不言而喻了。其次，专业课教师无论是教学还是科研，都把主要精力放在了自己的专业上，ESP课程对他们来说只不过是"副业"而已。他们花在ESP上面的精力非常有限，这直接导致其教学方法呆板、教学效果差、科研停滞不前。而对ESP教学和科研有兴趣的英语教师则苦于没有机会从事教学实践，即使搞科研，也只能是纸上谈兵，无法使理论联系实际。

另据韩萍、朱万忠等①调查，ESP对教师有专业和语言方面的双重要求，许多高校的专业教师，由于他们自身语言底子不足又缺乏语言教学经验，选择的教学模式主要还是"翻译+阅读"，很少涉及语言综合技能的全面训练，在课堂上扮演的角色仍然是"以教师为中心"的"传道授业解惑者"，学生也只是知识的被动接受者；同样，由语言教师承担ESP课程教学任务，由于其不懂相应的专业知识和ESP教学之于EGP的特殊性，也难以胜任。ESP师资选择陷入两难的境地。根据对温州大学师生进行访谈后发现，许多教师对ESP教学没有组织设计交际任务或活动，仍使用传统的呈现式、灌输式教学法，以及使用精读或阅读的教学模式进行教学，整个课堂只有来自教师的输入（input），忽视了学生对所学语言的输出（output），"哑巴英语"现象仍然没有得到改观。受全国大学英语四级和六级考试的影响，全校外语教师普遍重视基础英语，从事ESP教研的教师寥寥无几。这从该校2004年度校级ESP教研立项的项目数量就可以看出：在总共39个项目中，有关大学英语的有6个，而有关ESP的只有1个，即《英美报刊选读》教学创新之探索。同样，其他高校也存在着厚此薄彼的现象。

99《大纲》中要求的各校"要逐步建立起一支相对稳定的专业英语课教师队伍，成立由学校领导和专业英语教师组成的专业英语教学指导小组，统筹、协调、检查专业英语教学方面的工作"，明示了ESP师资力量不稳定的突出问题。一般高等院校很难找到精通某种专业并精通外语的"全科教师"。一般的英语教师缺乏必要的专业知识，讲授专业的深度和广度受限，加之基础教学任务重、压力大，无力担此重任；而专业教师对于高校英语教学的内容不熟悉，对学生在基础阶段所应接受的训练及掌握的语言知识、技能了解不多，在讲课中会出现该讲的没讲，不该讲的又重讲的现象，加之受其自身英语水平的限制，不能够有效指导学生的专业英语阅读。

尽管专业课教师和语言教师的合作一直为ESP研究者所提倡，但是王蓓蕾②在对同济大学ESP教学情况进行调查中发现，ESP教师都是专业课教师，其中只有两位和其他教师合作教学。他们的教学重任仍在专业课上，他们认为ESP课程备课量大，对教师有专业和语言的双重要求，费时费力，不如上专业课有成就感。大多数高校的ESP师资队伍不稳定，甚至于某些高校或推迟开课的时间，或索性根本不开设ESP课程。

事实上，长期以来ESP在高校英语教育中的定位模糊不清。章振邦教授指出，现存的问题是我国的普通英语教学年限太长，对专业英语重视不够，从小学到大学包括"四六级"英语测试，都是在测试普通英语的水平。刘法公指出，中国英语教学界对基础英语和专门用途英语教学之间存在不少模糊的认识，认为英语教学的任务就是培养学生的基本英语技能。目前，我国许多高校的现状是重视基础英语，忽视ESP教学，极大地影响了学生综合英语能力的培养。著名学者秦秀白教授认为我国的ESP教学尚未进入成熟阶段，一个主要原因是没有解决好ESP在高校英语教育中的定位问题。

---

① 韩萍,朱万忠,魏红.转变教学理念,建立新的专业英语教学模式[J].外语界,2003(2)：24-27+33。
② 王蓓蕾.同济大学ESP教学情况调查[J].外语界,2004(1)：35-42.

各专家、学者都曾就此提出自己的解决方案,刘润清[①]建议给大学英语教师举办师资培训班;黄建滨和邵永真[②]认为应"选派英语功底好的优秀专业课教师担任专业英语课的教学任务,并在待遇上给予特殊政策";蔡基刚[③]则认为ESP教学应"主要由外语教师来承担,而双语课可由专业教师授课";还提出鼓励年轻的具有硕士学位的外语教师攻读其他专业的博士学位,加强和双语课程专业课教师的业务合作等。

除了教学大纲和师资问题外,教材的问题也相当严峻,不容乐观。开展ESP教学必须依靠合适的系列教材。没有一系列科目适当、难度适中、语言适宜的ESP教材,就无法保障ESP教学质量。教育部没有组织各系统、各专业统一编写专业英语教材,基本上每个学校都以自行编写或选编为主,教材没有统一的教学目标,缺乏统一的指导思想,存在着较大的盲目性和主观性。各教材之间缺乏内在的连贯性和系统性,更少考虑所选教材之于教学法的可操作性。有的教材是国外专业书的片段拼凑;有的教材只有课文,而没有练习;有的教材只注重专业知识,而完全忽略了英语语言的训练。大多数教材是个人自发独立或联合编写的杂乱无章的教材。部分ESP教材的编写者从事通用英语教学,没有受过有关ESP知识的专门训练,对ESP的核心指导理论——"真实性"的理解不够完全,认为真实的语料仅指真实的书面语篇,而忽略了听、说等真实的语言、真实的课堂活动的运用,忽略了对语言教室交际场景文化真实的设计,也忽略了对学生真实学习策略的培养。一些教材虽然运用了真实阅读语篇,但内容陈旧,不能充分地调动学习者的积极性,教学效果不理想;某些教材练习仍然以语法、词汇、翻译等传统练习为主;还有一些则全盘采用外国杂志上的原始材料,难度大大超过学生已有的语言和专业水平,阻碍了课堂交际活动的安排。更严重的问题是,教材几乎全是由教师在课前选定的,学生对教材的选择没有发言权。任何ESP课程的设计都要以学习者需求为基础去进行,而在我国,ESP需求分析对绝大多数课程设计者来说还是一个陌生的概念,更不用说有人去做了。课程设计者如果没有经过需求分析,就会对各个领域的ESP课程是否有必要开设缺乏概念。比如,应该以使学生达到什么程度为培养目标?达到这一目标需要多少学时?应该采取大班上课模式还是小班上课模式?因此,就出现有的专业安排ESP课程,有的专业却没有。课程学时的差异也很大,无论专业本身对听、说、读、写要求如何,一般都采取大班上课模式。

目前,组织人力编写出较为完整、统一的ESP教材是亟待解决的英语专业学科建设问题。近几年来,宁波大学、汕头大学、广州外语外贸大学、北京外国语大学的ESP教师已陆续编写并出版了《现代国际商务英语》《报刊英语》《旅游英语》《国际商务英语》《国际金融英语》《商贸法规英语》等教材,并同时开设相关课程,这一尝试值得其他高校借鉴和推广。

鉴于师资匮乏、教材滥用等问题,很多高校的专业阅读课迟迟不能开设;即便开课,

[①] 刘润清.外语教学研究的发展趋势[J].外语教学与研究 1999(1):8-13,79.
[②] 黄建滨,邵永真.大学英语教学和教师情况调查分析[J].中国大学教学,2001(6):20-22+25.
[③] 蔡基刚.ESP与我国大学英语教学发展方向[J].外语界,2004(4):22-28.

课时也不能得到保证，收效甚微，形同虚设。王蓓蕾在《同济大学ESP教学情况调查》一文中指出："调查表明，从总体来看，62%的学生能看懂原版资料，但遗憾的是，80%的学生却无法用英语交流相关信息。看来ESP教学仍停留在专业阅读阶段。各专业的差异也较大，如地质学专业70%的学生能看懂原版资料，而给水排水工程竟有50%的学生看资料有困难。"

ESP课程具有边缘性，是专业内容与英语语言技能培养的结合，各个领域的内容差别很大。目前我国多数ESP课程缺乏教学大纲，虽然85《大纲》和99《大纲》对ESP课程做出了一些指导性的规定，但过于笼统，不能算作真正意义上的教学大纲。况且每个领域（如医学、法律、计算机和金融等）的ESP内容各不相同，不可能共用一个大纲。教学大纲的缺乏使得教师对教材的选取和讲授内容的多少自由度过大，责任心欠缺的教师可能会偷工减料，使教学内容大打折扣；即使教师的责任感强，也会由于对课程的认识不一致而影响教学内容和效果。教学必须要有相应的评价机制，ESP教学不同于一般的教学，不能用一般的教学评价机制来衡量。高校需要建立客观、公正、符合ESP教学规律和特点的评价机制，而大多数高校还没有建立起相应的ESP教学评价措施，使得ESP教学长期处于无人监管的状态。

教学发展的停滞不前使有关部门认识到了问题的严峻性，在ESP教学举步维艰、效果不佳的情况下，转而把希望寄托到双语教学上。教育部办公厅在2001年9月下发了《关于加强高等学校本科教学工作提高教学质量的若干意见》。该文件强调指出："积极推动使用英语等外语进行教学，按照教育面向现代化、面向世界、面向未来的要求，为适应经济全球化和科技革命的挑战，本科教育要创造条件使用英语等外语进行公共课和专业课教学。对高新技术领域的生物技术、信息技术等专业，以及为适应我国加入WTO后需要的金融、法律等专业，更要先行一步，力争3年内，外语教学课程达到所开课程的5%~10%。暂不具备直接用外语讲授条件的学校、专业，可以对部分课程先实行外语教材，中文授课，分步到位。"这里所说的外语教学即双语教学。有关部门及高教界人士一度对运用双语教学提高学生ESP应用能力寄予厚望。但是，在具体的教学操作中，双语教学依然困难重重，成了很多学校教学上的一个死结。湖北大学的一位负责人在该校接受教育部评估前无奈地说："我校各项指标都能得A，唯独双语教学率不及格。"2004年颁布的《大学英语课程教学要求（试行）》，虽然强调教学要与学生未来工作需要相结合，但对ESP教学几乎没有明确的提及。高校英语教学依然沿袭通用英语一统天下的套路，ESP教学似乎已被淡忘，无人问津了。

ESP在中国已有几十年的发展历史，令人遗憾的是出于种种原因，它依然未能挣脱大学公共英语和专业课程的羁绊。传统的"语言中心"和"教师中心"的教学法仍然根深蒂固，ESP课程不免处于尴尬境地，既不能满足学生提高语言能力的要求，也无法与专业课的重要性相提并论。

第二节　英语基础知识教学中存在的问题

一、语音教学中存在的问题

我国的英语语音教学主要存在五个问题：对语音教学的内容和任务把握不够、对语音教学重视不够、教师语音不标准、对语音教学的长期性认识不够、学生的语音练习机会太少。下面，我们就对这五个问题分别进行说明和分析。

（一）对语音教学的内容和任务把握不够

语音教学的内容不仅包括字母、音标和拼读，还包括语流、语调和重音等。但是，有的英语教师只关注前面几项内容，而忽视了后面几项内容，这就很容易造成学生发音尚可，拼读也还熟练，但语流不畅、语调不过关，最终影响学生的朗读、口语能力的发展。这是因为，语调和重音等因素对语义的影响有时比单个音素还要大，对学生语感的培养极为重要。因此，英语语音教学不能只停留在单个音素和单词读音的层面上，还应帮助学生在音长、重音、语调、停顿和节奏等方面打下坚实的基础。

除了知识性的传授以外，在语音教学中，英语教师必须使学生具备以下几种能力。

（1）能够听音、辨音和模仿语音。

（2）能够将单词的音、形、义联系起来，并能迅速做出反应。

（3）能够按照发音规则将字母及字母组合与读音联系起来。

（4）能够迅速拼读音标。

（5）能够将句子的读音和意义直接且快速地联系起来，从而达到通过有声言语进行交际的能力。

（6）能够朗读文章和诗歌。

（二）对语音教学重视不够

语音不仅是语言的基本要素，更是语言赖以存在的基础。可以说，世界上所有的语言不一定都有文字形式，但一定有各自的语音。因此，英语语音教学也应该是整个英语教学发展的起点。然而，在实际教学中，英语教师对语音重视不够的情况并不少见。这一现象不仅表现为英语教师对学生的发音问题（如浊辅音发成清辅音、短元音发成长元音等）不认真纠正就放过，还表现为学生由于语音基本技巧不纯熟，无法快速地将字母与语音联系起来，达不到直接反应的水平。总之，英语教师对语音教学的重视不够往往会直接导致学生的语音基本技巧自动化程度不够。这一问题不仅阻碍了英语的后续教学，更影响了学生的语言能力和各项语言技能的发展。有调查显示，我国英语教学存在两极分化的现象，包括班与班、校与校、地区与地区的宏观分化，以及班内学生之间的微观分化。这种分化现象无不与语音教学有着莫大的关联。如果学生的语音基础不好，那么学生读单词就会有困难，不会读或读不准单词会直接影响学生对单词的记忆和积累。如果学生的词汇量不够，那么学生在阅读时也就困难重重。另外，如果学生的语音基础不好，那么学生就无法将音、义快速联系起来，这也给其听力学习造成了很大的困难。而学生的英语听力能力的薄弱会导致其听力学习效果不佳。如果教师用英语授课，那么学生将难以跟得上，最后连听课都困难，就只能放弃英语学习了。

（三）教师语音不标准

作为语言的基本功，语音看起来简单，但实际上要想做到发音准确是十分不易的。部分英语教师自身就存在发音不准确的问题。还有一些英语教师不分英式发音和美式发音。这在中国人看来似乎没什么，但在英语系的人听来就十分怪异了。要想解决这些问题，英语教师必须自觉地提高英语水平，进行一定的专门发音训练。此外，英语教师也可以使用录音机等教学工具，一方面保证了语音的准确性，另一方面也保证了每位学生都能听得清楚，从而起到正音、正调，提高学生的学习兴趣的目的。

（四）对语音教学的长期性认识不够

英语教学是从语音教学开始的，但这并不意味着语音教学只存在于英语教学的初期。事实上，语音教学应该贯穿整个英语教学过程。这点常为一部分教师所忽视，导致学生的语音越来越差。高年级学生可能反而不如低年级学生敢于开口讲话。这些问题的产生都与教师对语音教学的长期性认识不够有很大的关系。语音是一种技巧性能力，"久熟不如常练"，语音的学习需要经常的练习。英语教师不仅要指导学生练习，教师自己也要不断地进行纠音和正调。当然，入门阶段以后的语音教学大多是融入语法、词汇、句型、课文教学，以及听、说、读、写训练之中的，虽然并不明显，但也体现了英语学习的综合性质和科学规律。

（五）学生的语音练习机会太少

语音练习机会少是英语语音教学中的一个显著问题，也是学生英语语音学习效果不佳的一个重要原因。要想解决这一问题，学生应做到以下几点：首先，要坚持听音在先，听清、听准、听够，然后再模仿发音或读音。其次，教师可在纠正语音的时候画龙点睛地讲一些语音知识和练习诀窍，如设计单音成组比较练习，音调、词调、句调结合练习，或英汉语音对比练习等。此外，教师还应注意学生普遍存在的语音问题，并有针对性地对学生进行"发声"指导，帮助学生纠正这些语音问题。

二、词汇教学中存在的问题

我国的英语词汇教学主要存在以下四个方面的问题：教学方法单一、忽视学生主体地位、缺乏实际生活体验、缺乏系统性。下面我们就对这四个问题分别进行说明和分析。

（一）教学方法单一

词汇是学生在英语学习过程中最感到头疼的部分。词汇的记忆和使用往往令学生感到枯燥、乏味。而纵观我国的英语词汇教学可以发现，大部分教师依然采用传统的教学方法，即"老师领读—学生跟读—老师讲解重点词汇用法—学生读写记忆"。这种教学方法单调、乏味，学生处于被动的学习地位，无疑加剧了学生对词汇学习的抵触情绪，词汇教与学的效果都不会太好。

面对上述问题，教师必须重视教学方式方法的改革，要采用多样、有趣的词汇教学方法来调动学生的积极性，提高学生学习词汇的兴趣。例如，教师可以利用实物、多媒体等教具来呈现和讲解词汇，从而达到抓住学生的注意力，提高他们词汇学习的兴趣和效果。

（二）忽视学生的主体地位

随着英语教学的不断发展，越来越多的人认识到学生在英语学习中的主体地位。然而，这种主体地位在实际的英语教学中仍未得到很好地体现，在词汇教学中也不例外。词汇教学本应注重对学生智力的开发，重视对学生的观察力、记忆力、想象力、思维能力和创造能力的培养。而现实状况却是"教师只顾教，忽视学生学"。英语教师大多采用填鸭式教学，将词汇的发音、意思和搭配等知识灌输给学生，要求学生死记硬背下来，而忽视了对学生主观能动性的激发。实际上，学生的词汇学习到达一定阶段后大多已经具备了一定的英语词汇基础，且有能力对相关的词汇规律进行归纳和总结。因此，教师不应继续"独揽霸权"，而应发挥引导作用，使学生能够逐渐独立思考，总结并发现词汇规律，从而掌握词汇学习的方法，这样的词汇学习才能更加长久、更加有效。

（三）与实际生活联系不够

词汇教学方法的单一导致词汇的呈现和讲解大多局限在黑板和教师的口头讲述上，这也就意味着其与实际生活的联系十分微弱，而不能使词汇学习与学生的实际生活联系起来，也就难以引起学生的词汇学习兴趣，教师也无法因材施教。

为解决这一问题，教师就要将词汇教学与实际生活多加联系。例如，教师可将所授词汇放在一个真实的语境中来呈现或讲解，也可以适度扩展一些学生感兴趣的词汇，还可以补充一些与所教词汇相关的课外内容，并做适当的引申。学生只有认识到所学词汇的实用性，才会产生强烈的学习动机，词汇学习的效果才会更好。

（四）缺乏系统性

英语词汇的教与学都可以按照一定的系统来开展，把握好这种系统性有助于加强词汇之间的联系，从而提高词汇教学的效率和效果。然而，目前我国大多数的英语词汇教学都严重缺乏这样的系统性。肖礼全曾指出："从小学到中学再到大学，所有的英语课本都包含的课文，其内容的主题都没有一个系统可循，几乎每一册课本都可能包含十个甚至更多的主题，如生活常识、人物事件、生态环境、旅游观光、社会道德、天文地理、历史经济等。"

由于这些课文没有共同的主题,其所包含的词汇也就缺乏共同的纽带和轴心,学生能够依附的知识体系繁杂,因而也就无法形成一个可以展开或聚合的体系。这就容易导致学生在应用、记忆、复述和联想这些词汇时陷入一种无章可循的散乱状态,最终导致学生的英语词汇学习效果不佳。

要解决这一问题,教师就应将词汇教学纳入知识系统学习的轨道,用专门的知识系统来引领和组织英语词汇学习。例如,定期按照一定的标准(如相同主题、反义关系、相同语境等)对所学词汇进行归纳总结,这样学生才能更加有效地理解和使用词汇,词汇教学才能取得更大的成效。

三、语法教学中存在的问题

语法是构筑一切语言的奠基石,是语言教学和考试必不可少的部分。语法教学效果的好坏直接关系着学生对语言的理解和应用能力的高低。就我国目前的英语语法教学的现状来看,其中存在五个问题:教学环境差、教学方式单一、教学时间不足、语法地位降低、教学缺乏系统性。下面我们就对这五个问题分别进行说明和分析。

(一)教学环境差

语言环境对语法教学的影响很大。如果语言环境有利,就便于学生在真实的语境中理解和使用语法。如果语言环境不利,就会对语法教学造成很大的阻力。在我国,英语教学是在汉语的环境下进行的,而英、汉两种语言分属于不同的语系,这就使英语语法教学处于一个不利的语言大环境之中。另外,在我国大部分英语语法课堂教学中,教师大多采用汉语授课,更加大了语言环境的不利影响。学生在缺乏语境的情况下,对语法的理解和掌握不够深刻,只能机械地记忆教师教授的语法条目,却无法真正地掌握其使用方法,以致错误频出。要想解决这一问题,教师应尽量用英语授课,并注意结合真实的语境来教授语法,便于学生的理解、记忆和使用。

(二)教学方式单一

"先讲语法规则,后做练习"是我国英语语法教学最常使用、甚至是唯一的教学方法。然而,这种教学方法使学生处于被动接受的地位,无法调动学生学习的积极性。这种教学方法往往会令学生感觉好像听懂了、会用了,可是要使用语法的时候又感觉对语法很陌生,总是会遇到这样或那样的问题。尤其是当几个语法现象共同出现的时候,学生往往就会不知所措。因此,面对复杂而繁多的语法条目,教师务必要注意教学手段的多样性,以激发学生的学习兴趣,深化学生对语法条目的理解,实现语法教学效果的最大化。

(三)教学时间不足

在缺乏英语大环境的条件下,我国英语语法教学要想取得成绩,主要就得依靠课堂教学效果。然而,英语课堂教学除了涉及语法教学以外,还涉及语音、词汇、听力、口语、阅读、写作和翻译方面的教学，这样一来，用于语法教学的时间就少之又少了。教学时间的不足也是制约英语语法教学效果的一个重要因素。

要想解决这一问题，英语教师不能硬从其他语言知识和技能的教学中挤时间，而应将语法教学与听、说、读、写、译的教学融合在一起，这样就大大增加了语法教学的时间和效果，同时也不影响语言技能的教学，可谓一举两得。

（四）语法地位降低

近几十年来，英语语法教学经历了从"天上"到"地下"的巨大变化。早些年，语法教学是整个英语教学的重点，甚至还有教师将二者等同起来。一时间，语法教学的地位"无人能及"。然而，在此观点指导下，英语教学弊端逐渐暴露，大量淡化英语语法教学的现象也随之逐渐显露。导致这种现象产生的原因有两个：一是学生在小学就开始学语法，到大学阶段对于语法的学习已基本完毕，无须重复；二是试卷中考查语法的题目较少，分值比重也很小，不值得学生花费太多的精力去学习。事实上，这两种观点均有失偏颇。下面我们就对这两种观点分别进行评述。

第一种观点将语法学习的时间长短与学习内容的多少、学习效果的好坏等同起来，这是不正确的。学习时间长并不代表学到的知识就又多又好。即使学生掌握了初中和高中全部的语法内容，也并不意味着他们能够理解其所学语法项目的全部用法。这是因为，中学阶段的很多语法项目有时并不适用于学生大学阶段遇到的一些语法现象。例如，中学时期学习的条件状语从句的使用要求是"从句用一般现在时，主句用一般将来时"。但是，当学生日后遇到类似下面的句子时，就会难以理解。

If it should fail to come, ask Marshall to work in his place.（如果来不了，请马歇尔代替他工作。）

在本例中，不管主语的人称和数量如何，从句动词一律采用"should+不定式"的形式，而主句动词则可根据语义意图采用不同的形式。其中，should 表示一种不太肯定的婉转口气，并不影响条件的真实性。条件状语从句的这种用法在初中和高中时期并不多见，学生仅靠对条件状语从句的一般认识是无法彻底理解本句含义的。

由此可知，很多语法项目往往包含多种用法和意义。对于这些用法和意义，学生显然无法在英语学习的初级阶段就全部学到。如果学生不能深入、持久地学习和更新语法知识，就很难理解那些看似简单的语言现象。

第二种观点本身就是目光短浅、只见表面不见本质的。尽管在英语考试中直接考查语法的题目所占分值并不高，但作为语言构成的基础，语法无论对英语学习还是对英语考试都具有极为重大的意义。这是因为，任何句子的分析和理解都离不开语法。无论是听力、口语、阅读、写作还是翻译，学生如果没有扎实的语法基础，就可能听不懂，而且可能说不对、看不明白、写不出来、翻译错误甚至翻译不出来。可以说，英语测试就是建立在语法基础上的，对学生语法的考查其实贯穿了英语考试的始末。

（五）缺乏系统性

语法教学系统性的缺乏体现为，学生虽然对个别语法条目非常熟悉，但对与之相关的语法条目及其之间的差别与联系并没有一个鲜明且完整的印象。例如，有一定英语基础的学生都能说出一些语法名词，如现在分词、过去分词、一般现在时、一般将来时、虚拟语气、独立主格等，但是如果让学生回答英语语法中有多少词类、几种时态、几种语态等问题，他们就往往回答不上来了。这种系统性地缺乏对学生全面、深刻地理解和使用语法知识是极为不利的。要想解决这一问题，教师应在语法教学过程中，对学过的语法项目多加总结，以帮助学生形成一个完整的语法体系概念。

第三节 英语听、说教学中存在的问题

一、听力教学中存在的问题

我国英语听力教学中存在的问题主要有：学生畏惧听力、听力基础薄弱、教学模式单一、缺乏适度引导、教材现状不佳等。下面我们就对这几个问题分别进行说明和分析。

（一）学生的问题

1. 畏惧听力

听力是一种综合的语言能力。学生听力技能的培养涉及理解、概括、逻辑思维、语言交际等能力的培养。但在实际英语听力教学中，很多学生跟不上语音材料的语速，且因思维缓慢，而不能使听到的语音转化成实际的意义，因而听力效果不佳。也正因如此，学生对听力学习总是心存畏惧。

2. 听力基础薄弱

学生听力基础薄弱体现在多个方面。

（1）英语基础差。很多学生即使到了大学阶段，所掌握的词汇量、语法仍然十分有限，对语音的识别能力还很欠缺。这些都直接成了听力的重大障碍。

（2）缺乏英美文化知识。听力材料中不可避免地会包含一定的文化信息，而学生对英语国家的历史文化、自然地理、风土人情、思维方式、行为习惯等不了解，就势必会影响听的效果，甚至会产生错误的理解。

（3）不良的听力习惯。我国的英语教学具有很强的应试性，这种环境不利于学生养成良好的听力习惯。另外，学生在课外也很少练习听力，因而导致他们的听力能力欠佳。

以上这些听力基础的欠缺积累在一起就会导致学生产生怕听的情绪。

（二）教师的问题

1. 教学模式单一

当前我国英语听力教学多采用"听录音—对答案—教师讲解"的教学模式。这种模式下的听力教学不仅缺乏对学生的有效监督，而且忽视了学生对语篇的整体理解。教师只是毫无目标、机械地播放录音，一遍不行放第二遍或第三遍。教师盲目地教，导致学生盲目地听，丝毫无法产生听的兴趣，教学效果自然不佳。

2. 缺乏适度引导

在应试教学影响下，英语听力教学也多是围绕考试这个指挥棒而转的。教师大多将教学重点放在如何应付考试上，以考试的方式训练学生的听力能力，且常常不对学生做任何引导就直接播放录音。这就很容易使对生词、相关的知识背景等尚不熟悉的学生在听的过程中遇到种种障碍，不仅降低了听力的质量，而且使学生产生挫败感，从而对听力学习失去信心和兴趣。

与之相反的是，有的教师总是在播放录音之前对学生进行过多的引导，不仅介绍了生词和句型，还将材料的因果关系等一并介绍给了学生。这样一来，学生即使不仔细听，也可以选出正确答案，这就很难激起学生听的兴趣，听力教学也就失去了意义。

由此可见，如何对学生进行适度的引导是关系听力教学质量的一个重要问题，引导的太多或太少都会影响教学效果，教师应根据实际情况灵活把握。

（三）教学条件的问题

1. 听力时间不足

由于大多数学生很少在课下积极、主动地练习听力，因此，听力学习的时间主要集中在课堂上。一节课时间有限，不可能全部用于听力，学生能够听的时间其实很少。而听作为一种综合性技能，它的提高并非一朝一夕就能够实现的，这就造成学生听力水平提高缓慢。

2. 教材现状不佳

教材是教学得以开展的重要依据，对教学大纲以及练习的设计和安排有着直接的影响，对教学活动的开展起着关键的作用。好的听力教材不仅可以丰富学生的文化素质，还可以开阔学生的视野。但是，我国很多学校使用的听力教材存在内容陈旧、编排不合理等问题，不能反应迅速变化的时代，也无法体现最新的教学思想和教学方法，这也是我国英语听力教学效果迟迟得不到提升的一个重要原因。

二、口语教学中存在的问题

随着经济、科技、政治等各方面的全球化发展，人们需要用英语进行交际的机会也日益增多。口语教学引起了越来越多人的重视，而我国学生的英语口语交际水平与实际需要还相差很远，"哑巴"英语现象普遍存在。造成这一现象的原因在于英语口语教学中存在诸多问题。下面我们从学生、教师、教学条件三个角度来分析英语口语教学中存在的问题。

（一）学生的问题

1. 语音不标准，词汇匮乏

受汉语语言环境的影响，语音基础不好的学生有的发音不准，影响了语义的表达；有的带有地方口音；还有的不能正确使用语调和重音等，直接影响了英语口语语音语调的标准性。另外，由于缺乏练习，学生往往很难将学到的词汇用在口头表达中，从而造成无话可说或不知如何去说的尴尬。

2. 心理压力大，缺乏自信

受应试教育的影响，初中和高中的英语教学都将重点放在了阅读和写作的训练上，而忽视了英语口语教学。这就使学生即使日后意识到了口语的重要性，也总是心虚、不自信。虽然有些学生的口语能力并不像他们想象的那么差，但是他们却仍然不愿意开口说英语。即使有一小部分学生愿意做口头交流，也总是带有紧张不安的情绪，担心自己因说错而被批评、被取笑，更不要说那些发音不好的学生了。这些负面的情绪和压力对学生口语能力的提高显然十分不利。

（二）教师的问题

1. 教学方法滞后

我国的英语口语教学是作为英语整体教学的一部分而出现的，并未被独立出来进行专门教授，因此英语整体教学中存在的问题也直接体现在口语教学中，教学方法滞后就是一个重要的问题。在口语教学中，教师也习惯性地采用传统的"讲解—练习—运用"的教学模式。这看似体现了教学规律，实际上却制约了学生说的积极性。在此教学模式下，学生只能被动地接受教师所讲授的词汇和语法知识，在没有语境的情况下做大量机械的替换和造句等练习，根本无法有效地锻炼口头表达能力。

2. 汉语授课

学生提高英语口语能力的一个重要方法就是多听、多说。然而，很多英语教师考虑到学生的英语水平参差不齐，为了使所有学生都能跟得上教学进度，而不得不放弃英语授课，这无疑恶化了英语使用的环境，减少了学生用英语进行交际的机会。另外，为了追赶教学进度，应付全国大学英语四级和六级考试，教师也多用汉语讲授知识点。

（三）教学条件的问题

1. 课时不足

口语教学的一个显著且直接的问题就是教学时间得不到保证。学生口语能力的提高需要其花费大量的时间，进行大量的实践，而我国的口语教学被纳入英语整体教学之中，教学多重形式、轻运用，因此口语教学未能得到时间上的保证。

以高校使用的英语教材《新编实用英语综合教程》为例，该教材主要包括五项内容：听、说、读、写、译。每个班级按45人计算，加上学生参差不齐的英语水平，那么即使分配给口语课2个小时,也显然不足以有太大的"作为"。可以说,教学时间不足是英语口语教学的硬伤,直接导致了学生的口语能力不足。

2. 缺乏配套教材

有调查显示,我国高校非英语专业的英语教材大多按精读、泛读、快速阅读、听力等单项技能分册发行,专门的口语教材十分少见。大多数教材都将口语训练当作听力训练的延展而附在听力训练之后,其内容也多简短、缺乏系统性。这是很难达到英语口语教学在整个英语教学中的比重标准的,同时也会使学生误以为口语不那么重要,因而从思想上轻视口语学习。市场上为数不多的口语教材也多难以担当重任。因为这些教材要么是专门针对某一专业或某一领域的口语教材,难度极大;要么是有关简单的问候、介绍、谈论天气等日常用语的教材,过于简单,无法满足社会各领域对相应口语能力的要求。由此可见,配套教材的欠缺是制约口语教学效果的一个重要因素。

3. 口语评估制度欠缺

评估可以检验教学质量,是教学中不可或缺的重要环节。我国最常使用、影响最大的评估方式就是考试。例如,小学、初中、高中都有相应的期中、期末考试,大学有全国大学英语四级和六级考试。然而,这些考试多是对学生听力、阅读、写作、翻译技能的检测,无法考查学生口语学习的质量,而专门用于检验口语水平的测试少之又少。造成这一现状的原因在于,口语考试的实施和操作都有一定的难度,如对口语测试材料难易程度的把握、考试形式的信度和效度等问题。对此,全国大学英语四级和六级考试委员会在全国部分省市实施了大学英语口语考试,并规定了统一的等级评审标准。显然,要想切实提高教师和学生对口语的重视程度,提高口语教和学的质量,仅仅增加全国大学英语四级和六级口试是远远不够的,但全国大学英语四级和六级口试制度的出台无疑为完善英语口语评估制度无疑提供了良好的示范作用。在此指引下,我国将来势必会推出更多、更科学的口语评估方式。

第四节　英语读、写、译教学中存在的问题

一、阅读教学中存在的问题

阅读教学看似简单,实际上也存在很多问题,主要包括教学观念错误、教学方法滞后、教材设计不科学、课程设置不合理。下面我们就对这几个问题分别加以说明。

(一)教学观念错误

培养学生快速从语篇当中正确获取所需信息的能力是阅读教学的目的,而在实际的英语阅读教学中,这一目的已被很多教师误解了。他们经常将阅读教学混同于词汇教学和语

法教学。在阅读教学中,教师常常过分重视语言知识的传授,抓住一个单词或语法点就大讲特讲,出现"讲解生词—逐句逐段分析—对答案"的错误形式,而忽视了对学生对语篇的理解、从语篇中获取信息能力的培养。造成这一问题的根本原因就在于,教师对阅读教学有观念错误,或对阅读教学的目标认识不清,因而导致阅读教学成为语法和词汇教学,学生阅读速度慢、质量差的情况并未得到改善。对此,教师对于英语阅读教学必须更正教学观念,将阅读作为一种实用的语言技能进行教授,不仅要传授学生语言知识,更重要的是传授他们语篇和文化知识;同时还要注意提高学生的思考能力、分析能力、判断能力,拓展学生的视野,激发学生对英语阅读、英语语言和英语文化的兴趣,提高他们的英语综合运用能力和人文素养。

(二)教学方法落后

英语整体教学方法的单一和滞后在阅读教学中也有所体现。教师大多让学生自己阅读完后做题目,然后领着学生对答案,再对错题进行讲解。这种教学方法的应试性比较高,却十分死板,学生的阅读习惯、阅读技巧等均得不到培养,主体地位得不到突出,主观能动性未得到很好的发挥,阅读的实际需求也得不到满足,学习兴趣更得不到培养,最终使阅读教学收效甚微。尤其是在一些教学条件落后的偏远地区,教师对阅读教学的重视不够、研究不足、实践不多,以致难以形成科学、高效的教学方法,大大影响了阅读教学的质量。

(三)教材设计不科学

不同阶段的英语阅读教学会使用不同的教材,虽然这些教材本身大多已经十分成熟,但不同阶段的教材之间却缺乏必要的连贯性,这也是英语阅读教材存在的最主要问题。具体来说,小学阅读教材注重词汇,中学阅读教材注重语法,大学阅读教材注重阅读技能的训练。虽然这三个时期的教材各有侧重和针对性,符合学生认知和阅读学习的规律,但由于每个阶段结尾与下一阶段的开始缺少必要的承接和过渡,学生一下子很难跟上进度,从而造成阅读教与学的脱节。

(四)课程设置不合理

阅读课程设置不合理也是影响阅读教学质量的一个重要问题。很多学校、教师错误地认为阅读教学是英语教学的附属品,导致阅读课程的教学目标和教学计划不明确,阅读教学的课时、课程设计、师资力量和教学组织都得不到保证,直接影响了阅读教学的效果。

二、写作教学中存在的问题

写作教学长期以来都是英语教学的重点,相较于其他英语技能而言,发展得更为充分。但是,其中也存在不少的问题,如教学缺乏系统性、形式重于过程和内容、教与学相互颠倒、重模仿轻创作、课程设置不合理、缺乏相关教材、批改方法不恰当。下面我们就对这些问题分别进行说明。

（一）系统性不足

写作教学的系统性不足主要表现在三个方面：教学目标不系统、教学方法不系统和写作指导思想不系统。

1. 教学目标

任何一种技能的学习都不是一蹴而就的，其教学也不可能取得立竿见影的效果。英语写作技能的培养也需要一个循序渐进的系统过程。这种循序渐进首先就体现在教学目标的系统性上，这是实现英语写作目标的基本保证。

英语写作目标缺乏系统性是因为总体目标（针对学生的生理、心理特征，结合写作教学的自身规律，并在英语课程要求中明确规定的总体任务）与阶段性目标（根据总体目标制定的一系列的阶段性目标）之间互不协调，总目标与子目标之间连贯和衔接的科学性严重缺失。造成这一现状的原因可能是显性目标与隐性目标系统不平衡导致的，也可能是教师对写作的目标体系与学生实际写作之间关系的模糊认识所造成的。无论是什么原因，这种写作总体目标与阶段目标的不协调显然会影响目标的实现。因此，学校及教师都必须克服这些不利因素，把握好英语写作教学的总体目标和阶段性目标。

英语写作教学目标之所以难以实现，一个主要的原因就是教师对英语写作教学目标与学生之间实际关系的认识不清。事实上，目标是教师和学生对学习结果的期待，是一个未实现的状态，因此教学目标与学生的实际之间必然存在一定的差距，适当的差距对学生写作能力的提高是有利的，而过大或过小的差距则不利于学生写作能力的提高。基于这一点，英语写作教学可被视为帮助学生向目标逼近的过程。英语教师和学生可以借助目标与实际之间的距离，设定一些教学或学习步骤，并熟悉实现每一环节目标的条件、困难和可能性。否则，一旦教师对写作教学的目标与学生实际之间的关系和意义认识不清，就会导致教师的行动和反应的迟缓，直接影响写作教与学的质量。

2. 教学方法

英语写作教学系统性不足还体现在教学方法上。所谓方法，就是一种对活动程序或准则的规定性，是一种能够指导人们按照一定的程式、规则展开行动的活动模式。系统性是英语写作教学方法的内在规定，是有效运用教学方法的重要基础。离开了系统，教学方法也就失去了意义和价值。这是因为，教学方法实际上是整个教学系统的一个子系统。它与教学目的、教学内容以及师生间的互动均联系密切：没有明确的教学目的，写作教学就会迷失方向；而脱离了教学内容，教学方法也就毫无意义；缺少了师生之间的互动性和双边性，教学方法也就没有了价值。因此，不同的教学目的、内容和师生关系应该对应不同的写作教学方法和运作。在不同的条件下，写作教学方法的系统运作会呈现不同的水平和层次。因此，英语写作教学方法的运作必须根据教学系统中的各项组成部分来实施，否则就会造成种种矛盾和冲突，影响写作教学的效率。

3. 写作指导

写作指导思想是否系统对写作教学质量的影响极大。写作技能和写作能力的生成虽然需要学生通过大量的练习来获得，但多练不等于泛练。如果写作练习缺乏目的性，那么即使学生花费很多时间也是无用的。另外，从遣词造句到段落和篇章的生成，从写记叙文到写议论文，从构思、行文到修改，整个写作是一个由浅入深的系统操作过程。因此，教师对学生的指导也应具有系统性。然而，我国的英语写作教学大多缺乏这样一种系统性。教师教的时候和学生写的时候都没有一个明确的目标。教师也没有一个长远的规划，只是跟着教材随机地教授写作方面的知识和技能，这就大大降低了写作教学的效果。

（二）重形式、轻过程和内容

长期以来，我国英语写作教学一直存在重形式、轻过程和内容的问题，导致这一问题产生的原因如下。

1. 欠缺英语思维

在英语写作教学中，教师往往强调学生要用英语思维来写作，要避免使用中式英语。然而，要做到这一点很难。毕竟对于中国学生来说，英语是一门外语，汉语才是母语。学生的汉语思维模式已经根深蒂固，要想使英语思维成为习惯是极为不易的。

另外，很多人认为，英语写作侧重语言形式的作用是必然的。所以，在英语写作教学中，教师重视文句的规范性和文章的结构，而忽视了文章的内容和思想的现象仍然大量存在。部分教师也将文章结构和语言形式看作写作教学的主要内容。初学写作的学生更是将学会把握文章结构和形式视为写作学习的终极目标。这些最终都使写作的教与学流于形式，很难触及写作的核心。

2. 受历史传统影响

在早期的英语写作中，为了快速写出一篇符合要求的英语文章，人们常常模仿相似文章的语言形式和文章结构来写作。久而久之，教师和学生都将形式作为了英语写作教学的重点，而忽视了写作的过程和内容。写作变成了一种模仿，而非创造。

事实上，内容和过程对于写作来说也是很重要的。一篇好的文章应该具有丰富、深刻的内容，而这些内容仅仅依靠对形式的模仿是无法实现的。语言的形式和文章的结构仅是作者表达思想和情感的一种手段。学生能否把握文章的结构和格式固然重要，但如果过分强调它们的作用显然并非好事。文章的思想和观点是写作及写作教学的根源，而文章结构和语言形式则是写作及写作教学的支流，如果根源得不到保证，那么支流显然就失去了存在的基础。因此，英语写作教学必须处理好源与流、本与末、主与次的关系，在注重写作形式教学的同时还要重视写作内容的教学和学生写作能力的培养。

（三）教与学相互颠倒

写作教学并非一种知识性课程，学生的写作技能无法靠教师的讲解来获得，原因如下。

（1）写作是一种实践性活动，涉及写作的技巧和能力。因此，写作教学应该以学生的实践和操练为主，以教师的知识传授为辅。

（2）写作教学的目的在于提高学生的写作能力，因此写作应该是一种学生个体的活动，从构思、写作到文章修改都应该使学生参与其中，教师过多的讲解只会耽误学生的写作时间，进而影响学生写作的积极性和主动性。

然而，我国英语写作教学一直存在教与学相互颠倒的现象，主要体现在以下两个方面。

（1）写作教学中仍存在教师大量讲解理论知识的问题，使学生，尤其是初学写作的学生，很容易觉得写作枯燥、无用，产生厌倦、畏难等情绪，因而丧失写作的兴趣，最终影响英语写作教学目标的实现。

（2）教师常以自己的写作经验为基础来指导学生写作，常对学生使用一些不恰当的话语指令或规则指导学生，剥夺了学生的话语权，限制了学生的独立思考，简化了学生写作过程的心理体验，遏制了学生写作中的创造性，使他们产生盲从的心理。这显然颠倒了写作教学中的师生地位，也很容易使学生在写作过程中在构思、行文和情感体验上出现雷同现象，导致学生的写作创造能力得不到真正的提高。

（四）重模仿、轻创作

重模仿、轻创作是我国英语写作教学的一大弊病。尽管模仿是写作教学的起始状态，也是学习写作的必经阶段，更对我国学生（尤其是初学英语写作的学生）学习写作起到了促进作用，但模仿并非写作的最终状态。它虽然能够提高学生写作学习的效率，但过度的模仿并不利于学生写作能力的持续发展。因为写作不仅是一种个体的心智行为，更是一种创造的过程。从构思、行文到修改，写作过程始终体现着作者的个性特点和独立思考的能力。写作过程中的意义和价值都是由学生创造而来的，一味地模仿必然会抑制学生的写作积极性和主动性，进而影响学生的写作动机和兴趣。

（五）课程设置不合理

除英语专业以外，我国部分的英语写作教学是被纳入英语整体教学之中的，但并未被独立出来进行专门教授。这就很容易使得教师因为课时有限而无法花费太多的时间来组织学生写作。久而久之，学生也会误以为写作学习并不重要。如此一来，不仅写作教学本身得不到时间上的保障，学生也会产生轻视写作的思想。

（六）缺乏相关的教材

目前我国的英语教材大多是集语音、词汇、语法，以及听、说、读、写、译于一体的综合性教材，而关于"写"的专门教材相对较少。即使在英语整体教学中，虽然几乎每个单元都会涉及写作练习，但并未形成一个科学的系统，同时也缺乏一定的指导，学生的写作练习也多处于被动地位，这对于写作学习而言是极为不利的。

（七）批改方法缺乏有效性

作文批改的方式方法也是写作教学中存在的一个显著问题。很多教师在批改作文时，重点仍然放在纠正拼写、词汇和语法等方面，却忽略了学生在写作过程中思维能力的培养，这会使学生过分追求写作时的语言正误，忽视了对文章结构、逻辑层次的把握。

另外，教师对学生作文的批语也同样重要。有的教师一味地指责学生写作中的错误，而缺少鼓励，这会制约学生写作的主动性，导致他们消极应付、望而生畏，对自己写作中出现的错误不能很好地改正。

（八）教学改革滞后

随着英语教学改革的不断深入，英语教师对写作教学也有了一定的认识。尽管如此，英语写作教学方面的改革仍然相对滞后。学生英语思维能力的多方位、多角度、发散性、创造性、广阔性和深刻性仍然没有得到足够的重视和训练。除此之外，作为英语教学的一部分，写作应与阅读、口语、听力、翻译等方面的教学有机地联系起来。但是，在实际英语教学过程中，教师并未真正把写作教学与其他方面的教学融合在一起，而是孤立地教授写作方面的知识，这样做不利于学生对英语学习的全面认识，也不利于学生对写作学习的深入了解。

三、翻译教学中存在的问题

除听、说、读、写以外，翻译也是英语教学必不可少的一个重要组成部分。但在英语翻译教学中存在着很多问题，既有教师方面的问题，又有学生方面的问题。教师方面的问题主要包括：教学形式单一，对翻译教学重视程度不够。学生方面的问题主要包括：翻译时"的不休"，语序处理不当，不善增减词，不善处理长句。下面我们就对这些问题分别进行说明。

（一）教师的问题

1. 教学方法落后

教学方法是英语翻译教学的一个软肋。在实际的英语翻译教学中，教师常采用"布置翻译任务—批改作业—讲评练习"的方法开展教学。可以看出，后面两个步骤都是由教师完成的，学生真正参与的只有第一个步骤。这就使学生处于翻译学习的被动地位。学生在整个学习过程没有发挥主观能动性进行积极的思考和探索，而是被教师牵着鼻子走，这显然会使翻译教学的效果事倍功半。

2. 重视程度不够

对翻译教学的重视程度不够主要体现为以下几个方面。

（1）在翻译教学中，教师往往不注重对于翻译基本理论和翻译技巧的传授，而仅仅是将翻译作为理解和巩固语言知识的手段，将翻译课上成另一种形式的语法课或词汇课。

（2）在学生做完翻译练习后，教师大多只是对对答案，对翻译材料中出现的关键词和句型等进行简单地强调，而缺乏对学生进行系统的翻译训练。

（3）就时间而言，教师花在翻译教学上的时间很少，通常是有时间就讲，没有时间就不讲，或只当家庭作业布置下去，由学生自己学习。

（4）英语教学大纲中对翻译能力培养的要求不具体。

（5）英语考试中虽然包含翻译试题，但其所占的比重远不如阅读和写作等。

以上这些问题最终致使翻译教学质量迟迟得不到提高。

（二）学生的问题

1. "的不休"

在实际的翻译操作中，中国学生每每看到英语形容词就自然而然地将其翻译成汉语的形容词形式，即"……的"，导致译文"的不休"，读起来很别扭。例如：

The decision to attack was not taken lightly.

原译：进攻的决定不是轻易做出的。

改译：进攻的决定经过了深思熟虑。

It serves little purpose to have continued public discussion of this issue,

原译：继续公开讨论这个问题是不会有什么益处的。

改译：继续公开讨论这个问题没有益处。

2. 语序处理不当

英语句子通常直截了当地表达主题，然后再逐渐补充细节或解释说明。英语句子有时要表达的逻辑较为复杂，就会借助形态变化或丰富的连接词等手段，根据句子的意思灵活安排语序。相比较之下，汉语的逻辑性较强，语序通常按一定的逻辑顺序（如由原因到结果、由事实到结论等）逐层叙述。这种差异意味着将英语句子翻译成汉语时必须对语序做出适当的调整。很多学生都意识不到这一点，其译文也大多存在语序处理不当的问题，读起来十分别扭。例如：

The doctor is not available because he is handling an emergency.

原译：医生现在没空，因为他在处理急诊。

改译：医生在处理急诊，现在没空。

3. 不善增减词

由于语言和文化等方面的差异，在将英语句子翻译成汉语时不可能也没必要完全拘泥于英语形式，即逐字逐句地翻译原文。事实上，由于原文含义和翻译目的等方面存在不同，译文可根据实际需要而适当增减词。很多学生并不明白这一点，其译文大多烦冗。例如：

Most of the people who appear most often and most gloriously in the history books are great conquerors and generals and soldiers...

原译：在历史书中最常出现和最为显赫的人大多是那些伟大的征服者和将军及军人。

改译：历史书上最常出现、最为显赫者，大多是那些伟大的征服者、将军和军人。

4. 不擅处理长句

英语中不乏长且复杂的句子，这些句子大多通过各种连接手段衔接起来，表达了一个完整、连贯、明确、逻辑严密的意思。很多学生在遇到这样的英语句子时往往把握不好其中的逻辑关系，也不知如何处理句中的前置词、短语、定语从句等，因而译出的汉语句子多不符合汉语表达习惯。例如：

Since hearing her predicament, I've always arranged to meet people where they or I can be reached in case of delay.

原译：听了她的尴尬经历之后，我就总是安排能够联系上的地方与人会见，以防耽搁的发生。

改译：听她说了那次尴尬的经历之后，每每与人约见，我总要安排在彼此能够互相联系得上的地方，以免误约。

第二章　高校英语学科教学模式

教学模式的研究、建构和应用一直为教学理论界和教师所推崇。教学模式是教学理论的具体化，它源于理论，又源于实践；它使教学理论实践化，又使教学实践概念化；它是理论的存在，又是实践的存在。因此，它使教育和教学理论指导教学实践成为可能；使两者的互动变得必要，也成为必然。英语教学也不例外，模式化是任何学科学习的本质属性，也是学科教学的基本特点。

第一节　高校英语教学模式概述

教学模式是以教学思想和教学理论为依据而构建起来的模型或范式，典型的模式有扬·阿姆基·夸美纽斯的观察—记忆—理解—练习模式，约翰·弗里德里希·赫尔巴特的明了—联想—系统—方法模式，约翰·杜威（John Dewey）的发现问题—提出假设—做出推论—验证假设模式，本杰明·布鲁姆（Benjamin Bloom）的掌握学习模式等。我国教学模式的研究开始于20世纪80年代中期，主要涉及教学模式本质的界定和教学模式建构理论的研究。因为研究者研究视野的多维性，教学模式概念的界定呈现出多样性。钟启泉[1]认为，教学模式是能够用于构成课程和课业、选择教材、提示教师在课堂或其他场合教学的一种计划或范型，它具有简约性、理论性和相对稳定性的特点。而顾明远[2]则认为，教学模式是"反映特定教学理论逻辑轮廓，为实现某种教学任务的相对稳定而具体的教学活动机构"。

一、国内英语教学模式研究

我国外语教学理论界对教学模式的理解主要有以下几种：①对一个系统或理论构成因素的框架式描绘。②教学模式是由理论支持的教学活动的操作框架。它可能根据一定的教学理论而建成，也可由概括实践经验来形成。③对语言教学理论或（和）英语教学过程各主要因素本质及其相互关系等的形象性表述。而肖礼全[3]则根据教学模式在实际应用中表现形式认为教学模式具有抽象和具体两种意义。其抽象意义是指较为系统的教学理论、方

---

[1]　钟启泉. 现代教学论发展 [M]. 北京：教育科学出版社，1992.
[2]　顾明远. 中国教育路在何方——顾明远教育漫谈 [M]. 北京：人民教育出版社，2016.
[3]　肖礼全. 对中国英语教学宏观模式的思考 [J]. 外语教学，2005（5）：35-42.

法和观点，或带有规律性的、有相对固定的方法、步骤、活动的教学实践；其具体意义是指用图形、表格、线条等对教学相关因素及其关系进行的框架式的、概念式的描述。

近几年来，高校英语教学界一直在探索一条适合中国国情的教学模式。比如，王才仁[①] 提出了一种在中国适用的英语教学交际模式，该模式"不仅把整个英语教学过程看作交际过程，而且把每一步都看成是交际；整个教学是师生之间交际的反复循环"。该模式的核心原则是交际，交际是教师与学生之间的纽带，语言的输入和输出都通过交际来实现。该模式吸收了西方第二语言习得的理论成果，在"准备—过程—结果"的基础上发展出"输入—加工—输出"的学生语言输出流程。该模式强调交际的互动性和情景性。在该模式中，英语教学的内容是语言信息、语用信息和文化信息，语言形式被看作是"为实现意义转换的工具"。在英语教育史上，这无疑是一大进步。但是，该模式对于学生语言输入的正确、得体和流利性关注得不够。肖礼全在对20世纪下半叶以来中外四种教学模式评述的基础上，构建了一个"以中国国情为依据，以亿万中国人学习英语为目的"的中国英语教学宏观模式（也称为"中国流"）。该模式由教学环境、教学主体、教学过程和教学结果四个板块组成，体现出很强的时代性，如教学过程分为实体和虚拟双轨。该模式吸收了先进的教学理论，把教师和学生都看成是教学的主体，并提倡自主学习和任务型教学等新理念。但是，作为一个宏观模式，它必须非常地简洁明了，否则它无法涵盖"亿万中国人"的亿万种学习方式。该模式力图做到全面，但太全面了就难以突出其重点或个性，反而使其易于失去自身存在的价值。

教学模式本质的界定除了概念界定之外，还包括对模式层次的界定。现代英语教学包括三个层次的模式：宏观模式（英语教学过程模式）、中观模式（大纲设计模式）和微观模式（课堂教学模式）。英语单词 approach（方法）、method（方法）和 technique（技艺）分别具有宏观、中观和微观三个层面的意义。

近十年来随着课程改革的不断深入，我国教师、学者和研究生在英语教学模式方面的研究取得了可喜的成绩。他们对模式的研究涵盖小学、初中、高中和大学等层面，如小学英语自律课堂教学模式、初中英语互动教学模式、高中英语逆向教学模式、三位一体高校英语整体教学模式；他们还从教学方法视角摸索教学模式，如"输入与输出平衡"英语教学模式、"四段式"英语教学模式、提纲式英语教学模式、封闭式英语教学模式等；教学方法方面主要集中在"互动""合作""任务""创新"等视角，如"互动"英语教学模式、自主—交互式英语教学模式、任务型教学模式在高中英语教学中的实践研究、"探究合作创新"英语教学模式等。此外，他们针对英语阅读课总结出了许多教学模式，如"问题式"英语阅读教学模式、英语阅读教学中的"交流—互动"模式探析、英语语篇教学模式等。

针对以上我国英语教学模式建构的现状，可以发现我国当前英语教学模式的基本研究上是零散式的，但是在总体上模式构建的视角包括：①理论说——教学模式是在教学实践中形成的一种设计和组织教学的理论，并以简约的形式表达出来。②结构说——教学模式

---

① 胡春洞，王才仁. 英语教学交际论[M]. 南宁：广西教育出版社，1996.

是在一定教学思想或理论指导下建立起来的各种类型教学活动的基本结构或框架。③程序说——教学模式是在一定教学思想指导下建立起来的，完成所提出教学任务的比较稳固的教学程序及其实施方法的策略体系。④方法说——常规的教学方法，俗称为"小方法"，教学模式称为"大方法"。

英语教学模式的发展趋势具有三个主要特点：①由关注"教"的教学模式向关注"学"的模式转变。②模式构建越来越体现多门学科知识的整合性特征。③模式研究的理论不断深入，实验研究逐步成熟。

在英语课堂教学中，我们很难发现某位教师采用了某种教学模式，但是可以发现五种程序设计模式，它们分别是翻译式、听说式、答疑式、网络式和交际式。①翻译式是指在教学过程中，教师依靠母语系统讲授教学内容，学生能够熟悉课文，掌握语法规则和一定量的词汇。②听说式强调用有限数量的句型来描写无限数量的句子，把英语学习过程看成是养成习惯的过程。③答疑式是指教师对学生在学习过程中提出的问题进行分类处理，讲课时围绕学生提出的共同性的、关键性的问题进行多角度、多层次的讲解或组织学生讨论。④网络式要求教师和学生共同归纳、选择具有共性且富有意义的知识点，让学生通过联想把新旧信息编织起来，形成合理的知识结构。⑤交际式是指教师选择一个功能意念项目，并设置一定的信息沟，使学生为获取所需信息而进行模拟的交往过程。在实际英语教学过程中，没有哪一节课可以采用某种纯粹的教学模式。教师只有根据教学的实际需要和实际情况，从整体角度出发把握英语教学模式，融会贯通地理解和运用多样化的英语教学程序，创造性地组织教学，灵活巧妙地衔接各个教学环节，才能符合教学的动态性与复杂性之要求。

在我国，外语教学界可以引进国外优秀的教学模式加以实践。20世纪80年代起，浙江大学开展了以德国"柏林模式"为基础的"德语作为外国语教学论的实验"，取得了丰硕的成果。柏林模式由德国的保罗·海曼于1962年首先提出。该模式提出了影响教学过程的四个基本因素，即目的、课题、方法和媒介因素；以及两个先决条件，即人类心理条件和社会文化条件。前四种因素属于决定范畴，后两种因素属于条件范畴，所有这些因素构成了每一种课堂教学的基本框架。模式可以用结构图来表示。该结构是多元互动的、相互关联的、开放的、不断自我完善的结构。其最大的优势在于它提出将对"此时此境中的人"的透彻理解作为教学的前奏。正确的定位，再加上课堂教学过程中对于四个基本因素的充分考虑，使得教学过程本身体现了教学效果。模式结构图清晰明了，充满了智慧，容易被一线教师理解和接受。那就是为什么该模式自20世纪70年代后，一直是德国柏林基本的教学模式，也是柏林教师培训班的必修课。许多德国教育教学第一线的工作者都以它为基础来进行教学设计。之后，该教学设计思想又被广泛地应用于日本、韩国、巴西等非德语国家的外语教学及其他学科中。

二、国外英语教学模式研究

在国外，语言学的研究起步较早，已经建立起一套完整的语言学习理论。外国语言专家在对英语作为母语进行深入研究的基础上，将其中的一些理论迁移到托福（TOEFL）教学模式的探讨中，并总结了七种主要的英语教学模式。这七种模式在英语全球扩张的进程中迅速为各国英语教学研究者和实施者所接受。

（一）克拉申模式

该模式由斯蒂芬·克拉申（Stephen D.Krashen）创建，主要描写二语习得过程。该模式的基本思想可以概括为：二语能力是在较低的情感过滤条件下，通过足量的可理解输入，是可以预测的顺序习得的。

（二）贝立斯托模式

该模式由贝立斯托（E.Bialystok）创建，主要说明在形成外语能力过程中的三个层次及其有关因素的作用和组成方式。这一模式特别强调在外语能力形成过程中形式和功能练习的作用，强调其他学科知识和文化因素对外语知识吸收的促进作用。

（三）斯特恩模式

该模式由斯特恩（H.H.Stern）创建，确定了外语学习的五个要素及其内在关系。这一模式的特点在强调外语学习的元认知策略的同时，也特别指出学生本身的心理特质和身处的社会环境等外部因素的影响。这五个要素分别为社会背景、学习者特点、学习条件、学习过程和学习结果。社会背景包括社会语言、社会文化和社会经济因素；学习者特点包括学习者的年龄、认知特点、情感特点和个性特点；学习条件是指课堂教学和自然接触；学习过程强调学习策略、技巧和大脑活动。

（四）艾伦·霍华德模式

该模式由艾伦·霍华德（Allen Howard）创建，是一个多中心模式。该模式根据交际的话题、题目或任务制定外语教学大纲，并采用FSE，即F代表functional practice（功能操练），S代表structure practice（结构实践），E代表experiment practice（实验实践）。这种模式强调功能和结构分析，对我国的中学英语功能意念大纲的制定具有指导意义。此外，它首次提出任务型教学的概念，为后来任务型教学模式的建立奠定了基础。

（五）坎德林模式

该模式由克里斯托弗·坎德林（Christopher Candlin）创建，它把学习外语看作是语言形式、概念意义和人际关系的三个知识体系的结合。这种模式认为外语学习的实质是在人际交往过程之中语言概念的形成和正确语言形式的固化过程，十分强调语言使用的正确性。

（六）哈伯德模式

该模式由哈伯德（C.R.Hubbard）创建，是一种学习外语的交际模式，要求在客观事物的环境中进行愉快的交往。这一模式强调语言学习中的交际性，也就是信息差。它认为没有信息差的存在就不可能有语言交际；如果没有实际的语言交际，也就谈不上真正意义上的外语学习。它实质上是我国交际模式的范例。这一模式是ARC三角形模式，A（affinity）表示亲近力，R（reality）表示现实的意义，C（communication）表示交际的意义。

（七）蒂东尼模式

该模式为蒂东尼（R.Titone）所创，是力图吸收其他模式之长的一种综合模式。它既借鉴了克拉申模式的情感策略，又借用了斯特恩模式中的社会影响因素，更贯彻了哈伯德模式的交际性原则。我国现代中学英语教学模式的折中法就起源于此。

以上是针对国内外教学模式，尤其是英语教学模式研究的概述，而接下来将从模式的内涵特征为线索分别展开讨论，主要包括结构和认知取向的英语教学模式、功能取向的英语教学模式、任务取向的英语教学模式、社会文化互动取向的英语教学模式和全语教学模式等。在这些模式中，任务取向的英语教学模式和社会文化互动取向的英语教学模式在某种意义上说也可以归属到功能取向的英语教学模式中，为了凸显它们的主要特征将它们有意独立开来。

第二节 结构和认知取向的英语教学模式

结构和认知取向的英语教学模式是分别依据结构语言学教学观和认知心理学理论而建构的。结构主义语言学认为，语言的结构是内部各个层次有意义的对立体系。掌握语言就是掌握语音、语法和词汇的各种有意义的对立体系。比如，语音中的开音节和闭音节、长元音和短元音，语法中的过去时态、现在时态和将来时态。掌握语言的过程充满了对比这种对立关系的活动。同时，由于不同语言的对立体系并不相同，要明确所学外语中的那些对立体系对于学生来说有一定的困难，必须通过与本族语进行对比来实现。这类教学模式具有理性主义教学的观点，重视语言知识和利用学生的本族语等特征。认知心理学和认知语言学认为，语言能力是个体一般认知能力的一部分。因此，语言不是一个自足的系统，其描写必须参照认知过程。认知法在教学过程中提倡发挥学生的智力作用，重视对语言规则的理解，而忽视语言学习中的情感因素。在两种取向的教学模式中，较为典型的教学法包括直接法、听说法、翻译法和认知法。下面的讨论是在第三章对它们的初步介绍基础上增加一些背景知识，把教学原则和教学过程作为讨论中心。

一、直接法

19世纪末至20世纪初,欧洲和北美等地加速了工业化的进程,国际交往日益频繁,各国对外语人才的需求量迅速增长。人们发现外语人才的口头表达能力特别重要,而语法翻译法恰恰并不注重学生口头能力的培养。因此,在语言学领域内出现了改革运动。其中,以英国语言学家斯威特(H.Sweet)为代表的改革派强调口语和语音训练的重要性,推动了外语教学改革。直接法由法国人古因提出,后由他的学生索斯在美国倡导,并由教育家伯利兹(Berlitz)在教学中实施。由于他们的推广,在20世纪初直接法流传颇广。

直接法的许多教学理念是与语法翻译法相对的,如前者重视口语训练,用演绎法传授语法规则,采用母语解释难点等;而后者却重视阅读和写作能力的培养,用归纳法传授语法规则,在课堂上拒绝使用母语等。直接法遵循五项原则,即直接联系原则、句本位原则、以模仿为主的原则、用归纳法教语法的原则、以口语为基础原则。从中可以看出,直接法的教学内容基本上是关注语言的句法结构,即以句型作为教学的基本单位,并且以模仿为主要手段。基于这两个原则,直接法是以语言的结构为基础的。

二、听说法

听说法被认为是结构取向的模式之一。听说法(the Audio-lingual Approach)选了approach(方法)而不是语法翻译法和直接法中的method(方法)。这说明"无论在理论基础、体系还是方法方面,听说法都较语法翻译法和直接法更系统和全面,内涵也比后者丰富得多"①。

听说法继承了直接法的四个特点:口语第一,听说领先;变换操练;严格控制,养成语言习惯;限制使用本族语,课堂教学运用目的语做对比。它本身的创新只有两点:以句型为教材和操练的核心;用对比作为以所学外语进行类推和回避学习难点的基本方法。一般来说,听说具有三个特点:听说领先、句型操练和对比。

听说法的发展促进了布龙菲尔德教学法的教学过程不断完善,使之逐渐演化成相对规范的五段教学:认知(recognition)、模仿(imitation)、重复(repetition)、变换(variation)和选择(selection)。①认知是指对所学句型耳听会意,一般采用外语本身相同或不同的对比,使学生从对比中了解新句型或词语。②模仿包括跟读、齐读、抽读、纠错、改正。③在重复阶段,教师让学生重复模仿的材料,做各种记忆性练习;同时教师要进行检查,当确信学生已能正确理解、朗诵所学句子之后,再进行下一段的变换活动。④变换即替换操练,应按替换、转换、扩展三步逐渐加大难度,同时要注意学生的理解情况;替换分单项替换和多项替换;转换包括含义转换、结构转换和增减句子要素,如主动句变为被动句、陈述句变为疑问句等;扩展包括前置修饰扩展和后置修饰扩展。⑤选择是指学生在实际交

---

① 左焕琪. 试论外语课堂教学理念与实践的更新[J]. 全球教育展望,2001(4):60-65.

际和模拟情景中对所学语言材料进行活用。

早期的听说法注重机械操练。到了20世纪60年代，机械操练受到了批评。一些应用语言学家开始改进听说法，使操练朝着有意义和有利于实际交际的方向发展。其中最具代表性的是波尔斯顿（C.B.Paulston）提出的"MMC"法，第一个M是指机械操练（mechanical drills），第二个M是指有意义操练（meaningful exercise），C是指交际性活动（communicative activities）。这三个步骤为递进式的，早期先进行机械操练；然后进行有意义的练习，要求教师给出结合学生生活的情景，让学生在规定的情景中做语言操练；在第三步骤的交际活动中，可与英语系的人来交谈，要求学生在交谈中尽量用所学语言结构等。

三、翻译法

翻译法的形成和发展直接与语言认知有关。它起源于中世纪，经过了语法翻译法、词汇翻译法和自觉对比法，再发展到认知法，在历史上历时最长，所产生的影响较为深刻。翻译法中最有影响的就是语法翻译法。

19世纪盛行的历史比较语言学为语法翻译法提供了理论基础：通过翻译的手段，比较母语与外语语音、词汇和语法的异同，达到掌握外语和欣赏外国文学作品的目的。张正东[①]把语法翻译法的发展分为三个阶段：第一阶段为18世纪上半叶，具体教学方法是以外语译成本族语，内容偏重于机械背诵语法规则，教学目的是为了解外语服务；第二阶段是18世纪下半叶至19世纪末，以本族语翻译成外语为主要方法，内容注意到了阅读，教学目的是用外语表达本族语的内容；第三阶段是20世纪以来，在众多教学流派的影响下，教学方法吸收了许多其他学派的方式方法，其核心教学思想是重视系统语法的教学，依靠本族语进行翻译，侧重语言形式和采用演绎方式等。

语法翻译法主要教学原则有：①关注语言知识的学习；②采取单向传授式教学法；③重视读写能力的培养；④依靠母语进行教学。语言知识包括语音、词汇和语法等。在传授语言知识时，教师常常运用母语，通过对比法和演绎法等方法讲解和分析句子成分，同义词和反义词之间的差异，以及语音、词汇和语法规则。教师的讲解是课堂教学的唯一活动，学生的学习比较被动。

我国在20世纪90年代之前，中学英语课堂教学基本上都采用语法翻译法，英语语言知识传授是课堂的主要活动。随着1993年人民教育出版社和英国朗文出版社联合出版的英语教材的发行，我国中学英语教学开始关注学生口头交际能力的培养。到21世纪初新课程标准（实验稿）的实施，中学英语教学的目标进一步提高，学生的综合语言运用能力的培养成为教学的最终目的。新的教学理念日益深入人心，学生的语言运用能力，尤其是口语水平得到了前所未有的提高。尽管如此，因为语法翻译法对教学条件和教师的要求较松，故国内外仍有不少人乐于使用。

---

① 张正东，李少伶. 英语教学论[M]. 西安：陕西师范大学出版社，2003.

四、认知法

认知法是在语法翻译法的基础上形成和发展起来的,是以转换生成语法为理论基础的。该理论认为,语言的深层结构体现语言能力的特点,表层结构表现语言行为的特点。由于人有天赋的语言习得装置以习得深层结构而获得语言能力,再由语言能力生成语言行为,运用话语。把这一语言学说与认知心理学的理论联系起来,语言能力就是核心结构。认知法的首倡者卡鲁尔主张学习外语应先掌握以句子结构为重点的语言知识,要理解所学内容;理解、信息加工和逻辑记忆对于学生学会外语极为重要;在理解的基础上,再让学生在生活实际和交际情景中进行操练,在操练中发展逻辑记忆能力。这是因为,学习外语不是形成习惯,而是先天习得能力的发展过程。这些过程落实到教学活动上主要是语法先行并用演绎法教语法,故卡鲁尔又称认知法为经过改造的现代语法翻译法。而左焕琪[①]却认为认知法重视语法,必要时要用母语进行教学,要求采用有意义地练习而不是大量使用演绎法。

认知法被认为是当代外语教学法,它的一些教学原则已被当代各个学派所接受。如以学生为中心的原则,容忍错误的原则,听说读写并进、视听兼用的原则,情景原则等。认知法的教学过程可概括为"理解(句子结构和所学内容)→形成(语言能力)→运用(语法,即语言行为)"三大阶段。

五、认知法教学案例(45分钟)

(一)讲授新词

教师在黑板上挂上一幅图画,内有男孩儿和女孩儿各两名,每人进行一种活动。学生根据已经学过的语言知识谈论这幅画。遇到学生使用与新词接近的词时,教师要求学生学习的新词。当学生提到动词时,教师引出动词现在分词的形式与意义。在理解的基础上,学生跟随教师朗读新词。了解新词的意义后,教师要求学生根据图画内容,尽量运用所学单词讲故事。学生讲完后,教师讲他的故事(课文)。(7分钟)

(二)讲解语法

要求学生根据教师已使用的动词的现在分词,小结该语法现象的形式和意义;然后,教师进行总结,适当使用汉语解释难点。(8分钟)

(三)语法练习

教师引导学生由近及远地谈论现在正在发生的事情:①教室里发生的事;②学生家庭中发生的事;③绘制图画,鼓励学生创造性地使用外语,谈论图画中四个孩子的活动。教师在学生用到现在进行时,加以重复和强调。(10分钟)

---

① 左焕琪.试论外语课堂教学理念与实践的更新[J].全球教育展望,2001(4):60-65.

（四）传授新课

学生打开书，开展小组活动，逐句讨论课文的内容和意义。然后，学生根据课文互相提问。小组讨论结束后，教师先要求学生提出不能在小组内解决的疑难问题。全班就这些问题进行讨论后，教师总结，给出问题的正确答案。教师再一次小结动词现在进行时的形式和意义。（15分钟）

（五）巩固课文

回到课文——听两遍录音后，学生就课文内容提问。

（六）布置作业

听课文录音，改进语音语调；拼写单词并回答书面练习；动词现在进行时问答和填空。（1分钟）

第三节　功能取向的英语教学模式

斯特恩认为功能派与结构派最大的差异是它更加关注语言使用者的社会和环境因素，在语言研究方面体现这些改变的是语义学、话语分析、社会语言学、交往人类学和语用学的诞生。把交际视为教学内容本身的功能派有两种不同的观点：一种是分析性的，被称为"功能分析"（function analysis）；另一种是整体性的和非分析性的，被称为"功能大纲"（function syllabus）。近年来，功能分析已经对语言大纲的制定、教材的开发和教学方法的选用等方面都产生了影响。

从20世纪60年代开始，语言研究的重点逐渐由语言形式、句法关系转向语言使用、语义和语言的社会功能。社会语言学对语言教学乃至整个语言学界所做的重大贡献之一是提出了交际能力的概念。1972年，社会语言学家德尔·海姆斯（Dell Hymes）在著名的《论交际能力》一文中指出，离开了使用语言的准则，语法规则是毫无意义的。海姆斯认为，交际能力是由语法、心理、社会文化和实际运用语言等能力系统互相作用的结果。1980年，加拿大的卡纳尔（M.Canale）与斯温（M.Swain）系统总结了关于交际教学法理论的探讨与研究成果，并提出交际能力应由以下三方面的能力构成：①掌握语法（grammatical competence），包括词汇、词法、句法、词义和语音等方面的知识；②掌握语言的社会功能（social linguistic competence），指使用语言的社会文化规则和语言规则；③使用策略能力（strategic competence），即为使交际顺利进行而采取的语言与非语言交际策略，后经不断充实，已具体到怎样开始会话、维持对话、要求重复、澄清事实、打断对方和结束对话等。后来，卡内尔对交际能力的构成框架进行简单调整，把语言能力从掌握语言的社会功能中分离出来，构成了第四方面的能力；同时拓宽了使用策略的能力，包括提高交际有效性的所有努力。功能取向的英语教学模式的诞生与当时的哲学、语言学、心理学、人类学和社会学的发展息息相关。以"语言的社会交际功能是最本质的功能"为核心思想的社会语言学的诞生为该模式提供了语言学基础。以功能取向的英语教学模式包括交际法教学模式和自然法教学模式,本节将重点介绍前者。

交际法兴起于20世纪70年代的欧洲,它是一个典型的以语言的功能项目为纲的教学方法。但是,实际上,交际法不是一个一般意义上的教学模式,它已形成了一种国际性的交际运动(communicative movement),并出现了communicative approaches的多元化局面。交际教学(communicative language teaching)是一个多种理论的联合体,至今似乎没有一种定义能对其内涵做出界定。耶尔登(Yalden)在1983年就曾把交际教学归纳为六类。总体上,胡春洞[①]认为交际法有两个基本观点:一是外语学习者都有其特定的对外语的需要;二是语言是表情达意的体系,而不是生成句子的体系,社会交际能力是语言的主要功能。因此,交际法的教学目标在于培养学生在特定的社会环境中使用外语进行交际的能力。为了提高学生的交际能力,交际法教学过程可以从以下三方面展开:

(1)分析学生对英语的需要。在制定教学大纲时,首先分析学生对外语的需要。通过对学生需要的分析,就能知道这个学生需要掌握什么样的语言功能、什么样的文体和什么样的语言形式,并以此制定出相应的教学大纲。由于交际法对学生需要的重视,"需要分析"已成为一个独立的研究课题。

(2)以意念或功能为纲。交际法认为如果以语法或情景为线索组织教学内容而忽视学生的特殊需要,就难以培养学生的交际能力。交际法在其形成之初主张以学习者所要表达的内容即意念为线索。这种以语言使用者通过使用语言来实现的以交际功能为线索的意念大纲,也被称为功能大纲。交际法第一份具体的教学大纲入门阶段正是以语言的交际功能为线索组织教学内容的大纲。以意念或功能为纲的思想是交际法的核心思想。

(3)教学过程交际化。大纲的制定和教材的编写不是一个完整的教学体系的全部内容,交际能力的培养最后必须在课堂教学中实现,教学过程的交际化也是交际法的一个重要组成部分。它可以体现在以下几个方面:①以话语为教学的基本单位,语言材料的选择力求真实和自然;②以学生为中心,教师是活动的组织者,学生在各种活动中学习外语;③教学活动以内容为中心,大量使用信息转换、情景模拟、角色扮演和游戏等活动形式;④对学生的语言错误采取容忍的态度,不以频繁地纠错打断学生连续的语言表达活动。

以上三个环节表明交际法在教学过程中以学生的需求为教学的出发点,学生需求是制定教学大纲即学习内容的依据;同时所使用的材料应尽可能真实,如可以把目标语的人士带进课堂或进入使用目标语社区,或引入各种书籍与报刊节选的文章或电影、电视和电台报道片段等。交际法鼓励学生在实际生活中使用语言,他们的错误被认为是学习过程中出现的自然现象而无须指责[②]。

斯特恩认为如果在语言课堂上开展标准的交际活动必须具备四个条件:①与以目标语

---

① 胡春洞,王才仁.英语教学交际论[M].南宁:广西教育出版社,1996.
② 邵艳红.系统功能语言学视域下的中小学英语交际教学重建[D].浙江:浙江大学,2017.

为母语人士接触；②有机会融入目标语环境；③创造真实使用语言的机会；④需要学习者个体参与。这些条件在我国较难得到保证，尽管在一些比较发达的地区，目标语人士可以进入课堂，也有项目支持学生融入目标语环境。英语教学可以利用以下一些活动来优化课堂教学：①充分利用语言课堂的教学行为；②讨论话题尽可能地源自学生的个人生活或至少与之相关联；③挑选尽可能多的与对学生具有教育意义和职业发展有利的话题；④设置交际课堂练习，如设置小型活动让学生练习并熟悉目标语的一些表述特征。有关文献对第四种方式讨论较多，针对前三种尽管有人研究过，但是文献非常有限。总之，交际课堂教学的具体教学方法十分多样，其基本精神是开展师生之间、生生之间有意义的对话或讨论，也称为"语言意义的谈判"（negotiation of meaning）。在课堂上，经常采取两人结成对子进行对话，4~6人为一组的小组活动和全班讨论的形式。交际法教学虽然提出在语言使用过程中（use）学会语言的用法（usage），但是它并不排斥有关语言形式的教学。

王才仁[①]在参照国外一些模式的基础上，提出了一个在我国进行英语教学的综合模式——英语教学交际模式。该模式的命名是出于这样一个教学理念：整个英语教学过程是交际过程，而且把每一步都看成是交际；整个教学是师生之间交际的反复循环。该模式的核心环节包括：①"教师"和"学生"成为教学的双主体，师生之间的交际构成教学全过程；②社会环境提出教学要求，体现在教学大纲中，对教师有制约作用；③教学大纲由国家制定，是教师执教的依据，对教材的编写和使用起指导作用；④教材要通过听、说、读、写等渠道以及一定的情境活化为交际行为，成为信息的源泉；⑤输入是学生接受语言材料三方面的信息：语言信息（包括操作性、观念性）、语用信息和文化信息；⑥加工是指信息加工，外部加工表现为课堂活动，内部加工是指大脑内的活动，这三个互相作用、互相促进；⑦输出是指学生运用英语的能力，每一项输出达到正确、得体和流利的程度都会反馈给教师，以便教师了解教学效果，整个过程达到的程度则最终反馈给社会。

该模式认为教学的实质是交际，而交际是通过活动得以体现的。例如，在教学中，师与生两个主体的作用是通过活动来体现的；英语物质操作和观念操作二重性是通过活动体现的；信息的输入和输出也是通过活动实现的。所以，活动是更新教学观念，开创英语教学新局面的一个重要哲学支撑点。另外，该模式还强调运用英语时要遵循四个原则：意义性（meaningfulness）、功能性（function）、得体性（appropriateness）和移情性（empathy）。得体性是指所说的每一句话要根据不同的对象、场合和时机选择合适的表达方式；而移情性是指在表达意思时要考虑目标语国家的文化风俗习惯。最后，该模式把我国的英语教学目标定位在培养学生的交际能力上[②]。

交际教学的理念正不断地深入我国的英语课堂教学实践。彭那祺[③]通过多年的教学探索，把交际教学融入自己的日常教学，不断提升自己的教学理念，2000年出版了专著。

---

① 胡春洞，王才仁. 英语教学交际论[M]. 南宁：广西教育出版社，1996.
② 莫爱屏. 语用与翻译[M]. 北京：高等教育出版社，2010.
③ 彭那祺. 彭那祺谈英语交际性教学[M]. 武汉：湖北教育出版社，2000.

她总结道:"和谐"是交际性教学最重要的艺术特色。她认为,"在英语课中最为重要的是要从交际的高度出发,去帮助学生打下坚实的英语基础和培养运用英语的交际能力,并在习得英语的过程中掌握一套成功的英语学习方法和良好的语言习惯。这些将构成他们可持续发展的英语潜能"。

第四节 任务取向的英语教学模式

一、任务型英语教学模式的定义

任务型英语教学是指一种以任务为核心单位计划、组织语言教学的途径。它是诸多交际教学途径中的一种,其教学思想仍然在交际语言教学思想的理论框架之内。在国外,任务型语言教学已有二十多年的时间,最先进行任务型第二语言教学实践的是印度学者帕布(Prabhu)。针对任务型教学的研究已经取得可喜的成果,很多学者从不同的侧面对任务型语言教学进行了研究,赋予其新的内涵,具有影响力的专家有布林(Breen)、坎德林、纽南(Nunan)、郎(Long)、克鲁克斯(Crookes)、威利斯(Willis)、威廉姆斯(Williams)、伯登(Burden)、斯凯恩(Skehan)、理查德(Richards)、利特尔伍德(Little wood)等。其中,纽南根据英语课堂教学中的任务与真实生活中的任务的相似程度把任务分为"真实世界的任务"或"目标任务"(real-world tasks or target tasks)和"教学任务"(pedagogical tasks)。前者是指那些在生活中有类比对象或原型,即通过客观分析考察后,根据实际需要设计的,旨在赋予学习者完成真实生活中类似任务的语言能力;后者包括基于二语习得的理论和相关研究,未必直接反映客观实际的任务,只限于在一定的教育环境中运用。

龚亚夫和罗少茜[①]根据目前的有关文献,把主张任务型教学的专家和学者分为"广义任务派"和"狭义任务派"。狭义任务派认为,只有为了某种交际的目的而使用语言的活动才可以称为"任务"。该任务的定义与纽南所提出的"真实世界的任务"或"目标任务"的概念比较吻合。而广义任务派则认为,任务可分为"交际任务"(communicative tasks)和"学习任务"(enabling tasks),此处的学习任务与纽南提出的教学任务意义比较接近。学习任务概念的提出对当前英语课堂教学活动的设计有更大的推动意义,因为课堂英语学习非常关注课本内容的理解和运用。例如,在阅读课上,教师根据课文的相关信息设计出一个部分信息缺失的表格,让学生在快速阅读后把信息填满。这种围绕课文内容设计的学习任务容易被中学教师所接受。但是,教育如果要在真正意义上提高学生的语言运用能力,并提升学生的素质,那么任务的定义最好能满足斯凯恩对任务提出的五方面要求:①意义是首要的;②有某个交际问题要解决;③与真实世界中类似的活动有一定的关系;④完成

[①] 龚亚夫,罗少茜.课程理论、社会建构主义理论与任务型语言教学[J].课程.教材.教法,2003(1):49-53.

任务是首要的考虑；⑤根据任务的结果评估任务的执行情况。换言之，任务关注的是学生如何沟通信息，通过交流互动解决交际问题，而不是强调学生使用何种语言形式；任务具有在现实生活中发生的可能性，而不是"假交际"；学生应把学习的重点放在如何完成任务上；对任务进行评估的标准是任务是否成功完成。

在外语教学中，目前教育部制定的英语课程标准的实施建议明确指出：倡导"任务型"教学途径，培养学生综合运用语言的能力。任务型英语教学提倡以教师为主导，以学生为主体，提倡体验、实践、参与、交流和合作的学习方式。学生在活动中认识语言，运用语言，发现问题，找出规律，归纳知识和感受成功。任务型英语教学能够真正让学生掌握讲英语、用英语的技能，从而培养学生的学习兴趣，使学生能够树立信心，发展自主学习的能力和合作精神，为终身学习和发展打下基础。

二、任务型英语教学模式的理论基础

任务型教学概念被提出后，它的发展、演变和内涵的不断丰富得益于理论的支撑。言语行为理论是任务型教学的一个十分重要的理论来源。言语行为理论旨在回答语言是怎样用于"行"，而不是用于"指"这样一个问题。奥斯汀（Austin）认为言有所为的话语是被用于实施某一种行为的。根据个体说话时所实施的三种行为，奥斯汀提出了三种模式行为，即言内行为、言外行为和言后行为。言内行为是指传统意义上的"意指"，即指发出语音、音节、说出单词、短语和句子等。言外行为是指通过"说话"这一动作所实施的一种行为。人们通过说话可以做许多事情，达到各种目的。言后行为是指说话带来的后果。塞尔（Searle）在奥斯汀研究的基础上，把言语行为理论提高为一种解释人类语言交际的理论。塞尔认为，语言交际单位不是单词或句子等语言单位，而是言语行为。于是，语言交际过程实际上是由一个接一个的言语行为构成的。每个言语行为都体现了说话人的意图。说话人把一句话所实施的言外行为与内容联系起来，即话语行为与命题行为之间的关系。

随着对任务型英语教学研究的不断深入，国内学者从不同的视角来探讨和建构它的理论基础。龚亚夫和罗少茜[①]认为该教学模式的理论依据来自许多方面，有心理学、社会语言学、语言习得研究、课程理论等，从语言习得的角度可以解释任务型英语教学的必要性；而社会建构理论和课程理论可以阐释任务型语言教学的教学理念。魏永红[②]认为系统功能语言学的诞生对20世纪80年代以后的语言教学的发展产生了重大影响，包括任务型教学。同时她又从学习论的一些视角，如让·皮亚杰（Jean Piaget）的认知发展论、布鲁纳的发现学习论、戴维·保罗·奥苏贝尔（David Pawl Ausubel）的意义学习论和社会建构主义学习理论，以及教学论的活动教学来分析任务型教学的教学理念。下面我们重点从语言习得理论、课程理论和活动教学三个视角来理解任务型教学的必要性和意义。

---

① 龚亚夫,罗少茜.课程理论、社会建构主义理论与任务型语言教学[J].课程·教材·教法,2003(1)：49-53.

② 魏永红.任务型外语教学研究 认知心理学视角[M].上海：华东师范大学出版社,2004.

（一）语音习得

语言习得是指一个人语言的学习和发展。此处的学习与课堂上教师的语言知识的传授式的学习意义相对。我们通常说："Language is not taught but acquired."（语言不是教会的而是习得的。）语言习得理论告诉我们，在语言课堂上仅仅学一些语言规则和词汇意义并不等于就能自如地运用该语言了。威利斯通过研究语言习得发现，当学生做机械性语言练习时，他们的注意力有意识地集中在语法形式上，他们可能看起来暂时掌握了所学习的语法结构，但一旦让他们用语言去交流，将注意力集中到语言的意义上时，语言错误就会增多。另外，蒙哥马利（Montgomery）和艾森斯坦（Eisenstein）[①]做过一个实验，他们把一个班分成实验组和对照组两组，对于实验组教语法，但同时他们也有实践的机会；而对对照组只讲语法。结果表明，虽然实验组用于语法学习的时间少，但是实验组不仅交际能力强，而且语法测试的成绩也比单讲语法的班级好。因此，可以说，语法加交际比单纯讲解语法知识更能提高学生的语言的流利程度和语法的准确程度。

语言习得理论并非反对教师教语法，而是提倡学生在学习了某一语法项目后，能有实践和运用的机会，如在不同的情景或语境中反复接触含有该语法规则，并在不同的情景中使用这些固定的表达方式。学生只有不断地在真实情景中使用语言，才能逐渐发展自己的语言系统，这正是任务型英语教学所要追求的效果。语言使用在任务型教学模式中是指用语言来做事情，即完成各种任务。当学生积极地参与用目的语进行交际的尝试时，语言也就被他们掌握了。当学生所进行的任务使他们当前的语言能力发挥至极点时，习得也就扩展到了最佳程度。

（二）课程理论

课程理论是指人们对课程与社会、知识、学生等关系的规律性认识。英语学科课程理论是从学习者的角度，将学习理论、课程理论与教学实践综合的一种课程理念。它具体是由意识（awareness）、自主（autonomy）和真实（authenticity）三要素组成的3A课程观。课程理论有助于教师对任务型教学模式的教学理念做更深入的理解。

在3A课程框架中，利奥·范利尔（Leo van Lier）首先提出了意识的重要性。意识是指在课程学习时教师要让学生知道自己在做什么和为什么做。只有当学生明白自己学习的内容对其生活或发展有价值时，他才会投入注意力，开始关注某物，有意识地参与，用心去感受过程，用心去反思效果。这种意识给普通教师的启示是教学不能只是给学生灌输知识点，而是首先要在思想上让学生明白学习的目的和意义。任务型教学模拟人们在生活中使用语言的情景，通过各种有明确目标的活动，使学生能有意识地参与语言的交流，从而掌握语言。学生一旦找到了学习的价值，内在动机被激活后，学习就进入第二阶段——自主阶段。

此处的"自主"指的是学生可以根据自己的兴趣对要求其完成的任务具有一定程度的

---

① 聂英. 语篇分析在高中英语阅读教学中的应用研究 [D]. 延安：延安大学，2020.

选择权利，如可以自主确定总任务下的次任务内容，以何种方式完成任务，以及小组成员的分工等。学生被赋予了选择权，同时也被赋予了责任。学生带着这份责任会努力做事，这份发自内心的动力有助于学生对信息进行深度加工，提高学生的学习效果。同样这份对自己学习负责的责任感有利于学生成为富有责任感的公民，从而达到民主教育的目的。学生通过参与任务型教学，不仅学会了语言，更重要的是学会了做人，这就要求学习过程要具有真实性。

范·利尔的"真实"包括教材的语言材料没有被加工，课堂中使用的语言与生活相一致，更重要的是人的"真实行动"。真实行动是指该行动是个体发自内心的、自愿的行动。在任务型教学中，学生想做的事情是他们自己想做的，他们的行为是自己选择的，他们表达的是他们的真实感受，他们所说的语言是他们想表达的，这才是真实。相反，不真实的行为是由外部因素引起的，是指那些因为大家都这样做；或是被要求这样做，自己才这么做的事情。任务型教学鼓励学生表达自己的真实感受，传递真实信息，讲述生活中真实的经历，而不是背诵和转述课文。

（三）教学活动

活动教学主要是指以在教学过程中建构具有教育性、创造性、实践性和操作性的学生主体活动为主要形式，以鼓励学生主动参与、主动探索、主动思考和主动实践为基本特征，以实现学生多方面能力综合发展为核心，以促进学生整体素质全面提高为目的的一种新型教学观和教学形式。该教学方式有以下四方面的基本主张：①坚持"以活动促发展"为基本指导思想；②倡导以主动学习为基本习得方式；③侧重以问题性、策略性、情感性和技能性等程序性知识为基本学习内容；④强调以能力培养为核心，以素质整体发展为取向。

以上有关活动教学的基本主张表明，它与任务型教学的理念非常吻合。首先，任务型教学中以任务即"用语言做事的活动"为其基本教学组织形式。这样做的理论假设是有效的语言学习不是传授性的，而是经历性的，让学习者参与有目的的交际活动，在交际中认识、掌握、学会使用目的语是习得第二语言的最有效途径。其次，从学习方式上来看，任务型教学积极倡导合作学习、交往学习、探索发现学习、体验学习等学习方式。学习者用目的语交流、沟通和协商，完成任务的过程，能够促进交际各方在目的语的掌握使用上相互取长补短，促进各方中介语系统的扩展、修订和重构，从而使语言的输入也在语言的使用过程，即输出过程中得到落实，语言的输出"能激发学习者从以语义为基础的认知处理转向以句法为基础的认知处理。前者是开放式的、策略性的、非规定性的，在理解中普遍存在；后者在语言的准确表达乃至最终的习得中十分重要。因此，输出在句法和词法习得中具有潜在的重要作用"[①]。最后，从发展能力、提高素质的角度来看，人作为社会个体，交际能力是其最基本的生存能力之一。通过任务型教学，学生的语言水平能得到提高，沟通能力、合作能力也能得到锻炼提高，因此，提倡任务型教学是一种有效的素质教育途径。

---

① MERRILL SWAIN.Three functions of output in second language learning[C]//G.Cook，B.Seidlhofer. Principle and Practice in Applied Linguistics.Oxford，England：Oxford University Press，1995.

三、任务型英语教学模式的特点和原则

纽南提出的任务型语言教学具有五个特点：①强调通过交流来学会交际；②将真实的材料引入学习环境；③学习者不仅注重语言的学习，而且关注学习过程本身；④把学习者个人的生活经历作为课堂学习的重要资源；⑤试图将课堂内的语言学习与课堂外的语言活动结合起来。这五个特点对于我国的英语教学来说，要特别注意以下几点：

（1）尽可能地把英语课设计成各项语言活动，如回答问题、填信息表、设计课文提纲等，提供给学生进行真实情景下的、基于信息差的、有意义的交流活动。

（2）注重语言知识的教学，但是不要单向的灌输，而是在任务布置后，让学生感受到自己要完成任务必须得到必要的语言输入，先创造需求后以交互方式、在完成任务的情景中提供。

（3）要充分体现真实性原则，即语言材料的真实，问题设置尽量以学生的实际为出发点，同时要求学生提供真实的感受和想法。教师也要以真实的思想与学生交流，达到心灵的沟通。师生和生生之间通过这样的真诚沟通，能够加深相互的理解，使课堂上共同度过的时间更加美好。

随着对任务型教学的研究逐步深入，纽南在提出任务型教学的五个特点之后，又于1999年提出了五条教学原则：①言语、情景真实性原则；②形式—功能性原则；③任务相依性原则；④在做中学原则；⑤脚手架原则。这五项原则相比他提出的五个特点，在理论上进行了高度概括，对教学实践具有更强的指导意义。"言语、情景真实性原则"在上文中已经分析过。"形式—功能性原则"中的形式是指语言形式，即有关语言知识本身，功能是指语言知识在真实情景中的运用。该原则要求教师和学生对语言形式和语言功能有清晰的认识；任务设计要注重语言形式和语言功能的结合，旨在使学生掌握语言形式的同时，培养其使用语言的能力。总之，在进行任务型语言教学时，语言的形式与语言的意义是紧密结合的。"任务相依性原则"是指任务设计既要遵循由易到难的原则，又要体现任务之间的关联性，如总任务涵盖许多小任务，小任务环环相连、层层铺垫，随着小任务的完成，最后达到高潮，完成一个总任务。"在做中学原则"可以说是任务型教学最核心的原则，"做"可以指前文中的"活动""交互"等概念，在此不展开讨论。最后一个原则是"脚手架原则"。该原则可以从两方面进行理解：一方面，教师设计的任务一定要适合学生的实际，让学生通过努力能够顺利完成，从而获得安全感和成就感。另一方面，在具体完成任务的过程中，对于任务如何完成，任务的成果会是什么样的，教师都要在教学的初级阶段提供给学生一些可以借鉴的思路或样本。

第五节　社会文化互动取向的英语教学模式

　　课程作为一种社会文化，教学活动作为一种社会文化传承与发展的现象，教育社会学流派对学校课程与教学的影响已经显而易见了。其中的解释理论（也有人称为"互动理论"）成为社会文化互动取向的英语教学模式的理论基础。该理论由现象学、知识社会学、符号互动论、俗民方法论和拟剧论等社会学术思潮共同构成。在课程与教学方面，其基本要点包括：①关注教学活动中教师与学生如何构建、解释并控制其日常生活过程中的问题，关注师生人际互动过程。②强调师生共同创造课堂生活，解释师生各自的角色和各种行为所表达的意义。③注重师生在课堂中的对话，认为要通过理解、解释去剖析师生的观念和行为。④在分析课堂教学情景时，认为语言是最基本的符号，课堂教学是通过语言进行有效沟通的；在教学过程中，师生对课堂情景的不同理解是影响课堂教学效果的重要原因之一；社会互动是指人与人或群体与群体之间发生的交互活动或反应的过程。此外，英国新教育社会学家迈克尔·扬（Michael Young）于1971年出版的《知识与控制：教育社会学新探》一书，发展了知识社会学理论。其基本观点是：把教育现象看成是一种创造性的事实而非一种既定的事实，师生互动是一种解释的过程而非一种由教师要学生被动接受的过程，教育知识和内容并非肯定是"客观的、公正的、有效的"，而是受制于社会、政治权利的影响。

　　以上观点表明课程是一种社会文化，课堂教学是社会文化的传承，所以社会文化互动取向的英语教学模式可以简称为"互动教学模式"，或"交互（式）"英语教学模式。张森和蔡泽俊[①]认为交互式教学模式是指在主体间的交往中（包括师生交往、生生交往），师生共同参与教学活动，相互承认与尊重，通过多种方式相互作用、相互沟通，促进学生全面和谐发展。它是开放的、建构性的，是一种全新的教学模式，是一种以支架式教学思想为基础来训练学生的阅读策略的教学模式。该模式具有两个特点：①重点放在培养学生以特定的、具体的策略促进理解的；②以教师和学生之间的对话为背景。那么对于语言课堂，交互意味着什么？里韦尔斯（Rivers）认为"交互"是学生通过使用语言而获得语用能力，在使用过程中学生的注意力集中在传达和接受真实的语言信息上（在关系到交互双方利益的情景中交换信息）。威尔斯（Wells）认为交流是话语的基本单位，语言交互是合作活动，不管交流是口头的还是书面的，都包括在信息发送者、接受者和情景环境三者之间关系的建立中。交互不仅是自我观点的表达，还是对别人观点的理解。

　　交互对语言学习为何如此重要呢？首先，通过交互，学生可以增加他们的语言储备。在交互过程中，他们倾听或者阅读真实的语言材料，倾听同学们在讨论时的语言输出，或完成共同参与的解决问题的任务，或撰写对话日记等。其次，在交互时，学生能够使用他们所有的语言知识进行真实的交互，而这种表达真实意思的交流对他们来说是很重要的。

---

① 张森，蔡泽俊."交互式"英语教学模式的实施探讨[J].现代企业教育，2006(12)：65-66.

就这样，他们能从所听的内容中提取信息，因为理解是一个创造过程；此外，他们也能通过创设语言去表达意图。最后，在二语语境下，交互对学生在新语言和文化中生存是必不可少的，所以学生需要接受在新语境中进行交互训练。

交互有利于语言学习，那么在语言课堂上如何进行有效交互呢？里韦尔斯等学者对此展开了研究，并总结了以下一些有效措施：

（1）教师给学生创设大量的倾听真实语言材料的机会。此处的真实语言材料包括教师流利的课堂英语，以及录音或录像带，报刊、卡通书、书信、产品说明书、菜单和地图等。如有可能，可把以英语为母语的人士带入课堂与学生进行非正式的交互。真实材料不一定都很难，可以在一些有意义的活动中加以使用。

（2）学生从开始就必须在课堂情景中听说英语。例如，学生可以面对挂图和实物听和说英语，可以通过角色扮演、演戏和讨论听说英语，可以编制电台口头秀或在教室建立一个二手货市场，或举办鸡尾酒晚会或求职面试等活动。

（3）学生可以参与一些联营任务，与其他人一起做一些有意义的活动，诸如制作某物、娱乐别人、为跨文化口头报告准备材料等。

（4）学生可以观赏一些原版电影或录像带，观赏以英语为母语的人士如何交互，如观察非言语行为——如何感慨，如何开始，如何维持对话交流，如何进行意义协商，如何结束交流，等等。

（5）学生可以通过交互来提高语音的水平，不仅可以通过对话式的听、说活动，而且可以通过诗歌朗诵、创编对话或剧本等过程来锻炼语音和语调。

（6）跨文化交互对现实世界语言运用来说是很重要的。首先，学生们通常拥有相同的观点和价值观，以及相同的行为方式和言语方式。他们能辨别自己对目标人士和相互文化的思维定式。这种学习经历可以直接进行观点交流或介入另一种文化活动。这种有指导地引领学生进行成功的跨文化交际活动或项目可以帮助学生建立自信。其次，观察来自不同文化的人士进行交互，清楚自己如何应对不同民族人士，监视自己的言语风格，以及操练不同的交互技巧，这些都能帮助学生在不同文化环境中生存。最后，在英语作为外语教学的国家，学生可以把那些有可能因为文化差异而导致交流失败的片段表演出来。如有可能，还可以与以英语为母语人士从他们本民族的文化视角来谈谈他们所做的决定是否合适。歌曲、音乐和舞蹈也能让学生欣赏目的语民族的文化底蕴。

（7）在阅读活动中，在读者与文本之间应该有精彩的交互，如解释、拓展、讨论其他的可能性或其他结论。通常，阅读可以让学生进行有效的口语和笔头输出。

（8）针对写作活动，要注意写好的东西应该有人来阅读，如在班级报纸上刊登或抄写在通知栏上。对话日记是交互性写作的典型例子。

（9）交互并不排斥语法学习。丰富的语法知识有利于交互水平的提高，但是要把语法学习过程交际化，让学生通过有效的意思表达来内化语法规则。

（10）测试也应该是交互性的水平测试。多项选择和填空题是语言知识的测试，而不是正常语言使用活动。测试应该尽可能地回归语言的正常使用上来，使测试成为一个在理解和表达方面意义建构的有机过程，因为测试本来就是学习过程的一个部分。

近年来，我国的学者和教师越来越关注英语课堂教学的互动性。李秀英和王义静教授[①]认为"互动"英语教学模式是高校英语教学的必然趋势。教师不能把自己看作是不断向学生传递信息的源泉，而应是组织学生大量参与使用语言的学习活动的组织者和参与者，从而为学生学习使用语言创造机会，提供指导，使学生通过自己的语言实践来掌握这些知识和能力，并为取得富有成效的结果提供监督，帮助学生负责自己的学习，并使其在学习过程中逐渐掌握最适合自己情况的学习方法。李秀英和王义静[②]提出"互动"英语教学模式设计的根本原则是必须符合创造性的有意义的语言操练。具体地说，互动活动的内容应有助于激发学生的兴趣、学业目标和事业目标等；在互动教学过程中，新导入的内容必须要与学生已有的知识和背景等相关；互动活动的内容还必须能够激发学生参与活动的内在动机。这样的活动可以包括以学习者为中心的、合作性的教学，以内容为中心的活动，语言与文化相结合的活动，以语言表达能力培养为基调的活动，以技能培养为基础设计的测试。此外，李秀英和王义静[③]在具体的课堂教学过程中，把"互动"英语教学模式设计成以下几种：以问题为中心的操练活动；以词语使用为方式的词汇学习过程；以人称替换、原文内容为主线的故事"重组"活动；以翻译为检测手段的巩固方式；听与说结合的听力教学方式；形式多样的趣味英语活动。

这些有关高校英语教学的"互动"理念，以及根据这些理念设计的教学活动在2000年前后是比较新颖的。其实，这些操作方式就是课堂教学交际化的具体体现，能够把学生的主体性充分挖掘出来，试图通过语言运用来学习语言。从"互动"英语教学模式设计的种类来看，该模式把各个教学环节都变成了互动过程，这点做得非常好。但是，互动活动在很大程度上仍然是关注语言本身，如操练活动、词汇学习方式、巩固活动和听力教学方式等，这表明"交互"只是教学技巧的一种改变，在总体上并没有形成比较完整的新的课堂教学体系。这里的"交互"与前面提到的"交际教学"区别何在？根据本节最前面提到的"解释理论"的主要观点，课堂上通过师生的平等交互，其主要任务是应该加深双方之间的理解以及双方对事物的理解。在交流过程中，学生通过不断地使用目标语，从而掌握该语言。

随着英语课程改革的不断深入，对互动英语教学模式的研究也在不断深入。例如，张森和蔡泽俊[④]总结了"交互式"课堂教学基本模式的流程为：目标导入—小组讨论—组际发言—成果评价。在课堂上可采用同桌互学、小组讨论、大组辩论、自由发言等形式，营造"生—生""师—生"间自由平等的氛围；通过学生之间的互相提问、互相帮助，让学

---

① 李秀英，王义静． "互动" 英语教学模式 [J]．外语与外语教学，2000（12）：22-24．
② 同①
③ 同①
④ 张森，蔡泽俊．"交互式" 英语教学模式的实施探讨 [J]．现代企业教育，2006（12）：65-66．

生学会思考、解决问题、发展思维，从而实现学习的目的。

张森和蔡泽俊提出的交互概念与上文提及的里韦尔斯等提出的概念不完全一样。前者仅仅把交互定位在语言符号的使用上，而后者可以包括语言、活动和非言语性的理解活动（如读者与文本的交互）等①。

总之，社会文化互动取向的英语教学是一种面向未来的新事物，它的内涵与形式需要不断完善和丰富，它的教学组织方法也将朝着多样化的方向发展。

第六节　全语教学模式

全语教学模式也称为"整体语言教学模式"。该模式的理论首先由肯·古德曼（Ken Goodman）提出，其核心理念是：语言是整体的，不能被分割成听、说、读、写等技能。同样，语言中的词、短语、句子和段落好比是一件东西内部的原子和分子，我们可以研究原子和分子的特性，但是其整体意义总是超过各部分加起来的总和。此外，该理论还把语言教学的范畴推广到与学生生活有关的其他各个方面。学习语言的目的是为了满足学生在现实生活中的真实需要，帮助学生进行有意义的人际交流，解决生活中的实际问题。它的优势是能够使一个主题概念多角度、多层次地反复重现，使学生有机会把过去的知识和经验与今天的学习任务结合起来，使新旧知识在学生的头脑中形成网状记忆、网状联想，使学生英语学习的质量发生飞跃。我国学者王才仁②把上面的第二层意思进行了拓展，认为"整体语言法"（Whole Language Program）就是把学语言与学习其他文化课结合起来，实行综合推进，使学生既学语言，又长知识，互促互动。一个学英语的人，如果汉语水平不高、知识面狭窄，就很难在英语上有很高的造诣，即便他能流利地说英语，也无法充分发挥英语的交际工具作用。

语言是一个整体，知识学习也是一个整体，学习者的生活和学习也应该得到统整。对此，左焕琪③认为整体教学法的最大特点是："它一反自古以来由教师决定从部分到整体进行教学的传统，强调由学生主动参与并遵循内容从整体到部分的教学过程。"这种反传统的教学方式是受到了语言习得和学习的科研成果启发。这方面的成果表明，只有当学生认识到语言整体时，他们才能认识到语言的本质。在外语教学中，要注意以下几点：①应先让学生在教师的启发下看到整体，然后逐步掌握教学内容；②每一部分的学习都应该是有意义的，而不是无意义的机械操练；③可先用母语讲清概念，然后采取师生与学生之间互相交流的形式练习；④口语与书面语并重，以达到理解透彻和掌握的目的。

整体教学法可用于宏观和微观外语教学中。宏观教学是指在每个单元开始时，教师先

---

① 陈晓峰. 新思维英语语法教程 [M]. 北京：国防工业出版社，2013.
② 胡春洞，王才仁. 英语教学交际论 [M]. 南宁：广西教育出版社，1996.
③ 左焕琪. 试论外语课堂教学理念与实践的更新 [J]. 全球教育展望，2001（4）：60-65.

与学生一起讨论该单元的主题概况,然后学习具体内容,如词汇、语法结构等;微观是指,教师教授某一语法现象时,可先讨论同一大类的特点,再学小项。在每次上课时,教师要把每节课作为一个整体来处理,而每节课又都有所侧重。这种教学法的心理基础是格式塔心理学。该理论认为,为了培养学生的创造性思维,教师也应把学习情景作为一个整体呈现给学生。人对语言刺激的反应是综合的,而不是通过对语句的分析来理解其内容的。该整体教学模式可以体现在以下方面:①课堂教学的整体设想;②课堂教学内容的整体处理;③在设计整体教学过程中,教师必须遵循语言学习的规律;④注重发挥教师的主导作用;⑤注意整体教学的适应性。针对课堂教学的整体设想,要注意面向大多数学生,课堂教学要以多数学生的听、说、读、写活动为主,以完成教材内容为主。

第三章　高校英语教学方法

第一节　高校英语教学方法的创新

大学英语作为高等教育中的重要课程，是大学教育发展的重要组成部分，对于学生英语学习能力的进一步深入和提高起着至关重要的作用。但是，教学效果的好坏与教学方法的应用关系十分密切，并发挥着特殊的作用。在当前高校英语教学背景下，传统的教学方法已经无法适应当前时代的发展和社会的需要，因此必须建立起一整套创新的教学模式。本节从当前高校英语教学方法的创新改革的必要性出发，对当前教学中存在的问题和不足进行了分析，最后得出运用互动式教学方法、肢体语言教学方法、角色扮演教学方法等进行高校英语教学方法的创新对策建议。

在大学英语传统的教学方法中，其宝贵的经验和方法虽然也能以一定的方式进行，但可以助推当下的教学课程改革，但如何将创新的传统教学方法融入日常的课程中去，是当前许多高校需要解决的重要一环，也是能否进一步深入开展高校英语教学的重点和难点。要想打破长期以来英语学科高等教育的瓶颈和桎梏，这需要处在一线的英语教师以一个全新、全面、辩证的视角去看待教学，从而促进高校以更加科学的态度发展大学英语，满足大学英语课程教学的需要。

一、创新当前大学英语课堂教学方法的必要性

（一）改革课堂教学方法对推动网络化教学模式至关重要

网络化教学模式的应用目前在许多高校的教学中还都处于慢慢兴起的状态，还远远谈不上普及的程度，主要表现在两个方面：一是在国内的高校中，因为客观的原因，相当一部分高校在财政上捉襟见肘，所以没法实现网络化教学的全面覆盖。二是网络化教学的真正意义虽然已经引起广大高校的重视，但是目前正处于试错和不成熟的阶段，对于高校来说还没有一个完整的固定模式可以为自己所用。此外，传统的教学方法并非一无是处，将其与现阶段的先进学习方法相结合是十分必要和可取的。

（二）教学方法的选择是保障教学质量的关键因素

先进的教学模式和教学方法离不开教师的灵活运用，因为不管是方法、模式还是内容、手段都是人为创造出来的，最终也是靠人进行操作和实践的。即使采用多媒体的教学方式，通过网络和课件的演示等呈现出来好的教学内容，但是其终究只是一种教学的辅助工具，永远不能代替人为的因素。有这样一种说法，"随着互联网技术的发展，教师将在不久的将来失去工作"，笔者认为这是十分荒谬的。鉴于此，我们应该不过分迷信、盲目依靠先进的教学方法，采用既有的教学方法或教学手段，结合网络教学的特点，重视发挥教师作为教学的引导者、组织者的重要作用。先进的教学设备并不是决定教学质量的重要因素，如果不当使用，不仅不会起到辅助和促进作用，还有可能干扰到课堂教学，使学生抓不到课堂内容的重点，也使先进的技术只是流于形式。因此，通过探索和实践不断改革教学方法，充分发挥教师的主导作用，同时体现学生的主体地位，这才是提高教学质量的关键。

（三）课堂上的互动和语言训练是大学英语课程的内在要求和本质

通过进行方法上的创新，在课堂上进行互动和语言上的训练，从课程性质的角度出发，是十分必要的。高校英语教学的目的是使学生掌握英语的基本交际能力，在听、说、读、写、译五个方面进行全方位的提高，具备了这些能力，尤其是掌握了听说能力，才能够真正将英语应用到日常的生活和工作中。因此，这意味着教师必须在课堂上通过与学生之间的频繁互动，在课堂的教学过程中实现英语交际的教学，训练学生的语言技能，让学生在反复地实践和应用中相互作用，逐渐提高英语语言的交际能力[①]。

二、传统教学模式下高校英语教学中存在的问题和不足

（一）主体和客体的位置倒置

在传统高校英语教学模式下，主体和客体的位置倒置。在传统的教学模式下，教师处在教学的中心位置，学生更多的是处于从属位置，这是极不符合教学规律的。大学英语作为一门应用性极强的课程，其教学的基本要求是学生通过听、说、读、写的训练，掌握加工语言信息的能力，并通过一定的形式进行表达，因此这样的特点就决定了学生必须在实践中全面发展自身的英语能力。但是，据笔者观察，在传统教学模式下，大多数教师将大部分时间用于教学，使学生没有时间进行实践训练。学生处在一个被动接受的位置，被灌输了太多的单词和固定句式而缺少实践的训练，即使学习了英语，还是不能很好地运用它。

（二）教学内容以固定句式和单词为主

在传统高校英语教学模式下，教学内容多以固定句式和单词为主，效果较差。在大学英语课堂教学过程中，许多教师采用的教学模式都类似于语文的教学方法，重在对英语原文的语法解释和单词讲解，提出让学生重点掌握长难句，或是直接背诵一些句子。但是，

---

① 李建萍. 分级教学背景下大学生英语词汇学习策略的调查和分析 [J]. 黄山学院学报，2009（8）：99.

在实际教学过程中,这对学生英语能力的提升几乎没有什么好处。学生将语法知识掌握得很好,但是在实际与外国人交流过程中,大部分对话的语法可能是不严谨的,还会存在错误,因此活学活用在英语的学习中是十分重要的。

(三)英语学习的四个要素缺乏有效衔接

在传统高校英语教学模式下,英语学习的四要素缺乏有效衔接。英语学习中有重要的四要素,分别是听、说、读、写。这四个部分在大学英语的学习中应该是相互联系、不可分割的部分。但是,据笔者的观察,目前这四个部分大多还是相互分割的,还没有形成一个有机联系的整体。比如学生在上听力课时,就是在单纯地进行听力训练,缺少写和读的环节,这就很容易造成教学效果的不佳;所以,在上听力课时,学生不应该纯粹地进行听力训练,可以加入读、写、说的环节。如果教师把这四个方面的教学内容结合起来,学生就能够很容易地把他们的听力和阅读信息与自己的学习结合起来,学习效果自然会很好。

三、创新我国高校英语教学方法的对策建议

(一)运用互动式的教学方法

互动式教学作为一种创新的教学方法,在当下的教学过程中得到了广泛的使用[①]。这一教学模式是指教师在授课的过程中,为学生创设一个互动的教学环境。学生在这种轻松愉快的互动交流中,能够自由地表达自己的观点和意见,从而激发学生的学习积极性。这种教学方法对大学英语课堂教学效果的提升具有非常明显的提升效果。在英语课程教学中,教师可以向学生提出一个或多个问题,根据学生的能力进行相应的指导,使学生成为解决教学问题的主体,让其进行分组讨论。

(二)运用肢体语言的教学方法

将肢体语言的教学方式运用到大学英语教学中,使教师运用肢体语言进行教学内容的表达,从而为学生创造轻松、快乐的学习环境,使学生自由学习。大多数语言的表达都是个体通过肢体的一些动作进行表达的,虽然没有具体的语言,仅仅是一些无声的表达,但是效果却是十分明显的。这种教学模式使学生所具有的生动和活泼的特点能够发挥得淋漓尽致。大学生大都已经成年,其模仿能力一般都较强。在教学中,教师可以根据教材内容,生动地表现出语言所要表达的形象,不仅能够激发学生的求知欲望,而且能够引导他们积极参与。学生在模仿中体会到了学习英语的乐趣,长此以往,就会变得更加愿意学习英语。

(三)运用角色扮演的教学方法

角色扮演的教学方法目前已经在高校中得到了广泛的推崇。角色扮演的方法就是在教师的指导下,教师根据教材内容的特点,学生进行相应的发挥,进行对话和交流。在教学过程中,英语教师可以根据学生的英语学习能力进行实际教学,还可以把教学内容编译成

---

① 黄建滨,邵永真. 高校英语教学改革的出路[J]. 外语界,1998(4):20-22.

故事，让学生根据自己的性格或喜好进行自由发挥，与其他表演者进行口语交流。这样一来不仅可以提高学生的语言表达能力，还能够极大地塑造学生的外向性格。

第二节　多学科交叉视角下的高校英语教学方法

隐喻自动识别关键词的第一步是要解开人类对隐喻理解的认知机制，建立语言的形式化模型，使之以计算机能够识别的形式表示出来。这一过程在很大程度上需要依赖认知语言学理论的指导。目前关于隐喻计算研究的综述性文章主要针对隐喻模型设计、知识库和数据资源建设、隐喻处理的应用等进行介绍。本节将从认知语言学和计算机科学的交叉角度对隐喻识别所涉及的理论和方法进行探究，主要研究多学科交叉视角下的高校英语教学方法。

一、隐喻识别的认知语言学视角

（一）基于文本线索的识别

隐喻表达的特征之一是具有一定的语言标记，可以把这些语言标记作为隐喻识别的线索。这种研究思路在隐喻识别中非常直观，起到一种"路标"的作用，具有较高的价值。通过隐喻标记语的明确指示，做出不能对该话语做字面意义理解而应做隐喻意义理解的明确引导。由于隐喻标记语的介入，人类在对隐喻进行推理的时候，就能很容易地领会蕴藏的意图，从而做出正确的隐喻识别。因此，隐喻标记语的使用明示了话语的语义逻辑关系，对隐喻的人脑推理过程起到了明示的语用制约，从而帮助理解和识别。

束定芳总结了隐喻表达的七种文本线索标记：①领域信号或话题标志，如 intellectual stagnation（智力上的停滞）、psychic eddy current（心理漩涡）、时间隧道、历史悲剧。②元语言信号，直接用 metaphor、metaphorical、metaphorically 或"比如"等字眼。③强调词信号，In fact、literally、actually、really，与汉语中的几乎、差不多、简直等。④模糊限制词，如英语中的 a little、practically，与汉语中的"有点""某种意义上"等。⑤表示隐喻转换的上义词，如 sort of、type of，"某种"等。⑥明喻是隐喻的一个种类，比喻词 like、as，"好像"和"仿佛"等明确表明这是隐喻式话语。⑦引号。

根据上述认知语言学理论，在隐喻计算机自动识别领域，有一些研究工作是针对文本中的线索进行的。

（二）隐喻的本质

概念隐喻观运用源域与目标域之间的映射和意象图式来解释隐喻现象，认为隐喻的本质是以一种事物去理解另一种事物的手段，是从一个比较熟悉，易于理解的源域映射一个不太熟悉、较难理解的目标领域。人类对隐喻识别是指在语境中发现隐喻表达，找出源域、目标域和映射域的关系。

束定芳归纳了人类对隐喻识别的两种基本方法：①基于文本线索；②基于语义冲突。在认知语言学背景下，隐喻被普遍认为是一种思维方式和认知模式。概念隐喻理论认为隐喻是利用一种概念表达另一种概念，需要这两种概念之间的相互关联。这种关联是客观事物在人的认知领域中的联想①。

（三）基于语义冲突的识别

人类对隐喻的理解首先建立在上下文语境的基础上，根据语言认知系统知识库及涉身概念知识库，对语言形式和字面意思进行分析，确定源域与目标域的语义冲突，并运用概念联想提取机制判断出映射关系，最后做出概念隐喻的判断。多数隐喻的出现并没有明确的信号或标志，需要通过对语义冲突的理解来识别。语义冲突也称为"语义偏离"（deviation），指的是在语言意义组合中违反语义选择限制和常理的现象，是隐喻产生的基本条件。语义冲突可以产生在句子内部，也可以产生在句子与语境之间。奥托尼（Ortony）认为某一语言表达成为隐喻的第一要素是从语用角度或从语境角度看，它必须是异常的，即从其字面意义来理解有明显与语境不符合之处。人类需要根据话语的字面意义在逻辑上赋予语境形成的语义和语用冲突及其实质，判断某一种用法是否属于隐喻。

二、交叉视角的文本表达

（一）基于文本线索的方法

因为更多的隐喻不具有明显的语言标记，所以这种基于文本线索的方法只能作为一种辅助来提高识别效果。在隐喻标记统计的基础上，可以把标记隐喻的语言信号分为若干类别，并考察其在文本中的出现频率与隐喻的使用关系。研究表明，虽然带有语言标记的隐喻句的数量在隐喻句总数量中存在的比例并不大；但是，在隐喻标记语的书面语中，隐喻达到了大约1/2的比例。美国学者法拉利（Ferrari）还把句法分析作为文本线索进行了隐喻识别的研究。这种方法概括起来就是利用规则约束与机器学习相结合，从语料库中统计隐喻的语言标记和句法信息出现的概率，以此作为文本线索进行隐喻计算机自动识别。

（二）基于语义知识的方法

针对基于语义知识的方法进行的早期研究，建立了语义冲突分类体系，并手工建立了语义知识库，但大规模的语料分析具有局限性，也耗时耗力。梅森（Mason）通过大规模语料库自动获取词汇的优选语义，从领域语料库获得词汇的语义特征，对比特征语义冲突完成概念映射的优选。但是，由于领域知识库规模不足，此方法只能处理与动词相关的较简单的概念隐喻，对于复杂映射具有很大的局限性。利用词典和语义搭配知识是基于语义知识方法的另一项应用。如克里希纳·库马兰（Krishna kumaran）利用英语词典word-Net

---

① 李芳.英语教学法[M].北京：高等教育出版社，2001.

得到语义知识,计算词语在语料库中语义搭配的概率。同样,杨芸[1]利用《同义词词林》和《词语常规搭配库》来识别汉语语义搭配型隐喻。另外,机器学习方法是隐喻自动识别研究的一个新方向,在处理海量信息上有着明显的优势和广泛的应用。面对日益增多的数据和计算机技术的迅速发展,广泛地尝试探索基于机器学习的隐喻识别研究十分必要。基本上,此方法把隐喻识别的问题转化成文本分类问题,最终达到识别目的。

三、总结

(一)语言学家与计算机研究者携手共进

语言学与计算机科学对于隐喻识别,有着共同的研究处理对象和共同的奋斗目标——揭示人类语言中隐喻的秘密、开发人类语言的智能功能。利用计算机对隐喻进行识别,基于规则和统计相结合的办法是有效的办法,而只利用任何一种方法都有它的局限性。计算机固然可以迅速地从大规模的语料中获取隐喻知识,解决系统的一些具体问题,但是不能解释确切的运行机制和其中的规则到底是如何建立的。所以,语言学家需要对语言进行描述与规则制定,实现计算语言的形式化,这些都是与语言学的基础理论分不开的。同样,语言学也需要进一步现代化。而计算机隐喻识别所提出的一系列新的方向和需求,一方面可以启发语言学家从新的角度去思考和探索,这必将深化语言学的理论知识;另一方面,通过计算机改造语言学理论,可以促进语言描写的形式化、科学化和精密化。计算机科学的发展,不但为语言学提供了现代化的研究手段,而且扩展了语言学的研究视野。因此,语言学家只有与计算机研究者加强合作和支持,才能促进隐喻研究进一步发展。

(二)隐喻知识库与英语教学

隐喻知识所提供的实例分析和分类可以帮助学生形成系统的理解和有序的逻辑思维,分清隐喻表述的各部分关系,代替死记硬背的学习方式,遵循有效的认知规律,从语言学习的根源和理论上整体把握,从而提高对语言深层次的理解,提高学习的效果,增强英语语感。隐喻的各种计算模型往往需要一个或多个知识库的支撑,这是由隐喻的认知性所决定的。知识库还给出了与目标域(force)类别相关的隐喻类别,指出了隐喻的源域和目标域,还有简要的分析以帮助理解。例句中包含着概念隐喻的意思,借助概念隐喻可以认识到隐喻表达形式的根源,将原本分散的形式内涵按根源进行归类。隐喻知识库所提供的概念隐喻系统使语言学习者了解到隐喻生成机制的原理,从而利用映射原理对知识系统分类整理。

---

[1] 杨芸. 英语课堂阅读模式的探讨[J]. 新教育时代电子杂志(教师版), 2019(10):111.

第三节　基于提升课堂学习效率的高校英语教学方法

一、传统高校英语教学方法的特点

（一）传统英语教学方法在听、说、读、写方面没有好的衔接

听、说、读、写是高校英语教学的四个有机组成部分。在当前的高校英语教学中，这四个方面在很大程度上都是相互割裂的，以至于学生在听力课上只是进行纯听力训练，在阅读课上只是一味地读课文，而在口语和写作上往往无话可说、无内容可写。如果将这四个方面的教学内容很好地结合起来，那么学生便能够将其在听力和阅读上所获得的信息结合自己的观点加以整理，自然就会有话可说、有内容可写了。

（二）传统高校英语教学方法以语法解释法和翻译法为主，效果欠佳

大学英语是一门应用型课程，其最基本的要求是学生能够通过听力和阅读训练，学会高效率的吸收和处理信息，通过口语和写作表达信息，这决定了学生必须在实践中培养英语综合能力。然而，在传统高校英语教学中，教师的满堂灌输占据了课堂的大部分时间，学生缺乏时间进行有效的训练，致使他们即使听懂了也不会实际应用。在大学英语课堂中，很多教师遵循的教学模式仍然是解释课文及语法，帮助学生翻译长句和难句，或者让学生死记硬背课文内容。笔者在实践教学中发现，很多学生对语法掌握得非常清楚，但是在英语表达中仍然错误连篇。例如，两位老朋友在十年后第一次见面，刚开始都没认出对方，相互报姓名后，其中一人感叹道：I didn't even recognize you（我都没有认出你！）在这种情景下，很多对时态非常精通的学生都会错误地表达为"I don't recognize you"。这是因为学生在语法解释和翻译法的教学中，只懂语法，而不知合理使用语法，只知按字面翻译而不知如何从意思上去理解。在传统高校英语教学方法中，教师起着绝对的主导作用。

二、高校英语教学方法改革探索

（一）教学上应在听、说、读、写四个方面进行有机整合

心理学家认为，知识的获取需要学习者遵循相应的规律，母语习得者之所以学习效率高，是因为其能够将所获取的信息进行统筹管理，将信息分别储存于短时记忆和长时记忆系统中。无论是短时记忆还是长时记忆，只要是有逻辑联系的信息回应就能延长记忆时效，而且便于提取。笔者曾根据以上两点进行相应的教学改革，发现仍然有很多问题阻碍教学的顺利开展。最大的困难是学生英语水平有限，教学模式无法做到以学生为主体，听、说、读、写四方面教学的整合能够很好地解决这一问题。通过及时、不断地提取信息，记忆便

能得到强化。因此,首先,教师可以给学生布置预习任务,让学生通过网络教学系统学习相关的音频、视频和文章,在练习听力和阅读的同时对课文主题有一个很好的概念,且积累一些在课堂上可能会用到的词汇、短语和观点。其次,由于学生在课前有了一定的积累,在课堂上教师便能非常轻松地引导学生进行课文的学习和理解,并引导学生针对其内容发表自己的见解,课堂氛围和效果会得到很大的提升。最后,让学生在课后通过互联网查询支持自己观点的相关信息,最终在所学语法知识、词汇短语以及相关内容素材的帮助下写出与该主题相关的短小文章。将听、说、读、写四方面进行有机结合,可以很好地帮助学生建立自信,提高教学效率,增强学生的英语学习兴趣和动机。

(二)摆脱教师的绝对主导模式,实现以学生为中心的主题教学模式

在"以学生为中心的主题教学模式"下,学生可以从听、说、读、写等方面围绕一个具有逻辑关联的话题,以个体或团体形式进行训练,将所学词汇、语法应用于学习训练之中,也可以通过这种教学模式巩固、加强学生对课文所蕴含知识的理解。认知主义心理学代表人物布鲁纳认为,学习是认知结构的组织和重新组织,学生知识的获得不是教师灌输给学生的,而是学生自己主动去探索和发现的。英语教学的过程理应是引导学生在课堂及课后进行有效的实践训练,以提高信息吸收的效率,并将其所学语法知识通过反复练习训练成一种思维方式,从而提高英语表达的准确性和高效性[1]。传统教学主题内容过于空洞、乏味或绝对,致使学生无话可说,或者有话也懒得说、懒得写。很多教材的单元主题往往是校园生活、恋爱等已经被反复练习和论证的话题,学生已经对此产生了厌倦感,故而,对教学主题的选择,应该注重在知识上激发学生的求知欲,在内涵上值得学生深入思考,在争议上允许学生在适当范围内提出各种不同的观点。

(三)改变传统的语法解释和翻译法教学

语法本就是一种说话的规则,学习者只学完规则是还不够的,更重要的是学会如何应用规则,将规则训练成一种说话的思维方式。然而,传统高校英语教学只注重遍教学生规则,而不引导他们去应用规则,这显然是不科学的,也是导致现在很多学生英语表达能力弱的重要原因之一。因此,英语教师应该在传统英语教学方法的基础上增加新的训练模块教学,引导学生将所学知识应用到英语实践中去,提高其英语表达能力。中国传统英语教学从初中开始便特别注重语法教学。但是,在经过初中、高中和大学的学习后,很多学生的语法应用能力仍然很差。在2011年英语专业八级考试的21,份试卷中,"汉译英"部分得8分以上的试卷只有19份,很多答卷语法错误连篇。例如:匆忙与休闲是截然不同的两种生活方式。有些人将其译为:Hurry and soft is two different life style 或者 Both busy and free are two different way of living,这两句是比较极端的翻译,完全没有顾及其学了十多年的语法。还有很多答卷也是或多或少的语法错误。

---

[1] 汤闻励. 非英语专业大学生英语学习"动机缺失"研究分析 [J]. 外语研究,2012(1):70-75.

三、"后方法"教育理论的路线图

后方法时代外语教学思想认为没有一种现成的最佳方法可一劳永逸地用于教学，主张外语教学应摒弃传统教学方法的思想束缚，从更广阔的视角探求突破传统教学方法思想的教学新理念和新途径。它倡导最大限度地关注教师教学方法的运用以及支配自主性和创造性，主张由一线教师根据自身学习经历、教学理解、教学理念、教学风格和教学经验，进行自我观察、分析、评价、塑造并改进课堂学习，构建"由下至上"（down-top）适应具体教学情境、立足课堂教学的教学理论体系。"后方法"理论的提出者——美国学者库玛（Kumaravadivelu）据此初步构建起一个由特殊性（particularity）和实用性（practicality）、可能性（possibility）三个基本参数组成的第二语言教学和教师教育的三维系统，并勾勒了一幅"后方法"教育的路线图。

（一）实用性参数

实用性参数涉及范围更广，直接影响课堂教学中理论和实践关系的处理。在实践中，鼓励教师将个人实践理论化，再将个人理论用于实践，这样有助于教师理解和明确问题所在，分析和评价信息，对各方面进行考量和评估，从而选择最佳方案，并做进一步批判性评估。由此，实践理论便涵盖连续性反思和行动。教师领悟性和直觉力构成了实践性的另一方面。教师在实践中积累着某种无法用言语表达的感受，使得有关最佳教学的"意义建构"随着时间的流逝而不断成熟。这种建构看似是本能、独有的，但它是由主导微观课堂环境的教育因素和源自课堂之外的社会政治因素形成和建构的。因而，"意义建构"要求教师不仅将教育视为课堂中一种最大化学习机会的机制，同时也是一种在课堂内外理解和改变"可能性"的方法。从这种意义上讲，实用性参数可转化为可能性参数。

（二）特殊性参数

特殊性参数要求任何相关语言教育须注意存在于特定社会文化环境中的教育机构的特殊性以及机构中教师和学生的特殊性，还要注意学习目标的特殊性。这种特殊性与包含一整套基础理论原则和普通课堂实践的既有的教学方法理论不同。从教育视角分析，特殊性既是目标也是过程，即在教育中教师要注意追求目标特殊性和教育过程特殊性。它是教学手段和目标的一种过程性发展。特殊性也是一种能力，可以用来衡量开展外语教学当地的教育体质和社会环境特殊性的敏感程度。特殊性始于个人或集体，通过观察教师的教学行为，评价教学成果，辨识教学问题，找出解决办法，从而进一步尝试分析可行和不可行的方法。观察、反思和行动构成的连续循环是环境敏感性教育理论和实践发展的前提。特殊性深刻蕴涵在教学实践中，没有教学实践也就无法实现或理解特殊性，因此，特殊性与实用性参数亦相互交织。

英语教学要探索更加适合非英语专业学生的英语教学方法，在短期内通过教学改革提高学生的听、说、读、写等基本能力，在长期内提高学生的英语综合素养。

第四节　高校英语教学方法中的情境英语教学法

我国的高校教学工作在有效开展的过程中，一直都在追求创新。我国的高校英语在教学的过程中也在进行不断的摸索和创新。其可以使大学生能够在轻松、愉快的环境中积极地学习。根据实际的教学经验来分析，在高校英语教学的过程中，情境英语教学法是一种非常实用的教学方法。本节主要对高校英语教学方法中的情境英语教学法的相关内容进行阐述。

在高校英语教学的过程中，情境英语教学法主要就是根据学生在英语学习过程中的心理特征和学生的年龄特点进行针对性的教学。教师在英语教学的过程中针对性地指出反映论的具体认知规律，同时在英语教学的过程中结合相应的教学内容，有效地应用形象内容来对英语教学情境进行创设。这样能够让较为抽象的英语教学语言成为生动的、可视的英语语言。情境英语教学方法能够让学生在学习英语课程的过程中更加深刻地了解英语思维、英语口语和英语感知。根据实际的情境英语教学方法来分析，情境英语教学方法的主要特点如下：能够有效地融合语言、行动以及创设的情境，让英语教学更加的直观、更具趣味性、更加的科学。目前情境英语教学在我国的高校英语教学中已经在逐渐地应用和推广，根据目前的情况来看，效果非常的明显。同时，情境英语教学方法也为我国的高校英语教学带来了非常积极的效果。

一、在高校英语教学中情境英语教学方法的主要理论来源以及相关依据

（一）情境英语教学方法理论的具体来源

在教育领域中，情境教学这一理论在 20 世纪 70 年代就已经提出并且应用。目前情境教学模式已经成为语言课程教学工作过程中一项基本的教学理论。我国情境教学的主要来源是结构主义教学语言理论。这一理论认为如果教师认为口语为语言教学的基础，其教学结构的核心必然是语言的表达能力。教师在语言教学的过程中，就是在为学生创造有效的学习语言的条件，让语言学习的方法同以后的交际实践有效结合起来[①]。在我国高校的语言教学的过程中，英语教学占有非常大的比重。英语教学在实际的教学工作中就是让学生学习语言交流能力的过程。大学生在学习英语的过程中，应该能够根据学习的过程和学习的积累对英语的语言知识、语言技能、特点进行详细的了解和掌握。

---

① 李艳，韩文静. 孔子因材施教的教育思想简述 [J]. 吉林教育学院学报，2008（4）：39.

(二)情境英语教学方法理论的相关依据

在大学情境英语教学的过程中,教学依据主要有三个。首先,教师在情境英语教学的过程中,要根据大学生的年龄和心理特点进行针对性的情境英语教学。大学生在对知识的渴望上非常积极,具有很强的知识求知欲望。情境英语教学方法正是有效地利用了这一特点来对大学生的创造能力和形象能力进行充分的挖掘的。其次,教师在情境英语教学的过程中要掌握英语语言学习的习得规律。大学英语的教学工作并不是让学生从语法和单词上进行知识的掌握,重点应该是让大学生在英语语境中习得知识,让大学生在英语应用中习得知识。最后,教师在情境英语教学的过程中要有效依据大学生的实际学习规律进行教学工作。教师在进行情境英语教学的过程中能够通过情境再现,有意识地对大学生的英语学习积极性进行调动,能够有效挖掘出大学生在学习英语过程中的心理活动,这样才能够有针对性的让大学生在一种较为轻松的环境下学习英语,在一种愉快的环境下学习英语,才能够充分地发挥出大学生的学习积极性和学习创造能力,让大学生在情境英语教学的过程中全身心地投入到英语学习活动中来。

二、在高校英语教学中实施情境英语教学方法的主要作用

(一)提升课堂教学效率

情境英语教学方法能够有效地适应并且迎合当代大学生的认知学习规律,能够有效地提升英语的课堂教学效率。在教学工作中,英语教师要充分认识到兴趣是学生最好的老师这一教育理念。目前我国的大学生在知识面、信息的获取、性情的开发等方面都有非常大的优势。根据大学教学工作的总结来分析,目前大学生的主要特点是有主见,在知识接受上很难实现强制性的教学,同时对于灌输式的教学模式也非常的排斥,更加重视自身对于新鲜事物的感受,能够很快地接受新鲜的事物和知识,但是其承受能力较差,面对挫折时容易产生悲观情绪。在英语教学的过程中,教师要充分了解和掌握大学生的特点,在英语教学中应用情境英语教学方法能够有效地激发大学生的积极性和主动性,能够让英语教学在一种轻松的环境下进行。这样的英语教学方法从根本上改变了原有的传统英语教学方法,也在很大程度上提升了英语教学工作的质量和效率。在情境英语教学法实施的过程中,教师可以通过模型、图片和实物等,并充分利用表情和手势来进行教学。在情境英语教学的过程中,教师常用的辅助教学工具为计算机。通过这一教学辅助工具,教师能够有效实现英语教学内容的扩大化、信息多样化和教学趣味化。目前,在高校英语教学的过程中,网络和多媒体的应用进一步丰富了情境英语教学的内容,让英语情境更加生动和形象地展现在学生面前,更加具体地展现了英语教学情境,有效地提升了高校英语的课堂教学效率。

（二）让大学生养成良好的英语学习习惯

情境英语教学方法能够让大学生在学习英语的过程中养成勤于动脑、敢于开口、乐于动手的英语学习习惯。相关的数据显示，我国有很大一部分大学生在大学时期就已经通过了全国大学英语四级和六级考试。这从一个方面显示出大学生有一定的英语水平。但是，在现实的生活以及日后的工作过程中，很多的大学生都会有不敢开口、不会书写的问题。这一问题不仅仅是大学生的问题，也是我国高校英语教学工作的问题，还是我国高校英语教学应该重点改善和处理的问题。目前，我国的英语教学在进行的过程中没有给大学生搭建起有效的口语交流和书写交流的教育交流平台，没有在英语教学之外创设实际演练场景，从而造成了这一问题。随着情境英语教学的逐步开展和实施，这一问题得到了很好的处理，就目前的情况来看，教学效果还算喜人。

（三）使得英语教学得到有效延伸

情境英语教学方法能够较大地丰富大学生的课外生活，能够让英语教学和学习得到有效延伸。语言是交际的工具，具有实际性和交际性。实际应用水平是语言学习的试金石。英语情境教学的空间必须由课内延伸到课外。教师要把教学迁移拓展到实际生活中，要设法增加学生的语言实践机会，帮助学生在实际生活中创造英语环境，鼓励学生大胆开口，敢于大声与教师用英语打招呼和交谈；鼓励他们尽量用所学的常用表达方式与同学相互问候和对话。

情境英语教学方法能够在很大程度上推动高校英语教学的教育改革，能够完善高校英语教学的教育模式。在英语教学中运用情境教学，既能活跃课堂气氛，激发学生的学习兴趣，锻炼学生的语言能力，又能培养学生的思维能力和空间想象能力，使学生在轻松、愉快的环境中积极地学习，从而为大学生在以后的工作中应用英语奠定良好的基础。

第五节　构式语法与高校英语教学方法创新

认知语言学是产生于20世纪80年代后期，在反对主流语言学转换生成语法的基础上，融合了语言学、心理学和人工智能等多个领域的知识而逐渐形成的一门语言学分支学科。随着认知语言学的发展，相关研究增多，出现了一种新的语法理论，即构式语法。虽然构式语法没有脱离认知语言学的范畴，依旧是批判形式语法，但其强调语用和功能，基本上可以被看作一种新的研究学派。构式语法在我国起步较晚，且最开始只用于研究汉语的特殊句式。随着世界一体化格局的形成，与英语相关的教育研究备受重视，各种创新层出不穷。构式语法具有很强的实践性，到今天已成了一种很重要的语言研究方法，对促进大学英语创新发展有着重要的指导意义。

一、构式语法的概述

（一）概念

从构式语法的形成来看，构式语法可分为几个阶段，如莱昂纳德·布龙菲尔德（Leonard Bloomfield）提出的 construction（构造），指的是抽象意义上的构造形式。后来，乔治·莱考夫（George·Lakoff）开始使用"语法构式"一词，这一阶段基本可被称为构式语法的初期阶段，而且他间接表明了构式是形式和意义配对的理念。2006 年，高柏（Goldberg）对此概念做了修改，"任何格式，只要其形式或功能的某一方面不能通过其他构成成分或其他已确认存在的构式预知，就被确认为一个格式"。

从这一概念中可发现，构式语法强调形式与意义之间的配对，而且构成的部分不能推导出整个构式的意义[①]。换句话说，构式是一个整体，除了具有其成分的形式和意义外，还有延伸的形式和语义，取得的是"1 + 1 > 2"的效果。

（二）特点

在构式语法被提出之前，生成语法十分流行。生成语法认为组成格式的词汇的意义组合决定了格式的全部意义。也就是说，句子有意义，但句子格式没有意义。而构式语法则对此提出了反驳，认为句法格式本身也有独立的意义，不同的句法格式具有不同的构式意义。另外，构式语法也反对模块论。模块论是一种自下而上的研究方法，可概括为"词素—词—词组—短语—句子"的程序，需要先研究词汇，进而推导句子和篇章的意义。构式语法则相反，采取的是一种自上而下的研究方法，把句式看成是整体结构。比如，一些图式结构和半固化块状结构并没有语法规律可言，最好就是以整体的形式存储在记忆中，在被需要时可被直接提取使用。可见，语义和语用在构式语法观点中不可分割。

（三）教学内容

构式语法的教学内容包括形式和意义两大部分，前者具体是指形态、语音和句法特征，后者具体是指语义、语用和语篇功能。总之，构式语法着重于语言的功能性研究，形式和意义（功能）之间存在的对应关系即象征对应连接链。

比如，"What a clever gilr."（多么聪明的一个女孩）是一个常见的感叹句构式，由"what""a""clever""girl"几个词汇构成。其实，这是个省略句，整句应该为"What a clever girl she is".（她是个多么聪明的女孩啊。）按照构式语法对其加以分析，整个构式表达的意义不是某个组成部分所能概括的，也不仅仅局限于句子本身的语义，还有延伸出来的部分。我们可以将这个句子翻译为"她是个多么聪明的女孩啊"或者直接译为"多么聪明的一个女孩"。但受语境的影响，句子的语用特征并不相同，既可以表达真切的夸赞，又可以表达超乎预期想象而发出的惊叹，甚至可以在反语语境中出现。

---

① 刘英爽. 国际化背景下大学英语跨文化教育的瓶颈和转型趋势 [J]. 教育评论，2016(7)：115-117.

二、构式语法对高校英语教学方法创新的启示

（一）理念和理论的创新

构式语法是对转换生成语法和模块论等传统语法理论的批判，其强调语言的形式和意义是一个整体，不能分割，一旦分割开来，就无法表达出原来的效果。同时，构式语法对过去自下而上的研究方法进行了改善，施行自上而下的教学模式。教师应抛弃过去通过分小类和分析词类序列来区分和教授不同句式的教学方法，而应向学生强调对句式整体意义的把握，追求形式和意义的同时习得；应将构式作为整体来教，鼓励学生同时注意形式和意义，一并输入构式的音系、句法和语义特征。英语教学应该从过去强调句式形式的教学法过渡到强调把握句式的整体意义的教学法，实现自上而下的讲解与自下而上的总结相结合，归纳教学法与演绎教学法并重。

（二）遵循由易到难原则

人们在认识世界的过程中，总是遵循由易到难、由表及里的原则，先了解表面和普遍性，随着积累和感悟的增加，才能发现更多问题，进而深入探究，逐步加大难度，使知识的广度和深度都得到拓展。

构式语法有难易之分。在复杂的构式语法中，常常有子构式和母构式。如果句子有多个母构式，由于特征不同，极易产生冲突，最终体现在具体的构式中，即子构式。以及物构式为例，"What did Lucy give his brother."（露西给了他哥哥什么？）按照正常句式，双及物的宾语应该在动词之后，而在特殊疑问句中，原来的宾语做主语，则放在了句首。

在语言学中，形式有无标记和有标记之分，前者指的是共同的特点，后者侧重于特殊情况。而且，后者的学习难度要高于前者，后者的形式相对较为复杂，在实际中使用频率低。教师在教学过程中要遵循此类原则，从简单开始，逐步增加难度；从无标记形式学习开始，慢慢过渡为有标记的特殊形式。

（三）形式意义同等重要

与转换生成语法等传统理念不同的是，构式语法强调形式与语义的结合。两者之间存在某种对应关系，不同的形式会导致语义上的差别。高校英语教学应把握形式和意义放在同等重要的地位，注意两者的匹配。

以直接和间接转述的构式为例，即便表达的意义相同，在结构形式和语用功能上也有着很大差异。看下面两个构式句子：

I asked my mom where she would go next month.（我问妈妈下个月她要去哪里。）

"Mom, where are you going next month？" I asked.（"妈妈，下个月你要去哪里？"我问。）

可见，直接转述和间接转述的形式、语用都不同，前者的重点在于发音和措辞，后者的重点在于表意，是想令听的人明白自己的语义。

（四）导入背景文化知识

前面已经提及，构式语法属于认知语言学的范畴，语言能力是认知能力的一部分。在学习英语的过程中，学习者必须有足够的语言输入，加上自己的认知和体验，才能逐步掌握这门语言。在英语中，有很多特殊句型和固定短语往往并没有遵循传统的规范性的语法规律，很难用已有的理论对其进行分析。即便在教学中，教师也常常会以"这是固定用法"作为解释。学习语言其实就是一种认知活动，面对无规律可言的句式，学生需要记忆或背诵，存储足够的语言输入，在需要时直接使用这些句式即可。

高校英语教学很容易忽视英语背景文化知识的导入。任何语言都是在一定的社会文化环境中形成并发展起来的，英语也不例外。高校英语在教学中应注重文化背景的介绍，鼓励并引导学生了解足够多的国外的文化历史和风俗习惯等，这样在遇到英语的俗语、俚语和谚语时，才能正确理解其意义。教师可推荐一些英文歌曲和有英语字幕的电影，介绍一些与英语系国家的历史文化相关的书籍杂志。

（五）汉语与英语的对比

汉语是我们的母语，一些大学生往往觉得英语很难。随着教育改革的深入，很多新方法和新理念相继被提出，关于汉语和英语关系的研究越来越多。研究人员希望能够找到最高效的途径，尽快提高学生的英语应用能力。在这种背景下，容易出现两种极端，一种是英语教师以汉语为本，用汉语教英语，结果出现了汉式英语。比如，"不管怎么说，我已经赢了。"被翻译为"No matter how to say, I win already."而实际上，英语应该表述为"Anyway, I have won."另一种是教师太过于注重英语，甚至要求学生在学习过程中忘记汉语。这种观点显然不合理，而且不太可能实现。我们生活在汉语环境中，每天都在用汉语跟人打交道，岂会说忘就忘？

笔者认为，最好的教学方法是将两者进行对比，把它们之间的异同点讲清楚，这对学生学习母语和英语都大有益处。因为我国和西方国家的历史和文化背景不同，所以语言系统的形成、演变和发展有着很大差异，比如，汉语中没有冠词，表示数量多时不用衍生词缀。举个简单例子，汉语习惯说"两头猪"，但英语只需翻译成"two pigs"，而不能译为"two head pig"。此类差异很多，在不熟悉英语构式语法之前，翻译者不能盲目地将其套用在汉语结构中，也不能根据汉语的句式结构直接翻译。所以，教师必须重视两者的对比，既要了解汉语言系统，又要学习英语语言系统，如此才能降低语法的错误率。

构式语法对传统的模块化理论加以批判，强调构式的完整性，形式和意义两个构成部分应该结合，而不能分割。因为研究的是语言形式、语义和功能的结合，所以在抽象句型中能够加大解释力度。总之，构式语法为英语教学和英语理论研究指明了新方向，具有很大的优势。高校英语教学可以对其加以借鉴，如转变教学理念、重视中英文对比等。但是，构式语法也存在局限性，如构式数量太多、构式间的联系容易被忽略等。这说明研究人员在今后还需加强此方面的研究，高校英语教学方法也应不断完善。

第六节 "互联网+"背景下的高校英语教学方法

随着科学技术和智能手机的高速发展,互联网进入了人们的生活,人们已经离不开互联网和智能手机了。"互联网+"是一种新兴教学模式和方式,越来越受人们的欢迎和青睐。"互联网+"的教学模式与传统的教学模式有很大的不同,其充分利用学生的课余时间,既能够让学生在网络平台上学到知识,也能够让学习方式变得更加灵活,从而让学生对学习产生更多兴趣。

本节对"互联网+"背景下的高校英语教学方法进行研究,对这种新型的学习方法进行探讨,并研讨怎样使"互联网+"教学方法得到更大程度的提升,从而为学生的英语学习提供更好的服务。

一、"互联网+"在高校英语教学中的优势

在新一轮基础教育课程改革的大背景下,高校英语的教学课时被严重压缩。不同的学生对英语教学的需求不同,学习英语的基础和能力不尽相同,知识结构也不够全面。这部分学生的英语学习需求得不到满足,影响了他们学习英语的积极性,使得他们的英语成绩得不到相应的提高。

(一)"互联网+"有利于提高大学生的英语写作能力

高校英语的学习方法与高中、初中英语的学习方法是完全不同的。在我国初中和高中教学中,由于受应试教育的影响,教师最重视的是提高学生的学习成绩,教学以词汇教学为主,以语法教学为辅,写作在考试中所占的分数较少,所以往往不是初中和高中英语老师的教学重点,这就导致了"英语写作"成为很多学生的学习短板。但是,在高校英语教学中,由于全国大学英语四级和六级考试涉及学生未来就业,所以对学生的英语写作能力要求较高[1]。在高校英语教学中,实行"互联网+"的教学方法,教师可以在时间有限的课堂教学中对英语写作的技巧进行讲解,然后通过互联网给学生布置英语写作作业,让学生利用互联网完成写作作业。"互联网+"英语写作平台很好地弥补了教师不能一一修改学生作文的缺憾,让学生利用互联网经常写作文、改作文,可以达到提高大学生英语写作水平的目的。"互联网+"的出现满足了大学生对英语写作的学习要求,提高了大学生学习英语的积极性,用灵活的教学方法提高了大学生的英语写作能力。

(二)"互联网+"有利于提高大学生的英语阅读理解能力,增加大学生的词汇量

我国初中和高中英语成绩的提高主要以语法和词汇量教学为主。但是,学生在初高中阶段的词汇量非常有限;到了大学之后,其在之前积累下来的英语词汇量远远不能满足其

---

[1] 王汉英,胡艳红,徐锦芬.美国康奈尔大学外语教学观察与思考[J].教育评论,2015(7):165.

英语学习的需要。大学更加偏向于应用型英语的学习。在大学学习阶段，英语阅读是增加学生词汇量的最佳方法，因此英语阅读和词汇学习是相辅相成的。然而，高校英语教学的课时非常有限，不可能让学生在有限的课堂上做大量的阅读理解。"互联网+"的出现完美地解决了这个问题。学生在课余时间利用"互联网+"进行英语阅读，一方面能提高阅读理解能力，另一方面在做阅读的同时增加了词汇量，这样有利于大学生的英语学习，大大提高了全国大学英语四级和六级的通过率。随着全球经济一体化和科技的迅速发展，英语作为国际通用语言起到了越来越重要的作用。因此，很多工作企业在选拔人才时，很看重应聘者的英语成绩。所以，利用"互联网+"提高大学生的阅读能力和增加大学生的英语词汇量就变得尤为重要。

二、"互联网+"背景下高校英语教学模式的开发与实践

"互联网+"教学方式主要分为网内资源和网外资源两种教学方式，这两种方式各具特色。在高校英语教学工作中，只有将这两种教学方式相结合，才能使大学生的英语学习产生最佳效果。许多地方高校对各类资源都实行了信息化的管理，学校的内网服务器中也存有大量的英文阅读文档，学生在查阅的时候容易寻找。相对于外网资源来说，内网资源中的阅读文档更适合于正处在英语学习阶段的大学生进行阅读，而且每篇文章的后面一般都附有阅读作业，可以使学生进行有针对性的学习和训练。"互联网+"网外资源更加丰富，现在有很多利用互联网教学的方式，比如对于英语教学来说，大学生可以利用QQ和微信等平台与英语教师积极地进行学习交流，有不会的问题可以第一时间与教师取得联系并进行讨论。很多词汇软件中的内容丰富且精彩，如"有道""牛津"等在线字典除了给学生提供查单词的功能之外，还有很多新功能，如"每日一句""美文鉴赏"等，给学生提供了丰富多彩的学习方法。在"互联网+"的支持下，产生了很多的高校英语教学直播平台，大学生可以通过网络直播学习英语，也可以下载观看，可以让大学生利用闲散的课余时间加强了对大学英语的学习。这些"互联网+"背景下的高校英语教学新方式是高校英语课堂教学很好的补充。

进入了网络时代后，教育改革引发了高校英语教学的不断改变和更新。"互联网+"作为一种新兴教育模式正在受到越来越多的重视。它着重培养大学生在英语听、说、读、写等方面的学习，提高了大学英语的教学效果。"互联网+"背景下的高校英语教学的新时代已到来。

第七节　在创新创业背景下浅谈大学英语的教学方法

随着经济的进步和科学技术的发展，教育行业的竞争十分激烈，因此社会需要的是高

素质、全面发展的人才。自毕业考试实施以来，考试的压力使传统的教学模式在大学时期尤为突出，还极大地削弱了学生对英语学习的积极性和自主性，从而使学生的实际应用能力得不到提高。

一、创新创业背景的特点

创新创业教学法融合了探究教学法、任务驱动教学法和案例教学法等多种教学法的特点，是以行动作为导向的一个学习过程。在项目教学法中，教师已经不再只是知识的传授者和灌输者，而是学生在学习过程中的引导者、指导者和监督者。教师引导学生走在积极向上的人生道路上，指导学生运用正确的方式方法达到事半功倍的效果，监督学生的日常生活和学习。同时教师还可以将与主题有关的各种项目纳入学生的知识构建体系中，从而构建一个全面、系统的知识体系。学生可以以小组合作和个人探究的形式将理论应用到实践中，从而进行"意义建构"。这种自主的知识建构，不仅锻炼了学生的各种能力，还能使学生获得知识和技能。在教师的引导、指导和监督下，学生能够积极地探寻知识，在这个过程中锻炼各项能力。

二、创新创业在大学英语学习中的应用

（一）大学英语新课标的教学目标

大学英语课程以应用为目的，旨在培养学生的实际应用能力，包括听、说、读、写的专业能力及合作探究的基本能力等等。

例如，人教版大学英语教材中有三个单元，而每个单元又有六个板块，每个板块都有不同的目标。单元的第一个板块是第一课时（Welcome to the unit）。这一部分有生动的图画和相关的问题，可以调动学生已有的与本单元有关的知识，从而让学生能够轻松地学习本单元的知识，顺利地构建本单元的知识体系。而且，这一部分知识还与实际生活和发展息息相关，从而可以锻炼学生的口语表达能力。接下来的板块是 Reading（阅读）板块，这一部分的内容是学生接受语言信息的关键环节，有助于学生掌握英语阅读技巧，提高英语阅读能力。学生通过大量的课外或者课本中的阅读能够了解更多新奇的事物、学习新的文化。学生可以通过合作讨论来提高解决实际问题的能力，并且还有机会感受真实、地道和优美的英语，从而让学生了解到现实生活和社会发展中的方方面面。

（二）项目教学法在高中英语教学中的应用

1. 分析教学目标，确认项目的任务

高校英语教学的重点就是学生要掌握并学习好基础知识，然后提高听、说、读、写这些专业能力及实际应用能力。教师可以把每个单元看作一个总的项目任务，然后确定任务，比如教师对需要完成的语言知识、背景知识进行简单的输入，然后经过讨论、分析出项目

学习的目标和需要解决的问题①。在这样的课堂上，教师不再是知识的灌输者，而变成学生在学习过程中的引导者、指导者和监督者。

2. 根据项目任务，制定项目计划

学生在明确了教学目标之后，要根据项目任务，分组讨论并制订出一份合理的、完整的、可实施的项目计划，从而确定工作步骤和工作程序。比如，在人教版高中英语 Project（项目）这一部分中，学生根据项目任务，可以制订项目计划为：第一步分组先阅读 Project 的两篇文章，结合本单元的内容进行分析得到启示；第二步每组选择适合自己的主题；第三步每组为自己的报告收集资料；第四步每组的报告要发给教师并由教师予以指导；第五步在英语教学课上，每组代表要上台展示自己的报告，其余小组给予评价；第六步学生进行自我评价、自我分析、自我检索和自我提升。这样的教学方式不仅充分调动了学生的积极性和自主性，而且锻炼了学生的各项能力，促进了师生之间、学生之间的交流。

3. 学生分成项目小组，实施项目计划

在确定项目任务，根据项目任务制订了项目计划之后，学生就可以成立项目小组共同实施项目计划。但是，需要注意的是，每个小组都要有一个组长，组里成员也都要有明确的分工，以防发生混乱，导致耗时耗力。

总之，在创新创业背景下，英语学习过程成为英语学习者参与创造的实践活动，注重的并不是最后的结果，而是中间的过程。学生不仅体验到了学习新知识的乐趣、完成项目任务的成就感、创新的艰辛和快乐，同时也培养了自身分析问题和解决问题的能力。项目教学法在高校英语教学中的作用巨大，为学生以后的英语学习打下了坚实的基础，还对学生的考试有很大的帮助，推动了高校英语教学的发展。

---

① 秦秀白，张凤春．综合教程 3（学生用书）[M]．上海：上海外语教育出版社，2014．

第四章　高校英语线上与线下教学研究

第一节　线上教学概述

一、线上教学的概念

当前，线上教学一般定义为以班级为单位组织授课和双向互动，以录播课和"录播+线上答疑"的形式，根据课程大纲和教学目标，以网络技术为媒介，实现教师、学生与媒体之间的多向互动，并通过多媒体和网络平台对多媒体教学中所涉及的信息进行收集、处理、传输和共享，从而实现教师教学目标的教学模式。相比于传统的课堂教学模式，线上教学形式打破了时间和空间地限制。

二、线上教学的原则

教师在线下授课时，可以与学生面对面交流，随时观察学生的听课状态，并根据学生对课程的理解情况，及时调整讲课的速度和内容，从而保证了知识的有效传达。但是，在线上授课时，由于无法实时获取学生的反馈，教师会感到无所适从。随着对线上教学进行不断的实践和探索，我们不难发现，线上教学有着固定的生存"土壤"和适用范围，也有需要遵循的基本原则。

（一）技术简易、方便操作原则

面对线上教学，教师掌握信息技术是首要的。目前，大部分教师的信息技术能力较为欠缺，所以，教师应选择自己能够掌握且容易操作的技术开展教学，这一点对于信息技术能力较为薄弱的教师来说尤为重要。

（二）课堂以生为本原则

无论是线下教学，还是线上教学，教师在课堂上始终都要坚持以学生为本。学习的主体是学生，教师在课堂上要充分体现学生的主体地位，不断地为学生搭建探讨、交流、互动的平台①。教师可以采用问题驱动教学法,让学生围绕问题寻求解决方案,从而发挥学生的学习主动性,提高学生的教学参与度,激发学生的求知欲,活跃学生的思维。这样能有效避免出现教师滔滔不绝的讲解,而学生却不能全身心投入,或根本不听课、思想开小差,甚至做其他事情的情况。教师应引导学生在问题的驱动下持续学习。实践证明,在线上教学中,学生更愿意回答教师提出的问题,更愿意与教师互动,这是线上教学的优势。在课堂上,教师要为学生提供"指南针",让他们寻找自己的"北斗星"。

(三)追求课堂高效率原则

不管是线下教学,还是线上教学,教师应始终把提升教学效率作为开展教学工作的重要目的。所以在线上教学过程中,教师要合理分配时间,必须将讲课时间控制在20分钟左右,内容尽量精练,具有趣味性。教师最好做到在一节课上讲解一个知识点,避免在一节课上从头讲到尾,完全忽视学生的存在。教师可设计具有挑战性的任务来调动学生的积极性,引领学生从知识和训练的浅层学习转向思维建构的深度学习。教师应在每节课中预留一定的练习时间,防止学生因长时间观看屏幕而产生疲惫感,以致注意力分散。

(四)授课方式多样化原则

线上教育与线下教育存在诸多不同,不仅学生要面临全新的学习环境,教师也要及时适应这种新的教学方式。面对线上教学这种全新的教学模式时,教师要灵活教学,一切以课堂的实际状况为主;同时也要大胆创新,探索适合线上教学的新方法、新思路。例如,教师可以采用视频、直播间、"幻灯片+语音"、"视频+语音"等方式,只有这样才能激发学生的学习兴趣,更好地吸引学生的注意力,从而促进线上教学的长远发展。

三、线上教学的优点与缺点

(一)优点

1. 线上教学资源丰富、形式多样

就慕课(MOOC)学习平台来讲,国内有学堂在线、中国大学MOOC(慕课)、好大学在线、超星尔雅、智慧树等知名慕课平台,提供的线上学习资源丰富多彩、各有特色。以中国大学MOOC(慕课)平台为例,有141 856门优质课程资源,815门国家级在线精品开放课。就每门课程来讲,重点突出的微视频可以吸引学生的眼球,提高学生的听课效率;少量且高效的精准测验可以检验学生是否掌握了知识点;而且,学习过程有记录,能够提供基于大数据的学习分析。

2. 以学生为主导,强化了学习的自主性

学生可以根据自己的情况选择合适的学习时间,不受时空的限制。学生根据需要可以回看视频,复习相应的知识点,也可以调节视频的播放进度,进行个性化学习。这种线上

---

① 马永峰."互联网+"视域下高校英语教学模式发展研究[J].湖北开放职业学院学报,2019,32(06):134-135.

教学以学生为主导，以教师为辅助，可以激发学生的学习潜能和学习兴趣，使学生由被动学习转变为主动学习。

（二）缺点

1. 师生间互动的效果不好

尽管慕课平台有讨论区，学生可以随时在线上向教师提出问题，但有些学生是为了完成学习任务而敷衍了事地参与，真正问问题的学生不多。而在传统的课堂教学中，面对面的沟通更容易表达情感，更能反映学生的真实情况。另外，线上教学缺少学生之间的团队合作和交流。

2. 线上学习效果难以把控

学习主动性和自觉性不高的学生，对于作业不会认真做，甚至相互抄袭。教师对学生的真实学习状况较难掌握，对线上学习效果较难把控。

第二节　现代线上大学课程教学模式

一、线上教学模式的特点

线上教学指的是基于网络平台的教学，依托地是强大的现代信息软件技术，如大家熟知的中国慕课、学习通、钉钉等平台。笔者所在学校使用的是超星尔雅的"学习通"平台。这种模式的特点是学生和教师可以不受时空限制开展教学活动，形式更灵活，而且线上教学资源更加丰富多样，大量的音频视频使得英语教学更容易被学生接受。目前，许多高校建立了线上英语教学平台。从目前线上教学的实际情况来看，这种线上教学模式对高校英语教师的信息化教学水平提出了更高的要求。当然，线上英语教学并不能取代传统的课堂教学，如何高效地利用线上教学平台为课堂教学服务值得每位教师思考。

二、线上课程教学模式的具体方式

（一）提高学生的自主学习能力

1. 学生现状

英语作为一门应用学科，其实在很大意义上，其真正的学习方式不应该只局限于高中以前的应试教学模式，而应该具备以应用为主、以理论知识为辅，以学生为主、以教师为辅的教学观念，两种英语学习模式具有较大落差。因此，教师期待值与学生期待值之间，以及学生对英语的学习目标设定与自身行为习惯之间就出现了差距。从某种意义上来说，很多大学生学习英语有共同的内在心理和外在行动误区，而这一误区的核心就是主动。大学英语的学习模式应该是以学生为主体的主动学习，而非以教师讲授为主的被动接受。

2. 自主学习的可行性

然而，从被动到主动的过程并非想象中那么容易。人的选择和行动并非随意而无规律的，它一方面是客观必然约束下的结果，另一方面也是社会规范制约下的产物。同时，它还会受到每个人的内在、成长环境和自身条件的规制。而这些因素又会与个体差异和环境产生更多的不同。这些复杂而并不相同的约束共同制约着学生自主学习的条件。现在高校英语教学模式的许多环节设置包括听、说、读、写、译这些线下课堂必备的环节，都会要求学生提交一一对应的课后反馈。在线上课程教学模式下，每一个学生都是一个完全自主的个体，而不像在课堂上可以听着大众的发言来做自己的回答，甚至缺乏主动的环节，而只是单纯地听教师授课。学生受客观条件的束缚甚至社会规范的制约，如果没有了这些约束，则学生在面对计算机屏幕时，就没有了课堂上面对教师的紧张感和站起来当众发言时的拘束感，也没有了个体情绪管控等自身因素的制约，因此能够更好地发挥自己真实的学科水平，使得学生的主动意识大大提高。

3. 自主学习的体现

英语作为一门语言学科与其他科目较为不同的一点是，它在很大程度上需要靠进行练习来提高。而对于线下课堂，多人同时上课的外在条件注定了学生个体的练习没办法较为理想地进行，而在线课堂则为学生提供了这样的空间。现代信息技术的大发展使得 QQ 群、微信群之类的通信工具广受欢迎，但同时也使得学生在上课时玩手机的频率大大提高了。教师对于这一现象与其阻止，不如加以引导，使其变为学生学习的助力，比方说，同学们可以在这些群里进行全英语交流，在英语交流的过程中就达到了学习的目的，甚至还可以进行一些学习资源的交流，这样，线下课堂的"毒瘤"手机就成了线上课堂的学习"神器"①。

（二）打破班级授课制的局限

当提到线上课程教学模式的优越性时，必须要将它与传统的班级授课制度进行对比。在对比时，我们就能发现传统的班级授课制度是具有一定的局限性的，而它的局限性体现在以下几个方面。

1. 时空的限制

传统的班级授课制度受时空的限制，其教学过程主要在教室完成，以教师的讲课为主，同时配合幻灯片、板书、教师提问等教学方式来完成知识的传授。在这一过程中，学生很可能由于环境、课堂人数较多等外在条件，以及学生的心理压力，或学生当天的身体状况等内在条件，使得学生的学习状况较容易受到影响。而线上教学则打破了时空的局限，使得教学活动不再仅仅局限于课堂，学生在时间以及各种情况的安排上相对更为自由，并且拥有更多的时间和空间进行知识的交流，甚至互相之间可以进行讨论，也可以更加深入内

---

① 任佳. 数字化环境下高校英语课堂教学模式探析 [J]. 淮南职业技术学院学报, 2019, 19(6): 67-69.

容的学习。

2. 信息处理的限制

传统的课堂信息来源和信息处理手段具有局限性，同时还存在信息失真、信息传递不畅和信息反馈不及时等问题。在传统的班级授课过程中，教学信息大部分来自学生课堂的出勤情况、课堂上教师的提问，以及教师布置的一些课后作业等。信息相对来讲较为杂乱且呈碎片化，较难形成整体、有规律的信息流。传统的班级授课制度在很大程度并未太过看重学生作为整个教学进程的最终接收端。在教学过程中，教师是学习过程的主体，而非学生。而教师的判断较为主观、缺乏科学和深层次的分析，难以真正的反映每名学生的学习水平和能力。与此同时，在授课过程中，教师较为专注，难以对学生听课的状态进行信息收集、处理和分析。在传统的班级授课制度当中，学习信息的反馈主要来自课程结束以后的考试，而考试之后学生与教师之间往往难以及时交流沟通，进行信息的反馈。学生在学习上出现的状况，没有及时得到纠正。

线上教学课程模式之所以备受关注，除了形式新颖外，另一个较为重要的原因就是在运用互联网和计算机授课过程中，计算机对信息数据的挖掘和分析能力得到了充分的利用，而这些技术的运用使得整个学习过程更加的科学，也使得其系统的信息流更加的流畅和完整。在互联网授课时，信息的来源渠道较多，信息处理具有实时性；并且，在学习结果的分析和评估上，计算机也能达到比人为分析更加深入和全面的地步。

3. 教师的能力与资源的局限

在传统的班级授课教学模式中，虽然教师的职业特性注定了教师终身都是学习者，但有时由于各种外在因素和内在因素的影响，如身体状况、课程的进展、出差和会议等工作事务的安排等，教师个体的学术信息没有办法及时地更新和扩充。因此，在某种意义上来讲，教师的能力是存在一定局限的。

而借助互联网的线上教学模式则可以较好地避免这一系列问题，除了教师上传的课程视频之外，各个互联网的教学平台还拥有非常强大的课外资源区。这些资源区能够不断地更新，甚至同时能够通过算法和大数据统计等方式，根据学生自身的兴趣和学习情况，向学生进行课外资源的推送，让学生在知识的广度和深度上达到课堂教学难以达到的水平。

（三）学生成为学习的主体

美国缅因州国家训练实验室提出的学习金字塔（Learning Pyramid）：

（1）听讲——通常听讲是教师最熟悉也是最常用的教学方式，即教师讲，学生在听。但学习两周之后，学习效果却是最低的，学习内容的留存率仅为5%。

（2）阅读——阅读的学习效果也很低，学习两周之后，学习内容的留存率仅为10%。

（3）声音或图片——相比之下，声音或图片相对高点，学习两周之后，学习内容的留存率为20%。

（4）示范或演示——学习两周之后，学习内容的留存率上升到30%。

（5）小组讨论——学习两周之后，学习内容的留存率提升到50%。

（6）实际演练或做中学——变被动学习为主动参与式学习，学习效果大大提高，学习两周之后，学习内容的留存率为75%。

（7）马上应用或教别人——学习两周之后，学习内容的留存率达到90%。

以上分析可以看出，学习两周之后，学习内容的留存率不足50%的几种学习方式，均为被动学习方式；然而，学习两周之后，学习内容的留存率达到或者超过50%的几种学习方式，都是学习者主动学习或参与式学习。

（四）沉浸式教学

科技的发展将计算机与课堂紧密连接，而互联网的出现则使各种各样的线上课程出现在大众的眼前。通过众多的研究和实际操作，人们对线上英语课程的认识已经达到了较为全面的地步，线上英语课程不仅仅改变了传统的课堂英语教学模式，也对学生产生了多方面并且较为深刻的影响。比如，作为英语学习当中最重要的一环，线上教学能够为学生提供一种浸入式学习的环境。线上英语教学具有以下特点：

1. 互联网信息资源的丰富

众所周知，互联网最大的特点就是覆盖面广、信息资源丰富。教师运用互联网既能够接轨最新的信息资源，也能够获得一些较为经典的教学材料，而如果将这一特点运用到教学当中，则可以为学生创造一个良好的英语学习环境。这些信息覆盖面较广、资源较为全面，教师可以根据学生的兴趣进行筛选和推送。

2. 交互的便捷性

互联网在具有强大的资源覆盖面的同时，也拥有着另一项特性，交流的便捷性。在线上课程的设置中，教师可以引入移动新媒体对相关的教学方法进行改革设置，以此来突出对学生交际能力的培养。并且，由于线上交流不受距离的限制，学生可以有更多的机会，和一些以英语为母语者进行在线的交流。高校可以聘请一些相对较为有经验的外教，使得学生能够获得较为纯正的英语交流体验，以此达到沉浸式教学，多方面的提高学生对英语的应用能力，同时学生又能够拥有更多的自主空间，得到一个比较轻松、愉快的教学氛围，学生的课堂参与度也会大大提高，但是，这一切需要在线课程地研究团队对不同学生的不同教育方式进行研究，需要注重课程的设置方法、教育理念和形式，更需要注意的是加强教师与学生、学生与学生，甚至学生与外教、外国学生与学生之间语言相关交流平台的建立，也要注重调动学生的积极性。

第三节 线上与线下混合式教学模式

一、混合式教学模式的概念

Blending Learning，译为"混合式学习"，其内涵是多种学习方式的结合，如使用传统媒体（黑板和粉笔等）的学习方式与使用多媒体的学习方式相结合、自主学习与协作学习相结合等。

互联网技术的发展赋予了混合式学习新内涵：混合式学习通过将传统学习方式与网络化学习方式的优势结合起来，在发挥教师引导、启发和监控教学过程这一主导作用的同时，更好地体现学生作为学习主体的积极性和创造性。混合式学习新内涵在原有内涵基础上提出了新结合，即传统学习方式与网络化学习方式相结合、学生主体性与教师主导性相结合。

混合式教学是混合式学习理论指导下线下传统课堂教学与线上学习相融合的一种教学模式。混合式教学结合了线下传统教学和线上教学的优势，既保证了传统教学中师生面对面的教学与交流，又能实现学生的在线自主学习和实时的在线教学的反馈和交流，提高教学效率。美国教育部的一项研究表明，相比单一传统面授教学习和单一线上学习，二者相结合的混合教学更有效。

混合式教学在移动互联网时代更具"混合"特性，互联网技术不断发展使线下传统课堂与线上课堂不断融合。传统课堂正在不断放大和延伸，一些开放式学习云平台应运而生。

随着大量在线课程的推出，以慕课、SPOC（小规模限制性在线课程）为代表的"线上"教学模式开始受到大量学生的青睐，这给传统面对面的授课模式带来了巨大的挑战。单纯的"线上"教育模式缺乏人与人情感上的交流，缺乏教师面对面的个性化的指导，也缺乏教师与学生之间、学生与学生之间的即时讨论等，并不能完全取代传统的教学模式。将商业领域的O2O模式引入教学，进"线上"和"线下"教学模式的整合，成为当前教学改革的方向。

O2O是一种商业运营模式，也是一种思维方式，将这种思维方式运用到教学模式的改革中，能够给学生和教师带来全新的体验。"O2O教学模式"就是一种将线上教学与线下教学相结合的新型教学模式。其中，线上教学通常包括大规模开放在线课程慕课、小规模限制性在线课程、线上讨论、以及其他线上活动等形式；线下教学则包括课堂教学、实践教学、线下讨论、以及其他线下的交流活动等。

传统的授课过程由教师进行支配和主导，只采用教师讲授、学生听的单一授课方式。而O2O课程则通过聘请具有一定教学管理经验的教师建立线上虚拟班级，将授课内容拓展到课外（线上）；学生通过互联网平台上的微课、在线视频等新媒体，自主学习重点知识，利用课堂时间（线下）组织互动学习小组进行探讨和交流，以便完成知识的消化和吸收，从而加强学生的自主学习能力，更好地促进学生协作沟通能力和创新能力的提升。高校构建的O2O课程体系能够打破传统课程的时空局限、翻转传统课堂教学中的"教"与"学"、颠覆师生的主体地位，使O2O课程的开设具有开放性、体验性和前瞻性。O2O课程体系的设计具有完备的要素，围绕课程目标、课程内容和课程要求三个方面对原有的课程体系进行解构，跳出学科体系的藩篱，对知识点进行模块化设计，精心择取、凝练、组织教学内容及其他环节，将各知识点进行重构和衔接，从而构成该课程完整的知识体系，将学习从存储知识的过程向应用知识和创造知识的过程转变。"以学生发展为中心"的课程目标重点是要培养学生的自主学习能力、创新能力和协作沟通能力。针对学生自主学习能力的培养，教师可将教学内容中的知识点录制成微视频；学生利用多媒体设备或移动通信终端等进行自主学习，对学习过程中出现的重点和难点问题；可以通过暂停、多次回放和反复观看视频等多种方式加以解决，从而提升学生的自学能力。针对学生创新能力的培养，教师在录制微视频时要创设与教学内容相符合的教学情境，让学生在客观情境中获得具体感受，且教师在设计多媒体教学视频时要巧设疑问，使学习活动能够成为学生发掘问题、剖析问题、解决问题的过程，进而发挥学生的创造性思维，克服传统教学模式"满堂灌"的局限性，激发学生的创新意识。针对学生协作沟通能力的培养，教师在制作视频教学内容时，可在知识点讲解后增加测验题，针对学生的学习效果进行检测并及时得到反馈。此外，学生可以组织互动学习小组进行探讨和交流，对测验中存在的问题进行答疑解惑，并在良好的互动过程中分享自己的学习经验和成果，有助于提升学生的协作沟通能力。

O2O教学是以线上为主导、以线下为主体的教学模式，是线上教学与线下教学的有机融合。线上教学用于自主学习视频和动画等掌握基本的知识点，还用于完成部分练习题。线上教学在整个教学过程中起到了主导作用；线下辅导用于解决难点问题，查漏补缺，升华知识，线下教学在整个教学过程中起到了主体作用。只有将线上与线下结合起来，才是O2O教学的精华所在：一方面可以弥补线上教学在与学生沟通和交流等方面的不足；另一方面也可以弥补线下教学需要消耗大方面人力、物力和财力，且受时间和空间限制等方面的缺点。

O2O教学的关键点在于培养学生的学习主动性，其中一个重要环节是要求学生通过线上自主学习视频和动画等方式掌握基本的知识点或者完成部分练习题。要完成这个环节，重点在于学生要具有学习主动性。学生只有较好地管住自己，才能自主完成线上学习，当然这也与线上教学视频的质量和趣味性等方面有关。要培养学生的学习主动性，首先，在线上环节中，教师需要增强教学视频的质量、趣味性，从而引起学生的好奇心；其次，在线下环节中，教师也需要通过鼓励和引导等一系列措施，引起学生的好奇心和学习主动性。

二、混合式教学模式的特点

当代大学生具有一定的自学能力,追求自主和个性,单纯依赖传统课堂的教学会因为教学方式陈旧、信息获取慢等,无法引起学生的兴趣;此外,由于信息社会带来的各种诱惑比较多,学生的自控力较弱,单纯依靠慕课等在线教学很容易将原来的"满堂灌"演变成"机灌"。

O2O教学模式一方面能够满足学生的主体需求,具有线上教学的灵活、自主和重现属性;另一方面能够实现教师教书育人的双重目标,具有线下教学的生动、个性和互动属性[①]。从计算机专业教学的角度来看,O2O教学模式具有以下几个显著特点:

(一)师生间的多向交流性

在O2O教学模式下,师生之间的交流方式是多样的,可以在线上,也可以在线下;还可以从线下到线上,再从线上到线下等。该教学模式通常借助分组讨论、实验和竞赛等活动,在学生与学生之间、教师与学生之间形成一对一、一对多或多对多的交流机制。在这种交流过程中,教师的角色也会发生微妙的转变,再也不是知识的单向传播者,而是与学生平等的、合作学习的参与者,同时是互动教学的设计者和组织者;学生也会从这种学习交流中找到自主式学习和合作式学习的乐趣,从而提高学习的主动性。并且,O2O教学不限制学生人数,且人数越多越能发挥该教学模式的互动、互评的功能,而传统课堂可容纳的学生却是有限的;同时,也避免了教师的重复劳动,并且实现了师生角色的重新定位,从而使教学的主体得到明确。首先,教师不仅能够通过慕课形式对基础课进行讲解,并且可以在线下为学生答疑解惑,对学生进行指导,促进学生的理解,充分体现教师教书育人的价值。其次,教师在教学过程中,可以通过教学情境对学生进行教学的引导,使学生结合情境进行思考,彻底弄清楚一个知识点或者解决一个关键性的问题。

(二)学习资源的丰富性

在传统的计算机专业课教学过程中,教师通常是一套幻灯片走天下,在课堂上教学内容陈旧,实践课的内容与现实情况差距大。O2O教学模式可以利用线上大量的慕课、微课及与授课内容相关的动画和影视,为学生提供丰富的、先进的、优秀的学习资源,还可以录制知名专家和学者的讲课视频及实践高手的操作录像等,使优质资源与学生无缝对接,更好地实现教育的普惠性。所有学生都能享受"名校名师"的优质教育资源,真正体现了教育的公平性。授课过程透明化,质量可监控、可追溯;学习效果透明化,学生的提问、教师的反馈等可统计、可追溯;实现了师生之间、学生之间的高度互动,学生的表达和思辨能力得到了锻炼和培养。

---

① 孙雅君."互联网+"时代高校英语课堂教学的思考[J].吉林农业科技学院学报,2017,26(2):97-98,121.

（三）教学形式的多样性

O2O 教学模式可以采用的教学形式多种多样，包括观看线上视频、参与线下讨论、课堂重点讲解、课堂练习、案例分析、头脑风暴和上机实践等方式。所谓教无定法，是指教学形式可以根据学生的状态、需求、个性以及教师的教学风格来确定，百花齐放，形式各异。正是由于教学形式的多样性，O2O 教学模式不但能吸引学生的注意力，还能烘托学生和教师以及学生与学生之间的互动氛围，提高学生自主学习的参与度，更多地以"学生为中心"来构建教和学的环境，要求教师的角色从"传道授业"的讲授者向"解惑"为主的引导者转变。学生通过自主学习和反复学习，与教师和其他同学互动交流，从而获得知识，培养了学生学习的主动性、自觉性和创新性。线上教学虽然具有突出的优势，但是其不能完全取代传统的线下教学，而只能对线下教学起辅助的作用。并且，学生在长时间的学习中，不仅难以集中精力，还容易产生枯燥、乏味的情绪，课堂教学的质量和效率难以保证。所以混合式教学可使学生的注意力更加集中，其通过课程内容的分割，在时间安排、形式搭配和互动设计等方面进行一定的组织编排，能够提高课程教学的互动性，使教学变得灵活有趣。学生可以在线上学习后，通过线下的学习对知识加以巩固，从而得到更为理想的教学效果。

三、混合式教学的内容

（一）混合教学模式与传统教学模式的区别

混合教学模式并不是简单的互联网技术与教育行业的两者相加，而是利用信息通信技术和互联网平台，让互联网与教育行业进行深度融合，创造新的发展生态。混合教学模式作为一种新型教学模式，与传统教学模式有明显的不同，主要体现在以下几方面：

1. 时空的转换

基于"互联网+"的教学模式打破了教学活动的时空限制，视听传输技术和在线学习系统使学习不再受时间和空间的限制，教学活动可以在任何地点和任意时间进行。传统教学模式主要在教室完成授课，以教师讲授为主，同时结合板书、幻灯片等教学方式，完成知识的传授。基于"互联网+"的教学模式则完全打破了时空的局限性，师生可以随时随地地展开交流，在课堂上亦可通过互联网进行教学的深度扩展，由此达到课内与课外一体化的教学目的。

2. 角色的转变

传统教学模式的主角是教师，教学内容以教材结合讲义为主，教师在课堂上占据完全的主导地位，学生被动接受，积极性和参与性不足。在传统课堂上，教师将时间和精力主要分配在课程知识的讲授和传递上，学生忙于记忆和初级层面的理解，师生没有足够的时间和精力进行互动交流，对知识深层次的理解和应用、新知识的创造等教学目标难以实现。基于"互联网+"的教学模式则更多地站在学生的角度，通过各种信息技术和工具引导学生自主学习，激发学生的学习主动性和积极性，提高学生的参与程度。

3. 教学组织管理的改善和网络平台的应用

由于信息技术的迅猛发展，尤其是智能手机和无线网络的普及，高校学生对手机的利用程度可以说达到了前所未有的程度，无论是课上还是课后，学生都以手机为主要接收信息的工具，与其禁止学生在课堂上使用手机，不如利用手机为教学服务。同样，由于无线网络的普及，各种移动设备亦可随时随地接入互联网，这也给新型教学模式带来了极大的便利。教师可以利用各种网络平台，与学生进行一对一、一对多甚至是多对多的线上教学。简单地说，基于"互联网+"的新型教学模式就是要在现有的互联网大范围普及的背景下，彻底转变固有的教学模式，利用信息技术和手段，应用各种网络平台，对教学方式方法进行大刀阔斧的改革。

（二）基于"互联网+"的教学组织与管理

1. 开发 O2O 教学模式

基于"互联网+"的教学模式改革并不是要完全抛弃传统的教学管理和组织方式。在传统的课堂教学中，诸如人才培养方案、教学大纲、课程标准、授课进度计划、多媒体课件、教学案例、实训任务书、授课素材和自学材料等教学资源均已在多年的教学实践中得到开发和完善。O2O 模式的应用，是要在线下资源已经非常完备的条件下开发线上资源，并同时做到线下与线上一体化，也就是课内与课外一体化教学模式的延伸和拓展。基于"互联网+"的教学模式改革，其根本在于利用互联网的信息技术优势，使学生能够随时随地接触课程知识点，因此改革的首要任务就是完善线上资源，可采用诸如微视频、微课和网络课程直播等授课方式，在教学资源的共享方面可利用各种手段，包括教学平台、网络平台、微信群和 QQ 群等；同时，教师还可以通过创建微信公众账号，将课堂重点、拓展学习材料以文字、图片和短视频等多种形式发送到每名学生的微信之中，督促学生进行课后复习和拓展学习。O2O 教学模式的最大优点是学生可以依据自己的时间合理安排学习内容，制定个性化的学习方案；并通过微信、QQ 和微信公众号等渠道与教师实时互动，获得充分的学习指导和帮助。

2. 创建新型的考核和评价机制

基于"互联网+"的教学模式改革必然导致学生有更多的时间在课堂外进行自主学习，如何掌握学生的学习进度、检验学生的学习效果以及如何进行课程考核都是改革必须要面对和解决的问题。根据课程的特点，按照课堂讲授、个人作业和小组项目分别进行测试。理论教学采用原始的试卷模式；个人作业综合学生完成的各项作业中体现的创新性、连续性和最终的课程总结给出成绩；小组项目根据学生进行的自我评价、同学评价，以及进行的口试答辩和论文报告等项目给出最终成绩。与传统教学等考核评价机制不同的是，新型的考评机制更为重视检验学生自我学习的成果。无论是个人作业还是小组项目，在最终成绩中所占的比重都大为提高，相应地，增加了线上测试的频率和难度，平时成绩分阶段给出，这就要求学生在学习的过程中始终保持连贯性，不能有丝毫的懈怠。基于"互联网+"的教学模式改革，对学生的考核评价不再局限于一门课程的学分的多少和考试成绩的高低，而是将学习的全过程纳入考核评价体系，也就是从结果型导向向过程型导向转变，主要考察学生的学习动机、学习过程和学习效果三个方面，主要考察的重点是学生是否培养了查找信息并获取知识的能力，是否培养了团队学习的能力，是否能够将理论与实践结合，是否已经具备知识创造的能力等。只有具备了这些能力，才能真正地培养出高素质和应用型人才。

（三）新型教学模式的构建原则

1. 一个中心

从原有教学模式以教师为中心转变为以学生为中心。在以教师为中心时，往往忽略了学生的学习体验，从而影响了学习效果。而在以学生为中心时，一般从学生的需求出发，将学生切实放在学习的主体地位，根据学生的学习习惯、学习兴趣和学习接受程度等考量教学内容和教学方法，采用边学边考、通关考核、互相答疑等方式，提高学生学习的主观能动性和参与度，从而提高教学成效。

2. 两条主线

实体课堂和网络授课同步进行、各取所长，将授课内容做成"微课"，放置于网络平台上供学生学习。课程微课化，能够提炼精华，突出重点。教师可以将小问题穿插于微课视频中间，设置类似游戏通关，激发学生的参与度和积极性；设立互动社区，学生一旦提出的难疑问题，短时间内就会有人回答，或者系统会弹出标准答案；设有在线试题库，由浅入深，系统自动批改，并提出下一步学习建议，实现了学生的个性化学习和自主学习，并实现系统反馈，提升学习效果。实体课堂以辅导、答疑和现场讨论等形式开展，一改以往只以教师讲授为主的固有模式。重点监测学生的课堂活跃度、提问的次数和难度，并分析学生学习的状态，以此调整网络教学的内容，两种授课方式互相促进。

（四）实现方式

1. 稳固教学重心

教改的关键在于明确教学重心，使传统教学与线上教学优势互补，实现功能最大化。这就必须明确两者在教学中的地位，就当前中国的高等教育而言，传统教学的主体地位是不可动摇的，线上教学只是一种辅助手段，两种教学不能等同甚至颠倒。明确了教学地位，也就决定了接下来教学改革的重心所在。与此同时，也不能忽视线上教学，进一步明确了线上教学要服务于传统课堂，体现其辅助性功能。两种教学分工明确，高校课程教学的核心在于传授社会主义核心价值体系，帮助学生践行社会主义核心价值观。线上教学的主要任务是传授核心知识体系，而传统教学旨在帮助学生树立、践行核心价值观，做到知行合一。面对这一现代技术下的产物——网络课程教学，我们要清醒地意识到其所隐含的诸多风险，积极地研究对策，处理好名校名师线上教学与本校普通教师教学的关系，既要更新教学内容，也要运用现代网络技术来为自身教学服务，厘清慕课虚拟课堂与传统现实课堂之间的关系。无论是传统实体课堂还是虚拟的线上教学，新颖的教学内容才是教学效果提升的关键所在。传统课堂是宣扬社会主义核心价值观的阵地，肩负着培养社会主义接班人的使命。传统课堂效果的好与坏，是生成而非继承。教学内容相同，但主讲教师不同，所产生的效果也是不一样的。同样的教师面对不同的学生所产生的教学效果也不一样。因此，传统课堂的魅力应注重师生间面对面的交流、沟通，授课魅力与学生惺惺相惜并融为一体，让学生身临其境地体验这种入心、入脑、入灵魂的教学情境。

传统课堂必不可少，但优质的线上教学内容也可作为教学补充，应实现两者的优势互补，使传统的课程教学由课堂延伸至网络，由校内延伸至全国。慕课的引入只有遵循课程教学规律，才能使各高校的学生共享线上优质教育资源，完善教育形式，形成便利的自由自主的学习方式，最终实现生活中泛在学习（U-Learning）的新常态。

2. 落实教学保障

建立有效的保障机制是混合教学模式的重心所在，而线上教学只能作为一种辅助手段。当前线上课程学习的效果在很大程度上取决于学生自身的自觉性。鉴于此，整个教学过程必须丰富多彩，趣味十足，才能激发学生的学习热情，吸引学生参与教学。教师可以创设情境教学模式，通过叙事、活动和模拟等环境使学生身临其境，在轻松、愉悦的环境中体验教学，融情于学，唤起学生的内心共鸣，提升教学魅力，促进学生自主学习，使学生在线上平台的学习中更加的自律。教师还要研究信息技术，对学生的线上学习过程实行全程监控。教师要关注慕课技术的开发，保障网络开放的程序，完善线上课程保障手段，例如，确认学生的身份信息，以短信和微信提示学习任务等，保障慕课教学效果。总之，学生的自律和技术保障的他律是整个混合式教学的保障体系。

3. 提升知识素养——理性编排教学内容

教学内容作为整个课程教学的核心要素，其编排是否合理将直接影响教学效果。教师应基于知识要点的整体完整性特点和时间长短，合理切割视频内容；遵循课程逻辑的思维特点，合理编排视频顺序，使学生身临其境地进行游戏式学习；拓展理论与现实分析的结合。教师在把线上教学引入课堂教学的过程中，需要不断地提升学术素养，拓展学术视野，丰富教学素养。首先，教师要深入学生群体中，了解其思想特点和兴趣爱好，并接触与学生相关的信息，与教学融为一体，增强教学的魅力和吸引力。其次，教师应熟悉网络技术，主动了解信息技术使用的关键点，掌握其基本操作技能，最大限度地发挥线上教学的功能。最后，教师要培养学术团队。仅靠两三个人并不能完成日常课程的教学工作，教学视频内容的编排和分割，以及拍摄和剪辑制作，均需整个教学团队合作完成。因而，整个教学团队必须有很强的整体合作意识，发挥整体思维优势，增强影响力，实现混合式教学的根本性变革。

第四节 线上与线下混合教学模式的环节设计

一、教学方式

(一) 教学原则

教学方式应遵循的原则,是指教师在设计线上和线下教学活动时应当遵循的准则,主要包括以"RISC"思想(简约思维)为原则、以基于学习产出的教育模式OBE为原则、以主动性"active"为原则和以系统性"systematic"为原则。

1. "RISC"原则

RISC是一种简约的设计思想,在这里用来表示教师在设计线上课程内容时要遵循的原则。线上课程为了方便学生进行观看和自主学习,通常以微课的形式出现,时间不超过15分钟,因此每次微课的内容应当高度聚合,并且能够在规定时间内讲清楚。在对传统课程内容做划分的时候,教师应当尽可能地将课程内容分解为相对独立的内容进行线上教学。

2. "OBE"原则

OBE是指基于学习产出的教育模式,这里是指教师在设定教学目标和评估方法时应当遵循的原则。教学活动通常是一个较长的过程,如何用合适的、具有可操作性的评估方法对教学过程进行评价是教学工作必不可少的环节。O2O教学模式涉及线上和线下,对线上和线下教学效果的评估要具有一定的可操作性,将学生所学到的知识、具备的能力和职业素养等一系列能够评定的学习产出定义清楚,并以此为目标反推教学活动应采用何种考核方式、何种教学方式、如何制定教学计划等。

3. "active"原则

对于主动式学习和被动式学习,学习者的体验是完全不同的,前者是积极的、主动的、高效的,而后者是消极的、被动的、低效的。主动性原则是指任何教学方法的采用都要以激发学生的主动性为原则。传统的课堂教学过于强调教师传授知识的系统性和权威性,而不注重学生自主学习意识和自主学习能力的培养。在设计线下课堂教学的时候,教师要采用类似"对分课堂""翻转课堂"的方式,以线上教学为牵引,将知识的内化放在课堂上,带领和引导学生进行主动的思考和讨论,并通过竞赛等方式刺激学生进行自主学习。

4. "systematic"原则

这里的系统性包含两个层面:首先,线上教学和线下教学构成一种完整的教学体系,线上和线下的内容可以是相互补充的关系,也可以是递进的关系。但对于一门课程来说,线上的教学内容和线下的教学内容要具有一定的完整性。

对于一门特定的课程,并不是其所有的内容都适合做线上教学,有些较容易理解的内容可以放在线上,让学生自主学习;而一些较为复杂、较难理解的部分则适合采用线上和线下相结合的教学方式。

(二)教学体系

1. "以多维化教学资源为中心"的课程内容

课程资源是课程内容设计的重点。网络技术的发展对教育领域的影响已经势不可挡,教学课程充分实现了"以多维化教学资源为中心"的课程内容①。因此,高校在对课程资源进行重置时,一方面要求进行细粒度划分,使其适应线上和线下的学习;另一方面要求高内聚、低耦合,能够根据线上学习效果灵活调整线下学习内容。教学模式要颠覆传统课程内容,其课程资源由传统课程和线上虚拟课程构成,线上教学资源异常丰富,如视频公开课、资源共享课、慕课、SPOC等更是如雨后春笋破土而出;而线下教学资源则是教师在参加各类学术会议、报告会、研讨会后将知识进行梳理总结后传达给学生的,并针对线上课程内容中所存在的重点和难点问题进行探究和解决。为了使以多维化教学资源为中心的课程内容达到最优化,课程资源的设定应具备以下几个特征:一是基础性。纳入课程内容的知识必须是核心知识,所要推动形成的能力必须是关键能力,在整个课程体系中具有不可或缺的奠基作用。二是交互性。课程资源所呈现的逻辑结构和表现形式必须有利于学生学习,有利于师生、生生之间的良性互动。三是生成性。每一个课程单元就是一个课程模块,要让不同模块之间有机衔接,从而使优质资源达到有效利用。四是开放性。课程内容以多维化教学资源为中心,体现了课程内容的开放性,要选取优质的教育资源供学生学习。五是个性化。根据对知识建构的能力水平和个人兴趣爱好等,学生可以自主在网络平台上选择适合自己的学习内容,以激发自己的学习兴趣。O2O课程体系对教学内容的安排,使教学内容呈现出新颖性、灵活性和多维化等特点,这不仅符合高校学生的学习需要,还将知识讲授、能力培养与素质提升融于一体,颠覆了传统课程教学中"以知识为中心"的模式,实现了对传统教学模式的突破。

2. "以学生个性化学习为中心"的课程要求

课程要求对课程体系起到了一定的支撑作用。个性化学习就是为每个学生定制符合自身的学习策略和学习方法。学生根据多维化的教学内容,并按照自身的学习能力、兴趣爱好等选取合适的学习内容,经过一段时间的学习,掌握自己薄弱的知识点后,选择相应的知识点检测,通过做题、查看检测结果、针对性训练、个性化学习等进行循环训练。此外,学生也可根据自身的情况采取4A学习法,即让学生在任何时间、任何地点、采用任何方式、从任何人那里学习。"以个性化学习为中心"的课程要求,不仅能够赋予学生个性化的、完整的、深度的学习体验,调动学生的学习参与度,还能使教师洞悉学生的学习情况,从而更好地达成个性化教学目标所提出的要求,以改进学生的学习效果,提升学校的整体教学质量。

---

① 杜爱燕,杨俊. 新型本科高校大学英语混合式教学模式研究[J]. 教育现代化,2018,5(38):63-64.

（三）教学过程

1. 教学前的准备活动

（1）安排线上与线下教学活动。据调查，93.1%的人喜欢面授辅导与线上学习相结合的混合学习模式，并且要以面授辅导为主、以线上学习为辅。无论是线下教学还是线上教学，都已不再是单纯地传授知识和技能，而是要以学习者为主体，培养学习者诸如信息处理技能、解决问题的能力、创造能力、学习能力、批判性思维能力、社会交流与协作能力等多方面的能力。在此目标指导下，对知识进行划分，不同的知识和信息技术有不同的整合方法。

（2）建设线上平台学习资源。据调查，教学资源的受欢迎程度依次为：导学79.31%，案例故事视频62.07%，在线自测55.17%，辅导课内容幻灯片48.28%。因此，应从这几方面建立相对应的教学资源。导学主要介绍该课程的主要内容、教学方法、学习方法和考试形式等；案例故事视频是利用信息技术，利用网络教学平台的优质资源，挑选其中与考试相关、重要的、新颖的案例，通过录屏和录播等编辑方式将其转化成可供灵活下载的视频；在线测试则是将重点、难点和考点转换成问题加以强调；辅导课内容主要是上课的课件，供没来的学生或没有听懂的学生反复观看。

2. 教学中的组织活动

（1）指导使用学习资源。基于信息技术的教学，改变了学习者的学习方式，还要把对信息技术和资源的学习和应用考虑其中。对于开放大学的学生而言，学习资源包括教科书和在线资源。对各类学习资源，仍应充分发挥线下教学与线上教学的作用。教科书的指导和使用一般主要通过面授课来完成，班级自建资源中的导学资源给予辅助。在线资源的使用虽以在线学习为主，但仍离不开面授课的指导，告知学习者各类资源的分布设计，梳理出相关的重点资源。如教师在讲解一个知识点时，可以借助在线资源，在在线指导学习者使用资源的同时，帮助学习者加深对知识点的理解。

（2）恰当选择教学策略。教学策略有多种，没有一种适应任何情况的教学策略，要根据实际情况灵活应用。在课程教学策略的选择上，一是采用导入策略，在每一章都通过创设情境，提出问题，激发学习者参与。二是采用组织策略，仅仅呈现情境很难达到让学员互动的目的，要采用随机点名、分组的方式鼓励学习者积极发言。三是强调策略，尤其在对比较枯燥的基础知识、基本原理进行讲解时，要一再强调在考试过程中可能会出现的考法，现场出题让学习者作答。四是提问策略，尤其是在案例呈现过程中，每当一个故事发展的高潮点出现时，就应鼓励学习者设想故事的发展，设想自己是主人公如何处理案例中碰到的问题，通过步步提问，由易到难，逐步吸引学习者参与。五是及时反馈的策略，每当学习者回答完问题时，都要给予其及时的肯定。

（3）组织开展小组讨论。建构主义强调有组织的协作会话，对于线上教学，组织性尤为重要，是信息技术与课程教学互动性双向整合向更高层面发展的关键。首先，小组分组有讲究。教师要事先与班主任和班长沟通，对学生的已有知识、经验和能力有所了解，然后强弱搭配，挑选组织能力强的学生作为组长。其次，小组讨论要有组织性。该课程的学习者一般是新生，彼此之间不太熟悉，对网络平台系统也并不熟悉，不容易产生互动交流。因此，教师可在机房组织一次小组讨论，让学生之间彼此熟悉，方便教师统一指导。再次，小组讨论主题要有独创性。小组讨论在机房进行，以往很多学生会将讨论的主题直接通过百度等搜索引擎寻找答案，并进行复制和粘贴。为避免这一情况的发生，教师在确定讨论主题之前要事先查看互联网上关于这一主题的资料，确保该问题尚没有"标准"答案。最后，小组讨论形式有待改进。随着信息技术的发展，小组可以通过微信、直播课堂等多种形式开展讨论，既紧跟信息技术发展步伐，又能方便学习。

3.教学后的评价活动

（1）巧妙设计在线测试。在线测试是一种非常重要的学习资源。随着信息技术的发展，在线测试已经成为教学过程中实施形成性评价的有力工具，是信息技术与教学深度融合的又一举措。它可以让师生得到及时反馈，让学生了解自己对知识的掌握程度，让教师看到学生的学习情况，以便及时调整教学。

（2）注意收集评价数据。教学活动要尽量做到形成性评价与终结性评价相结合。形成性评价主要通过统计出勤率、访谈、座谈和活动小结等方式进行；终结性评价主要通过总校数据的统计结果、出勤率趋势、学习心得、满意度测评和考试合格率等数据来反映。评价数据的收集和分析，一方面离不开学校的学习支持服务；另一方面，大部分学生常用QQ和微信交流，这些应用软件已成为收集相关评价数据的重要渠道，而且更能真实地反映学习者的情况，是教学交互和教学评价的有效补充。

（四）在具体领域的实施

1.语言知识的优化

如果将混合教学模式运用于英语教学之中，教师就可以随时随地进行教学，学生也可以随时随地进行学习，突破了时空限制，让学生可以进行碎片化的学习，符合英语这一学科的学习需要。教师还可以为学生提供个性化的学习资源，根据学生的个人情况进行个性化教学，有助于提高学生的学习效率和学习积极性。在混合教学模式之下，教师可以将教学内容用先进的、新颖的方式呈现出来，学生的学习环境得到了极大地改善。英语作为一门语言类的学科，有一个好的语境对于学生的学习来说是非常重要的。教师运用混合教学模式进行教学，能够为学生学习英语语言创造一个真实的语境。在真实的语境中，学生更加容易理解所学知识，也能够将所学知识运用到实际中来。

除此之外，混合教学模式的线上教育功能提供在线教育论坛。在线教育论坛为师生之间的交流提供了互动功能。这一社交功能不仅使得学生可以在线上与教师和同学展开讨论，也使得教师可以在线对学生进行课业的考查。教师与学生、学生与学生之间可以进行学习心得的交流，学生在教师的引导下可以逐步构建起语言知识架构，建立起对英语学习的敏感性，提高自身的英语素养，获得质的进步。混合教学模式所构建的教学小课堂的内容丰富多彩。在这里，学生可以提出疑难问题并获得解决，还可以利用多种教学方式进行学习，使得学生对于英语学习的积极性不断提升，为学生不断进行深入的英语学习创建了一个有效的平台。

2. 学习实践方面的优化

在学习实践过程中，运用混合教学能够进行英语语言知识的获取和在线学习社区的构建。混合教学模式将学习过程中的课文导入、句子讲解等学习内容都融入教学视频中，学生可以根据自己的时间安排随时随地进行学习，还可以凭借自身的喜好或不足之处进行视频的选择，使学习过程变得更加灵活，为学生的个性化学习提供可能。混合教学模式实际上是对传统课堂教学模式的一种改革和补充，线上教学将与学生现阶段相适应的教学内容和教学资源进行整合，作为课堂教学的一种补充。线上教育与线下教育相辅相成，共同为提高学生的英语素养做出贡献。利用混合教学模式，教师还可以对学生的学习进行线上监督，对学生的学习情况和课业完成情况进行评价。当学生遇到疑难问题时，教师可以在线上为学生进行解答。学生也可以与其他学生一起进行学习经验的分享和总结，实现共同进步。

3. 课堂实践方面的优化

在传统的课堂教学中，教师传授给学生的知识是有限的，并且脱离了实际生活，教学缺乏趣味性。在混合教学模式下，线上课堂对线下课堂的知识进行了扩展和延伸。对许多在线上课堂上难以接触到的知识，学生可以进行线下自主学习，不仅节省了教师的教学时间，减轻了教师的负担，而且拓宽了学生的知识面。线上课堂的教学更具趣味性，运用科学技术可以实现许多线下课堂不能实现的特殊教学方式。混合教学模式下课堂的构建能够系统性、针对性地将教学内容分为多个小课堂进行教学，每个小课堂的内容较少，满足了学生对碎片化学习的需求，并且使学生的学习更具有针对性。学生学习起来更加方便，便于掌握知识。高校英语教学本就是基于英语课堂为学生提供探索知识的场地，而不仅仅是单纯的知识输出，小课堂正好适应了高校英语教学的这一需求，成为学生探索知识的场地。教师可以合理利用小课堂教学模式对学生的学习成果进行检验，学生也可以对教师的教学效果进行打分和反馈，以便于教师进行教学方式地改进。在这样的模式下，教师的教学水平可以不断提升、不断进步。

4. 综合运用实践方面的优化

教师要从根本上提高学生的英语学习能力，就要从多方面入手，不断提高自己对知识的综合运用能力。学生在传统的课堂学习中往往无法学习到如何进行知识的运用，也做不到知识的融会贯通。此时，教师可借助混合教学模式对学生进行多方面的培养，使学生在学习过程中能够更多地接触实践知识，将理论与实践结合起来，也使得学生有更多的机会进行口语练习的模拟，让学生真正能够将所学习到的知识转化为能力并熟练运用。线上教学作为线下教学的一个补充，可以更加丰富课堂内容，加深课堂内容的深度。在这样的教学方式之下，学生能够全面提升英语学习和运用能力，高校能够为社会培养出高素质的英语人才，为社会做出贡献。

二、课时分配

该教学模式采用三段式的"翻转课堂"教学模式，将课堂教学主要分为课前、课堂上、课后三个阶段，在教学设计中将教师活动和学生活动两部分有机结合起来。关于课前课后学习时间，对于学生来说，由于混合式教学中的课前在线学习和课后任务时间相对传统教学占用了其更多的课外时间；对于教师来说，线下学习时间的碎片化，以及学生学习互动和反馈的随机性，要求教师利用课余时间来引导和参与互动和反馈，因此，不管是学生还是教师都意味着在课外环节中需要付出更多的时间和精力。课前和课后时间要不要纳入标准学时内，如何计算标准学时也是混合式教学中需要进一步研究的问题。

（一）线上：课前

课前教师的主要任务是选取教学视频，教师可以选取需要讲解知识点的相关实际项目案例或名师授课视频。如果无法找到这类视频，就需要教师自己录制，通过理论讲解和操作演示，录制与课程知识点——对应的5~15分钟的授课视频，帮助学生通过视频学习，对知识点在理论层面上有一定的认识，熟悉实际操作过程。教师针对视频设定相应的课前自主学习案例，帮助学生通过解答案例中的习题加深学习的兴趣。学生在授课视频和阅读材料的帮助下，完成课前自主学习案例，并且通过线上的交流讨论，巩固知识点或提出新的问题。

（二）线下：课堂上

课堂教学是师生面对面交流的最佳平台，教师如果在课前通过慕课平台掌握了学生的课前预习状况和疑问所在，在课堂上就可以进行重点的分析讲解和解答，也可以组织学生进行讨论，采用课堂问答和主题演讲等形式，调动学生的积极性，加深对知识点的理解和应用。

课堂主题演讲时间控制在5~10分钟，演讲完成后其他学生可以提问，最后由教师进行提炼和总结。无论是主题演讲还是课堂讨论，教师的任务是把控讨论的主题，在自主讨论中积极引导学生按照既定方向进行，同时控制时间，提高课堂授课的有效性。

在讨论中，学生必须是主体。教师在点评环节要以正面表扬为主，以期调动学生的积极性和创造性。在课程实践环节，教师可以布置一些主题要求学生分组讨论。学生讨论的分组完全按照自愿的原则，在完成分组后，选出一个组长，组长要负责主题拟定、组织交流和记录心得等工作，教师则要把握小组讨论的进程，适时指导。

（三）线上与线下：课后

在这一阶段，教师完成慕课平台上未答疑问题的解答，并评定学生本知识点的学习成绩。学生在线下完成教师布置的作业，在线上慕课平台复习巩固已学知识，在作品交流分享、学习测试评价和总结分析中加深对知识点的理解。

三、教学效果

线上与线下混合教学方法实施后，对教改试点班和普通班的学习情况进行比较分析后发现：虽然教学大纲相同，但由于采用了不同的授课方案，从教学进度、考试成绩和能力培养等方面来看，教改试点班都要优于普通班。由于改进了课堂教学内容，使课堂教学更注重学生对知识的理解，课前的线上学习培养了学生的自学能力，一个学期下来学生的实践和英语应用能力都提高了。而且，试点班学生的期末考评除了期末考试外，还有线上学习、课堂讨论和课程设计大作业等评价，这种面向过程的评价方式更加客观和全面。

（一）激发学生的学习兴趣

无论是在线上学习还是在线下学习中，教师都应做到及时反馈激励，进一步激发学生的学习兴趣。尤其在线下课堂面授时，教师应先反馈线上学习情况，如每个人的学习任务完成没有，完成了多少，作业或测试成绩如何；同时，也反馈线下作业的完成情况，及时点评并指导学生进行修改，要求学生及时查缺补漏，巩固本节内容的学习等。及时的反馈能激励学生认真学习，并进一步激发学生的学习兴趣。

（二）提高学生的学习效率

线上与线下混合式教学模式提高了学生的学习效率。在传统课堂教学中，由于学习时间和地点固定，学习资源单一匮乏，教学效率不高，教师和学生都感觉比较累。在线上与线下混合式教学模式下，学生可以自由选择学习的时间和地点，学习资源和形式十分丰富；这种状况一方面正好满足了大学生信息技术应用较强、表现欲高的需求，提升了学生的学习兴趣，为提高学生的学习效率打下了良好的基础；另一方面即便教师不能亲临现场教学，也可以通过资源库平台和云课堂遥控学生及时学习，解答学生的问题，指导学生完成相关的学习任务。以英语书写作课为例，在该混合教学模式下，学生学习的英语作文的种类和数量都增加了，相应地，学生会写的英语作文种类和数量也相应地增加了。

（三）学习成效显著

线上与线下混合式教学模式能够让学生形成课前学习，课堂提问，课后复习和学习的行为习惯，使学生一直处于学习、询问、消化和学习的状态。主动学习的记忆效果远比被动接受的效果高，学生在完成相关学习任务后能得到及时的指导和修改，从而巩固了学习技能。

第五节　线上与线下混合教学模式的实践要求

一、课堂内容要求

教学内容是课程教学的核心因素，对课程教学具有直接的影响。教师应综合考虑课程内容的整体性、时间的安排和知识点的完整性等，对知识内容进行合理切割；根据课程的逻辑关系合理编排微课程，使学生能够以轻松的心态进行学习。

二、教师团队要求

教师还应不断地更新教案和课件，将教学与实时动态紧密地联系在一起，使学生的学习需求得到满足。然而，每个学生的个性特征和兴趣爱好等都存在一定的差异，所以教师对教学资源的整合就显得特别重要，教师应该尽可能地满足绝大多数学生的需求，为学生解答疑惑，将课程的趣味性与理论性有效结合。教师应具备较高的职业素质水平，能够将优质的教学内容通过科学的方式传授给学生，促进学生的理解，提升学生的学习效果。教师是线上教学的实施者、承担者和受益者。因此，教师应具有较高的专业知识和职业素养。教师首先应该掌握本专业内丰富的理论知识；其次，应加强对慕课技术的研究和掌握；再次，还应该提升自己的团队合作意识和能力。只有教师自身的职业素质水平提高了，才能使英语课的教学效果和质量得到保障，才能使学生在寓教于乐的学习中收获丰富的文化知识。教师在网络课程中所担负的工作，可以粗分为线上教材的制作和线上教学的带领。线上教学只是整个网络课程教学工作的一部分，与其他网络的和非网络的课程活动相搭配，在课程教师的安排和管理下，共同完成课程教学的目标。

当教师带领着学生在网络联机上从事教学互动时，它有许多种不同的形式，这时线上教师的主要工作，并不是要在有限的时间内，对在线的学生进行单向课程讲述。这个线上活动的时间更应该用在指导、协助、解答疑惑、激励反思上。学生要能提出问题，并思考、建构和巩固线上教学所抛出来的各个议题。在线上，教师也要对学生的学习进度和成果做出评估和回馈，以有效地完成课程学习目标。

传统教学以教师为中心，教师扮演着知识的传播者，教学就是由有知识的教师传递经验给想学习知识的学生的过程；即使是在课堂讨论的场合，仍然是以教师的带领为主要资源核心。但在互联网上进行线上教学时，这个线上教师的角色和职责就不同于在教室中上课的教师了，甚至与一般在教室中带领试题讨论的主持教师也不相同。

网络教学强调的是以学生为中心，要学生主动地上网自学，教师只是在旁提供协助、咨询、辅导和鼓励；但也由于学生是以自学为主，又是透过互联网来进行虚拟学习的，所以在线上教学过程中，会有许多有关课业疑难、人际关系、信息技术问题的产生，需要线上教师小心管理。

三、学生群体要求

线上教学应用在教学中，能够使学生在学习时间和空间的选择上都十分自由，教师不能对学生进行有效的监管，只能依靠学生在学习过程中的自主性。然而，大部分学生在线上学习的时候不能做到良好的自控与自律，往往会出现代课、缺勤、开小差等情况[①]。如此一来，线上教学的实际效果将难以得到保障，给教师对学生学习的监管带来了挑战。教师应该设法提高学生线上学习的自主性，提高线上教学的实效性。

四、技术要求

（1）提供一个支持师生利用计算机和互联网进行教学活动的有效环境，包括备课、授课、自学、讨论、答疑、作业、测验和考试等。

（2）为课程教学提供丰富的数字化教学资源，支持师生通过计算机和互联网共享有关的课程资料，包括课程大纲、教材、讲稿、课件、作业、考题、参考资料及其他网络资源等。

（3）提供课程教学中的各种管理功能，如课程教师介绍、学生名册与简况、授课与作业计划、考试与评分方法、课程通知、学生注册与登录、测验与考试管理等。

（4）线上教学课程与课本数字教材的本质区别在于其媒体表现形式的多样性、媒体间的互补性以及教学活动中的交互性，教师在制作和应用过程中应特别注意充分发挥多媒体的优越性，搜集、创作和利用各种图形图像、视频录像、声音和动画等素材，采用超媒体结构，并加强交互功能。

（5）线上教学课程建设必须注意版权问题。当线上教学课程引用他人著作中的文稿、图像、动画和视频等素材时，教师需特别注意版权问题，由此引发的侵权责任应由作者自行负责。

（6）网络教学课程建设的基本要求。

①资源建设。数字化资源是每门课程必须建设的基本内容，包括系（中心、部）及学校审查认可通过的课程简介、教学大纲、授课计划、教师信息和教学讲义等基本内容。教学大纲和授课计划应按学校的规范要求编写。在基本内容完善的基础上，教师应逐步完善电子教案和网络答疑等内容，并根据课程需要进行有针对性的网络教学设计，同时将与课程相关的课外资料和相关网站链接到课程网页，形成一整套基本涵盖教学全过程的在线教学资源。②教学互动。教师在建设网络资源的同时，要积极加强网络教学的应用，与学生在平台上开展课程的教学交流互动，并按照教学进度不断更新内容；要利用教学平台发布课程通知，布置和批阅作业，开展讨论和辅助答疑等。教师应要求学生经常登录在线教学

---

① 李珣. 高校大班英语小组合作学习模式研究 [J]. 科技资讯，2017，15(16)：187，189.

平台，充分利用平台进行辅助学习。教师应及时掌握学生的网上学习状况。③教学资源积累。教师要利用互联网技术，搜集与教学相关的资源，丰富个人教学资源库和素材库。教师应联合开发、共享共用教学资源。

（7）为推动线上教学课程的建设和线上教学活动的开展，学校应建立线上教学课程建设的长效机制，通过立项方式，在2~3年内建成150门网络课程。

（8）为便于管理和考核，将线上教学课程按其建设和应用情况分为合格、优质两个等级标准。

（9）课程在在线平台上注册，课程简介、教学大纲、教师信息、教学进度安排、考核办法、学习方法指导等课程基本信息在网站上公布，包括教学课件、实践教学指导（适用于有实验教学环节的课程）。

（10）以"资源＋平台＋服务"为基本开发理念，以课程作为主导航，深度整合名师课程、学校自建课程、公共资源和各种备课资源，有效支持全流程教学的各个环节，并通过学习空间实现交流、互动和分享，着力实现信息技术与教育教学的深度融合。教师通过线上教学平台完成教学，学生通过线上教学平台完成学习。高校通过信息技术统计教学工作基础数据，推动信息技术在教育行业的全面深入应用。

（11）建成线上教学平台。平台能够为学校提供一个在线教学门户，作为学校在线教学对外展示的一个很好的平台，能够为学校定制一个个性化的首页。首页能够设置多个栏目，能够将学校的公告通知、教学组织和课程信息等通过线上教学平台与学校已有的数据和资源实现无缝对接，并建成教师教学网络空间。平台能够为教师提供一个基于社交网络服务（SNS）的教学空间，能够让教师在教学空间里完成与学生的教学互动。

第五章 跨文化交际下的高校英语课程体系建设

第一节 英语口语课程建设

一、跨文化背景下的英语口语教学策略

美国著名的人类学家以及语言学家爱德华·萨丕尔（Edward Sapir）指出："在语言背后存在着相应的东西，同时语言的存在需要依赖于文化。文化指的是社会所遗传的习惯和信仰的总和，文化能够决定相关生活组织。"他指出语言与文化之间的联系是密不可分的。语言学家古德诺夫在《文化人类学与语言学》cultural—Anthropology and Linguistics 在一书中提到："一个社会的语言是这个社会文化的一种组成内容，同时语言同文化的关系属于部分和整体之间的关系。"而且他还指出了语言与文化是一种非常密切的联系。欧美语言学家以及文化人类学家洪堡特（Wilhelm von Humboldt）、马林诺夫斯基（Malinowski）等也都开展了相应的阐述工作。洪堡特在其著作《论人类语言结构的差异及其对人类精神发展的影响》之中，针对语言与文化之间的联系开展了相应的分析，采取爪哇语以及印度语相关的例子，指出了语言同文化之间所存在的相关联系。

这些理论都显示了语言的文化属性和人文属性等，同时使得当代的语言学家对语言在人文世界中的相关缺陷进行相应地反思。目前，英语口语教学比较重视学生对语言系统相关知识的学习。文化和语言的分离使得学习内容不符合相关文化语境，导致学生不能够学习到比较地道的英语。学生在进行英语学习的过程中会将自身所具备的相关文化知识迁移到相关目的语之中，也就是在跨文化交际之中产生文化负迁移的现象，从而使得跨文化交际过程受到相应的限制。

（一）跨文化背景下我国英语口语教学的现状分析

当前，随着我国教育工作者的不断努力，英语口语的教学工作取得了很好的教学成果，但是也有很多的不足之处。在传统教学工作中，英语教师比较重视教授给学生相应的单词知识和基本语法，而不重视给学生讲解一些关于文化知识的相关差异，因此使学生不能清楚地认识中国与其他国家的文化差别，在国外进行英语口语交流的过程中可能会遇到一些障碍，难以把握英语口语相关语言环境。学生在学校中所学习的知识一般都是由教师采取

传统英语教学模式进行教授的，导致学生在参加工作的时候难以对跨文化背景下相关英语口语的应用方法进行很好的理解。比如，价值观念方面的差异。以时间观念为例，每个国家都具有比较独特的意识形态，人们拥有独有的价值观念，人们在不同的国家就会具有不同的时间观念。日本人和美国人具有非常强烈的时间观念。这些国家的人们指出，Time is money.（时间就是金钱。）在这些国家，很多工作都是按小时进行收费的。而印度人的情况正好是相反的，他们觉得迟到是很正常的。如果交际双方的时间观念不同，而且彼此不了解对方的文化，那么在交际过程就会出现相关问题，会导致双方在交际过程中遇到交流障碍。

（二）在跨文化背景下英语口语教学工作应注意的相关问题

众所周知，英语是一种世界性的通用语种，是很多国家的第二语言，对于学生来说是必须学习的。面对目前的跨文化交际背景，每个国家的文化都存在着一定的差距。学生如果不能掌握这些文化背景知识，在学习英语口语的过程中就可能会遇到很多问题。这个时候就要求英语教师重视对学生口语能力的培养，帮助学生对各国文化进行相应理解。久而久之，学生就可以顺利地利用英语来进行交流了。

1. 文化背景知识需要在英语口语课堂中渗透

当学生在开展英语口语学习时，教师需要在课堂上保持轻松、愉悦，为学生营造良好的语言学习氛围，让学生更加积极、主动地学习。教师可以主动采用英语进行交流，从而提升课堂的教学效果。什么样的英语口语课堂教学内容能更好地提升学生的英语口语能力呢？在英语口语课堂上，教学内容会涉及很多的西方节日，不过都不会详细的介绍，因此学生无法很好地了解这些节日知识，包括节日的由来和相关庆祝方式等，这些在通常情况下都属于比较基本的西方文化背景知识，但是学生却没有对其进行很好的认识。根据这些问题，笔者以教授英语口语课的方式给出了相应的建议。笔者指出，英语口语课堂的教学目的就是让学生能够在实际生活中更好地应用英语，而且可以很好地进行语句的表达。学生应该知道在什么情况下使用什么语言，而且要保证语言使用的得体。笔者认为，教师在英语口语课堂教学上可以给学生讲一些与外国节日有关的内容，告诉他们节日的由来和相关历史发展过程等，包括人们是怎么样进行庆祝的。

2. 合理利用异国文化材料，同时借助多媒体教学手段

当前，随着互联网技术的快速发展，高校在教育教学这方面也与时俱进地采用了多媒体来辅助教师的教学。对于英语学习者而言，应用互联网进行学习是非常必要的。教师可以利用互联网来查询各个国家的相关文化资料等，再应用多媒体技术将资料呈现给学生。笔者认为，教师在进行教学文化材料的选择过程中需要重视筛选相关文化材料。比如，可以选择西方的感恩节，在进行材料选择时需要重视与西方本土庆祝节日的内容相关性，在进行感恩节相关活动介绍时可以从互联网上找一些真实的音频资料呈现给学生，这样学生可以很好地了解西方文化。

3. 通过对东西方节日对比进一步培养学生的东西方文化差异意识

东西方文化的历史都比较久远,在文化底蕴方面存在着一定的差别,包括节日的差别。节日与各个国家的历史文化有着很紧密的联系。节日的由来和庆祝方式等与文化历史有着很大的联系。中国的历史比较悠久,节日类型比较多。东西方文化有着一定的区别,但也存在着相同的地方。在进行口语课堂教学的过程中,教师需要重视对相关文化知识进行渗透,对东西方相关文化进行比较,从而更好地让学生进行了解,在学习的过程中建立相关文化差异的意识。在进行比较学习的过程中,学生能够对西方的相关文化进行一定程度的认知,了解一些节日的禁忌等。教师通过对文化差异的进一步了解也可以有效地提升学生跨文化交际的能力。

4. 学生"输出"能力的培养需要真实的口语交际环境

当下,教育工作者需要重视交际环境的创设。这一因素在英语口语教学中尤为重要,能够进一步提升学生的口头表达能力。目前,很多人都会学习英语,不过很难达到应用自如的水平。教师不能只是简单地进行知识的传授,还需要重视提升学生的"输出"能力。学生要能够采用语言进行思想的表达,这是教学的目标所在。如何够提升学生的语言应用能力?首先,高校要建立适合学生进行语言学习的环境。在进行口语课堂教学的过程中,教师应该采取情景教学法,以有效提升学生的口语交际能力,包括询问位置等。通过这种情景的创设,学生可以很好地回答具体建筑物的位置。教师可以设置一些奖惩制度,以便开展相关教学活动设计。其次,在英语口语教学中,教师应该重视学生英语思维表达能力的提升,鼓励学生在交际过程中尽可能多地用英语进行表达、交流。学生在日常中应用英语的机会不多,所以不能得到很好的练习,经常会受到母语的影响。在进行表达时可能会夹杂着中文思维,使得英语不够地道,从而影响交际能力的提升。

综上所述,文化与语言之间存在着比较紧密的联系,在英语口语教学之中需要适当地渗透文化。目前,英语在跨文化交际的过程中发挥着越来越重要的作用,已经成为世界性的通用语言。高校需要有效地提升学生的文化认知水平,从而有效地提升其跨文化交际能力。

二、商务英语口语课程教学中跨文化交际能力的培养

商务英语口语是高等职业学校商务英语专业开设的一门主专业课程,以基础英语和商务英语、国际贸易实务等课程的学习为基础,是学生走上工作岗位之前必修的一门实践性和实用性较强的课程。该课程以工作过程系统化课程设计理论为指导,以职业能力培养为中心任务,以实践教学为主线,坚持"实用为主,够用为度"的原则。在具体的课程内容设计上,该课程以两个不同国籍的公司所进行的商务活动的整个过程为线索,将一名涉外商务助理在其主要岗位职责和任务中所常用的英文口头表达作为主要学习内容,涵盖了外商接待、宴请、议程安排;参观公司、介绍公司和产品;询盘、报盘、还盘、佣金、装运、付款等方面的贸易磋商;客户投诉的处理;欢送等日常跨境经贸活动的各个环节。该课程

的开设旨在培养学生商务英语听、说技能,帮助学生在将来的跨境商务活动中能够熟练地运用英语口语成功地完成各个环节的工作任务。鉴于该课程教学内容和特点,为实现商务英语口语课程教学目标,大力培养和提高学生的跨文化交际意识和能力显得尤为重要。

(一)跨文化交际意识和能力低下的常见表现

1.词汇的选择不当,产生误解

大多数外贸从业人员都有接待外商的经历。双方初次见面时给对方留下印象极为重要。如果在这一过程中接待人员用词有误,就可能会产生歧义,就会影响接下来的工作。例如,在安排外商入住酒店时,按照中方惯例,接待人员会热情建议:"您旅途辛苦了,可以洗个热水澡。"许多从业人员会这样表达:"You can have a hot shower。"按照母语思维,中国人的习惯通常会说"热水澡",然而这里的"热"不能使用"hot"这一词汇,应该使用更加贴切的"warm",否则外商可能会难以理解。又如,在为外商介绍完几天的行程安排之后,作为东道主,接待人员有必要问一问"您还有其他问题吗?"这里的"问题"指的是还有什么疑问需要提出来;行程安排还有哪些地方可以修改和完善。这一问句能充分地展现中方接待人员的友好、热情、处事细致、周到。在英语口语表达中,不少从业人员将"问题"一词表达成"problem"而不是"question"。"problem"意在需要攻克和解决的困难或者麻烦,该词的使用会让外商产生歧义:"我刚来啊,怎么会有麻烦呢?"他们甚至会夸大地以为此次商务活动的进展将会不顺畅。

2.语法的运用错误,产生歧义

在与外商沟通中,从业人员正确使用语法也十分重要。比如,如果接待人员由于国内交通拥堵而未能准时接机,那么就需要通过电话与对方沟通。接待人员通常会这样表达:"您稍等,我×××分钟后就到。"这里的英文表达如果使用"I will come in ×××minuets."就可能会引起外商的不满。因为will在语法上表将来含义,意味着将要做某事。此刻,外商可能会认为接待人员是一个不守时的人,现在都还未出发,对待本次商务活动并不重视。而准确的表达应该是"I am coming……"这一进行时态表将来的含义,不仅能体现出接待人员正在赶往机场的途中的状态,也能表达出接待人员即将到达的含义,外商就更能接受。在谈判过程中,双方针对某一具体谈判内容可能会出现僵局,当己方在表达自己的观点时,语言表达上一定要慎用情态动词"must"。比如,"你们必须降价5%,否则我方只能取消订单。"这句话如果这样表达:"you must reduce the price by 5%, or we will cancel the order."就一定会让对方从情感上难以接受,因为"you must……"的表达过于强硬,丝毫没有回旋的余地。我们可以使用"would better"来替换"must",或者使用"if……or……"这样的条件句;如果一定要使用must,则可以考虑使用情态动词的被动语态"the price must be reduced by 5%……"这样的表达对于谈判的顺利进行会起到极大的推动作用。

3.话题选择不当,产生隔阂

为了更好地完成一次商务活动,从业人员在与外商交流时需要尽可能地找到共同的话题，以拉近彼此的距离。然而，许多从业人员往往忽视了彼此文化背景和思维方式的差异，而单纯按照自己的想法来选择话题，这样非常容易因话题的选择不当，而与对方产生交流的隔阂，影响交易的正常进行。比如，从业人员在和美国人做生意时，如果选择"足球"作为话题，那么就必须了解"football"此时并非指的是足球体育运动。而从业人员应该更多地将话题集中在"football"的另外一个特指含义——美式橄榄球上。因为美国人对他们的棒球和美式橄榄球等体育运动一直深以为豪，并喜欢将这两项体育赛事与他们的爱国情怀融为一谈。再如，从业人员在和英国商人交流时，"天气"可以被认作是一个非常合适的话题。英国多变的气候特征让英国人对气候这一话题津津乐道。然而，从业人员在与俄罗斯商人交流时就需要谨慎使用"天气"这个话题。因为俄罗斯地处北亚与东欧，气候寒冷，北寒带气候多变，多大雪和风暴，这使得当地的生存环境恶劣，导致俄罗斯人非常讨厌这样的气候。因此，在俄罗斯商人面前谈论天气，会让他们产生负面情绪，从而影响接下来的商务活动的正常进行。

（二）商务英语口语课程中跨文化交际能力的培养策略

在商务英语口语课程教学中，教师可以尝试将学生主动学习了解目标语和母语的差异、教师对课程的精心组织、第二课堂辅助培养学生跨文化交际意识三个方面有机结合，全面培养和提高学生的跨文化交际意识和能力。

1. 注重目标语和母语的差异

由于目标语和母语之间存在着较大的差异，因此在第二外语习得过程中，受母语的影响语言会产生负迁移。美国语言学家特伦斯·奥德林（Terence Odlin）教授指出：语言迁移是目标语和其他任何已经习得的（或者没有完全习得的）语言之间的共性和差异所造成的影响。而语言的负迁移指的是这些差异造成的负面影响。根据认知心理学理论，人类总是试图利用现有的认知结构去认识新事物；利用先前的经验和认知结构，通过观察、判断和思考来解决新问题。因此，学生在商务英语口语课程中学习和运用第二外语时会因为母语的影响在词汇的选择、语法的运用上等出现较大的差异，从而影响跨境交际活动的正常进行。为此，教师可以引导学生注重学习和了解目标语言和母语文化的异同，提高对文化差异的敏感度，打破固有的思维认知模式，认真研究和学习目标语的语用规则、思维习惯，深入了解对方的语言特点，并用对方乐于接受的思维方式去组织交流，在正确使用词汇和语法的前提下选择双方感兴趣和认同的话题，促进跨文化商务活动的正常进行。

2. 创设真实的商务情境

商务英语口语课程是一门实践性较强的课程，其教学内容的设计以实际的工作过程为依据，旨在通过课程的学习让学生在今后的工作中顺利地完成外商接待、公司及产品的介绍、贸易磋商、客户投诉的处理等工作。因此，学生跨文化交际能力的培养必须紧密结合实际的商务情境。首先，教师应该让学生熟悉和了解外商所在国家的生活环境和文化背景，让学生对文化差异有一个初步的印象。其次，教师应该根据不同的教学内容使用多种手段和途径创设模拟的商务情境。比如在机场接待教学环节中，借用幻灯片创设一个机场接待的背景；在宴请外籍客户的教学环节中，可以将教室布置成一个虚拟的酒店餐饮包间；在贸易磋商教学环节中，授课地点可以移至商务谈判实训室；在企业产品简介的练习过程中，可以让学生使用实物来布置产品陈列室。同时，教师应要求学生通过着装的变化来模拟外商和企业接待人员等不同的角色。真实场景的创设和模拟可以让受训者实践先前所学，并熟悉和应用这些内容。学习者能够在模拟的环境中学习、掌握由于文化差异而产生的各种问题的处理。

3. 创建第二课堂实践教学体系

建构主义教学理论认为，世界是客观存在的，但人们对世界的理解，即形成自己的世界观却是主观的。知识不可能仅仅由外部传授而获得，学生应以自己已有的知识经验为基础去建构现实和理解现实并实践于现实，从而形成知识和技能。因此，在商务英语口语课程教学中，跨文化交际意识和能力的培养并非仅仅依靠有限的课堂教学，也不能仅仅依靠教师在课堂上言传身教。教师可以充分利用第二课堂，让学生在实践中培养和提高自身的跨文化交际意识和能力。在第二课堂实践教学的构建中，形式应该多样化，如英文话剧和演讲比赛等。教师应以实际的跨境商务活动为背景，以英语语言表达为手段，充分体现英语语言和文化之间的呼应性，并融入跨文化的差异特点，让学生在角色扮演中提高跨文化交际意识和能力。教师可以邀请外籍教师针对某项具体的风俗文化进行讲座，邀请企业人士针对跨境交易中某个环节的典型案例与学生进行面对面的交流，邀请校内专家进行英美谚语专讲和禁忌语专讲等，对学生进行较直观的文化导入和交际能力的培养。同时，教师可以举办各种读书活动，鼓励学生广泛地阅读，广泛涉猎各种反映各国历史文化、社会习惯、传统风俗和价值观念等内容的学习资源从而提高文化修养。构建多元化的第二课堂实践教学体系，对学生跨文化交际能力的培养能起到至关重要的作用。

在商务英语口语课程教学中，只有坚持以学生为主体，以教师为主导，将课堂学习与课后实践有机结合，采取循序渐进的培养模式，并始终将学生跨文化交际意识和能力的培养作为重要目标之一，才能真正培养出合格的技术技能型人才。

三、美剧在高校英语听说课程中对口语的提高和文化的渗透作用

教学大纲要求，高校英语听说课要以提高学生的英语运用能力和跨文化交际能力为核心。在目前的大学英语听说课堂上，传统的授课方式是以固定的教材为依托，进行固定模块的英语听说技能的训练。这种传统的授课方式，从某种程度上来说有其长处，可以使学生循序渐进且系统地接受听、说技能的训练；但是，同时也存在一定的弊端，这种课程模式往往会让学生感觉生硬、枯燥。教师应该努力寻求一种生动的、真实的辅助教学材料。笔者认为，美剧是一个很好的选择。英语的学习和使用其实是语言输入和输出的过程。正因为如此，在教学材料的选择上，教师应该尽量选择美国本土的、地道的视频或者音频材

料。这样，学生输入的语言才是最地道的语言，有助于学生英语口语水平的有效提高。同时，语言是文化的载体，电影是文化传播的一种媒介，使得学生在提高口语的同时也可以更好地了解美国的文化。本节将从口语的提高和文化的渗透两方面来阐述美剧在高校英语听说课程中的作用。

（一）美剧有利于学生口语水平的提高

以《老友记》（Friends）为例，《老友记》的故事情节丰富，基本涉及美国人生活的方方面面，口语的话题非常全面。演员发音纯正，语速适中，比较贴近生活，信息量大，非常有助于我国大学生练习口语和听力。在我国很多高校中，《老友记》以"学英语"的正当名义成为学生交流的热点话题。通过这部剧，学生既可以欣赏到风趣幽默的剧情，了解美国文化，还可以使自己的听说能力得到很大提高。

1. 纯正的英语语音语调

《老友记》无疑给学生提供了非常真实的语言环境。在《老友记》中，演员发音纯正，语速适中。正是学生练习口语的最佳题材。很多英语学习者虽然拥有的词汇量很大，但是要说一口地道的美音却非常困难，根本的原因就在于没有良好的语言环境。因此，我国的大学生可以通过观看《老友记》来模仿演员的发音，通过不断地模仿，和持续地修正自己，从而达到地道的发音。

2. 地道的表达

除了发音之外，相当一部分大学生在提高口语水平方面所面临的一个难题是不知道如何地道地表达一个完整的句子。他们表达出来的语句往往给人的感觉是中国式英语。更准确地说，很多大学生不知道如何进行措辞。这就要求大学生在英语学习中要注意语言使用的语境和语言习惯。

通过对美剧的欣赏和模仿，大学生不仅可以感受到真实的语言环境和地道的口语表达；也可以在此基础上，以美剧为窗口，去更好地了解美国的文化。通过对美国文化的了解，大学生可以用心体会不同文化的价值观和思维方式，从而更加有利于语言的交流。

（二）美剧在高校英语听说教程中对文化的渗透

学习者如果想更理想的学习英语，那么了解美国文化是其学习过程必不可少的一部分。语言是文化的载体。对英语文化的了解能促进学生英语水平和文化素养的提高。英语文化是指英语国家中各民族的习俗、习惯、生活的方式、语言行为、世界观和价值观。语言作为文化的载体，它能够有效地表达和传播文化。语言的表达中包含大量的典故、名言和历史等，学生只有充分地了解了英语文化背景，才能熟练且准确地把握英语这门语言。那么美剧是美国人生活的缩影，是学习者学习和了解美国文化最好的素材。美剧还承担着文化和价值传播的功能。因此，笔者认为，通过欣赏美剧来了解美国文化是不错的选择。

我国大学生可以通过《老友记》来更好地认识和了解美国的传统节日及其价值观。《老友记》这部美剧之所以在全美甚至全世界范围内广泛流行，更多的是因为它整体的风格是亲民的、生活化的，并且主要展示美国年轻人生活状态。那么美国传统的节日是美国人生活中不可或缺的一部分，在这部美剧中也得到了淋漓尽致的体现。因此，我国大学生可以通过《老友记》来更深刻的认识美国人的传统节日和习俗。

第二节　英语教材建设

一、对接文化"走出去"战略，加强英语教材建设

文化已成为当今世界的一个热门话题。文化及文化"软实力"建设日益受到各国的高度重视。为了让世界更好地了解自己，越来越多的国家开始采取措施把文化的对外传播作为文化"软实力"建设的重要内容。2008年北京奥运会、2010年上海世博会和广州亚运会的成功举办，为我们提供了对外传播中国文化的良好机会，也让我们切身体会到：中国走向世界，世界关注中国。开放发展的中国需要大批具有跨文化沟通能力和能用英语表达中国文化的人才。推动中华文化走向世界，增进国际社会对我国基本国情、价值观念、发展道路和内外政策的了解和认识，实施文化"走出去"战略，总体上产生了良好的效果。战略的进一步推进和完善对于推动中国优秀文化走向世界、展示中华文化魅力、传播当代中国价值观、塑造当代中国形象，以及进一步扩大中国学术和中国文化的国际影响力和话语权、增强国家文化"软实力"、促进中外文明对话等，都具有十分重要地意义。英语作为"世界语"，其地位在相当长时期内无法撼动，所以用英语表达中国文化，无疑是中国文化"走出去"较为重要的途径。然而，纵观我国多层次的英语教学，片面强调导入西方文化的现象还依然存在。在对外交流中，不少具有较高英语水平和较高中国文化修养的知识分子，在被问起中国文化时，往往不知所措，呈现出"中国文化失语症"。"中国文化在走向世界的过程中依然步履维艰"。[①] 当前，全球化潮流正在席卷世界的每一个角落。我国的现代化也正在迅速提升综合国力和民族自信心。同时，世界也越来越感受到中国的存在，各国人民越来越想了解中国，中外文化交流正在发生方向性的变化，这对高校的英语教学提出了新的要求。

（一）中外跨文化交流趋势的变化

英语教育在我国已得到普及和发展。如今，英语人才活跃在国家建设和对外开放的各个领域，为国家对外开放和现代化建设做出了巨大贡献。人们的视野也得到了极大的提升和拓展。

中国在经济、科技、教育和文化等各方面都取得了巨大的成就。中国成为世界目光的

---

① 王宁.如何有效地在国际学术交流中构建中国话语？——读施旭的英文专著《中国话语研究》[J].外语与外语教学，2015（5）：86-89.

聚焦点。来华经商、旅游、学习的外国人达到了空前的规模。同时，通过积极的文化双向交流，我国的文化"软实力"得到了极大提升。西方社会了解中国文化的愿望也日益强烈。随着中国综合国力的增强和国际影响力的提高，国外有人欢呼，有人惊叹，有人迷惑，有人紧张，甚至嫉妒、害怕，抑或从心理到战略都强烈抵制。在国际环境日益复杂化的背景下，中国比以往更加需要对外解释好中国的文化和价值观，讲好中国故事，加强与世界的密切沟通，努力营造良好的外部环境。由于世界各地受众群体懂中文的人太少，这个任务基本要靠中国人用英语来实现。从翻译领域看，2011年中国对外翻译的工作量首次超过了外译中。2014年，"中译外的比例已经超过60%"[①]。中外跨文化交流已由以"输入为主"转变为以"输出为主"：西学仍在东渐，但"中学西传"已渐成潮流。

（二）英语教学亟需实现从"引进来"到"走出去"的转型

培养学生跨文化交际能力是英语教学的终极目标之一。在跨文化交际活动中，交际双方首先接触到的是对方的语言、日常行为方式和风俗习惯。语言是信息传递的主要途径。跨文化交际者要想准确传递信息，实现交际目的，就要既通晓目的语国家的语言和文化，也通晓本国的文化，并掌握把博大精深的中国文化介绍给世界的方法，做到"内知国情，外知世界"。中国本土文化需要通过英语实现"全球化"。在涉外活动中，每个中国人都是中国文化的一张名片。然而，"中国文化的博大精深，现在是否为中国人，特别是年轻一代所了解，已经成了一个严重问题。"[②]信息通信手段的发达为信息传播和人与人之间的交流提供了十分便捷的手段。但如今的青年学生最为关注流行和时尚，对中国的国情和文化，很多人却少有关注，更谈不上深入了解。20世纪以来发生在中国的、举世罕见的文化自我放逐和去传统化，已使一部人偏离了文化传统。对本土文化进行再教育，重塑对母语文化的自豪感和自信心，已显得十分迫切和重要。

在中国文化"走出去"战略中，高等院校承担着培养人才的重大使命。在外语教学界，随着对语言、文化与交际之间关系研究的深入，语言学习与文化学习的密切关系，以及文化在跨文化交际中的重要性受到高度重视。但是，人们往往把单纯的目的语文化的导入认为是跨文化交际能力培养的全部，而忽视了本国文化在跨文化交际中的重要作用。时至今日，我们的教科书仍在片面地强调英语的语言基础和文化导入，鲜有介绍中国文化的内容。这造成很多英语流利的青年学子对中国文化和时事国情不甚了了，更不知道如何用英语来表达中国文化。于是，在对外交往中，他们往往显得力不从心。由此可见，单向导入西方文化，无法满足我国社会对英语人才的需求。国家实施的文化"走出去"战略的关键在于提升国民的英语素质和用英语表达中国文化的能力以及中译外人才的培养，而国内对中国文化的英语表达的研究多集中在对外汉语教学领域，在英语教学领域基本还是一片空白。时代发展迫切要求英语教育进行转型，不但要"引进来"，还要"走出去"。高校英语课程

---

① 仲伟合.对翻译重新定位与定义应该考虑的几个因素[J].中国翻译，2015(3): 10-11.
② 杨扬，朱希祥.中文读写教程（第一册）[M].上海：上海外语教育出版社，2010.

的开设一方面要满足学生专业学习、国际交流和工作就业等方面的需要，同时也要满足国家战略需求。中国文化要走出去，中国企业要走出去，英语教育的人才培养必须在满足各种实际需求的同时，服务于国家战略，在国家"软实力"建设中发挥积极作用。"走出去"既是为了让世界更多地了解中国，也是为了更好地"引进来"，让中国更好地了解世界，然后更好地"走出去"。如此循环往复，中国文化与世界各国文化就会不断交融。

（三）对接文化"走出去"战略，加强英语教材建设

教材在教学过程中发挥着基础性作用，对人才的知识结构和培养质量有着重大影响。纵观我国多层次英语教学，中国文化被严重边缘化，甚至近乎空白。刘艳红[①]等（2015）通过对《21世纪大学英语》《新世纪大学英语》《全新版大学英语》《大学体验英语》《全新主题大学英语》《新时代大学英语》《新视野大学英语》《大学英语教程读写译》《新标准大学英语》《新通用大学英语》等10套大学英语教材的内容进行研究，发现在这10套大学英语教材中，英美文化内容居于绝对主导地位，其他英语国家的文化内容所占比重很低。在占比最高的《全新版大学英语》中，其他英语国家的文化只占4.7%。大部分教材的文化内容要么是共同文化，要么是英美文化，其他文化内容占比为0%。在以英语为媒介的跨文化交际中，交际者可能来自不同国家和地区有着不同的文化，各自的语言文化规则也不尽相同。如果仅以英美文化规则作为交际的圭臬，就可能会导致误解产生。另外，中国文化在这些教材中也基本被忽视，占比最高的是《全新主题大学英语》，只有7.3%。不少教材中丝毫没有中国文化内容。"整体上，这10套大学英语教材的文化配置普遍存在失衡现象。一方面，这些教材推崇英美文化，对其他英语国家的文化不够重视。另一方面，教材的中国文化占比过低，未能在'中国文化走出去'和'加强中国价值的国际传播'过程中发挥"应有的作用，也不能适应国家实施"一带一路"战略的需要。因此，我国有必要对大学英语教材的文化内容进行大刀阔斧的改革，甚至是重新编写、开发全新的教材。

从学科建设需要来看，主动适应国家战略和社会发展需要是学科建设保持活力的健康法则和基本理念。从人才培养需要来看，教材在人才培养过程中发挥着基础性作用。英语教育要与中国文化传播和国家"软实力"建设紧密相连。英语学科的教学和科研等一系列活动也要与国家的发展需要紧密地联系在一起。在英语教学研究领域，对中国文化的英语表达的研究还处于刚刚起步阶段。关于这方面的研究成果，比较有代表性的论文有：吴鼎民的《不能只搞内销，不做外贸》[②]、曹韵的《中国英语教学中的文化身份危机及其应对策略》[③]、邓天颖的《文化传播视域下的"巧实力"解析》[④]等。针对中国文化的英文介绍也出版了一些图书，如国家扶持的大型出版工程"熊猫图书""大中华文库""中国图书对外推广计划""中国文学海外出版工程""中国当代文学百部精品译介工程"等。目前，有关中

---

① 刘艳红等.基于国家级规划大学英语教材语料库的教材文化研究[J].外语界，2015（6）：85-93.
② 吴鼎民.不能只搞内销，不做外贸[J].编辑学刊，2008（2）：10-12.
③ 曹韵.中国外语教学中的文化身份危机及其应对策略[J].长春理工大学学报，2011（1）：153-154.
④ 邓天颖.文化传播视阈下的"巧实力"解析[J].江苏大学学报（社会科学版），2010（1）：9-10.

国文化教育的研究成果主要集中在对外汉语教学领域，出版了一些用英语介绍中国文化的读本，而这些成果和读物还鲜为广大教师所知，更不用说学生了。而在各种英语教材中，涉及中国文化的内容十分少见。仅靠几本介绍中国文化的专著或英语读物恐怕无法达到预期目的，必须拓展中国文化的教育和传播途径。

教材对于学习的重要性不言而喻。要培养能够向世界介绍中国文化的英语人才，中国文化的内容必须进教材。因为，以教材形式推出的内容能够进行快速传播和普及。教材的发行量和销售量大、读者多、受众面广，而且，学生对教材内容的重视程度远远高于课外读物。把中国文化的内容编进英语教材是培养文化"走出去"新型人才的有效举措，而对英语教学改革也具有重大意义。毋庸讳言，这类教材的编写尚无先例可循，包括编写体例的设定及资料的搜集和整理，一切都要从头开始。根据跨文化交际"转型"的特点和国家文化"软实力"建设的战略需要，这类教材的编写应充分考虑教材编撰队伍、编撰原则和选材内容等因素。

1. 编撰队伍

要用英语讲述中国文化，这种新型英语教材在编写原则和编写内容上与以往的英语教材有着显著的差异，因此对教材编撰队伍也应有特殊的要求。既然这类教材侧重于用英语讲述中国文化，这就决定了编撰队伍首先要包括深谙汉语和英语两种语言和文化的跨文化交际领域的教育专家，并且对双语转换技巧特别是中译英技巧要有丰富的经验。其次，编撰队伍应包括英语教育专家和长期从事英语教材编写的专家，他们对培养学生的英语语言能力有着直接的经验。最后，编撰队伍还应包括对中国国情和中国文化有深入研究的学者，他们对国情的变化和文化的发展有着敏锐的洞察力，能够在教材内容的选取过程中做到与时俱进。另外，编撰队伍还要有对外汉语教学领域的专家学者参与，他们在用英语解释中国文化方面有着成功经验，可资借鉴。同时，教材编写还应发展国际化的编撰团队，邀请母语为英语的学者和汉学家加入，他们对教材需要达到的目的有着独到的见解，也能有很好地把握教材的语言质量。

2. 编撰原则

（1）教材编写要体现跨文化交际研究成果。英语教学的重要目标之一就是培养学生的跨文化交际能力。教材的编写要充分体现跨文化交际学科与英语教学的深度融合。长期以来，国内外的学者对跨文化交际进行了深入的研究，尤其是21世纪以来，我国的跨文化交际学科呈现快速发展的势头。从1985年到2014年，我国出版的跨文化交际教材就有122部。此外，还有大量的研究专著问世。其中，1995年关世杰教授的《跨文化交流学：提高涉外交流能力的学问》是我国跨文化交际研究的里程碑。他们的辛勤劳动结出了丰硕的果实，很多成果对英语教学有着普遍的指导价值。

（2）教材编写要充分借鉴对外汉语教学领域的研究成果。为了适应对外交往的需要，早在1983年，教育部就批准北京语言大学在英语系设置对外汉语教学专业。不久之后，北京外国语大学、上海外国语大学和华东师范大学等高校也相继开设了对外汉语教学专业。

至今已有130多所高校开设了对外汉语教学专业。对外汉语教学研究取得了丰硕成果。如刘珣等主编的《对外汉语教学论文选评》（上、下）汇集了对外汉语教学领域的重要研究成果，其中有相当一部分是"跨文化交际与文化教学"方面的研究成果。张英主编的《中国语言文化讲座》系列图书采用中西对比的方式，对中国文化进行了深入剖析。毕继万的专著《跨文化交际与第二语言教学》对第二语言教学与培养学生的跨文化交际能力进行了系统的研究。吴为善、严慧仙编著的《跨文化交际概论》对中西文化差异进行了较为系统的对比分析。这些研究成果都是基于对外汉语教学实践积累起来的，对培养学生的跨文化交际能力具有很强的实用价值。对外汉语教学专业起源于外语系，逐渐独立，发展壮大。对外汉语教学就是用外语讲述中国文化，与英语教学有着密切的渊源，现在用其研究成果来反哺英语教学是时代的需要，契合培养文化"走出去"人才的需要。

（3）教材编写要培养学生的对比分析和审辨性思维能力。美国语言学家爱德华·萨丕尔（Edward Sapir）和本杰明·李·沃尔夫（Benjamin Lee Whorf）认为，一种语言就是一种思维方式的直接体现，语言中包含着语言使用者对客观世界的认知体系。每种语言都有其认知客观世界的独特体系和独有角度。将中国文化融入英语教学，在同一门课程中，两种迥然有别的语言、文化和思维方式会发生直接碰撞。这种碰撞有利于学生发现两种语言、文化和思维方式的特点，加深对两种语言和文化的理解，通过多样的文化活动涵养性情，引导学习者从不同文化的视角认知和分析问题，从而培养他们的思辨能力，使他们在对外交往中，既能提出自己的观点，又能学会如何处理和包容与自己不同的观点。因此，教材的编写要注重语言和文化的对比分析，既要体现两种语言和文化的差异性，又要兼顾二者之间的互通性。

（4）教材编写要注重中译英技能的训练。"翻译旨在打破文化隔阂，促进不同文化之间相互了解和融合，是涉及自我与他者的一种双向交流活动"①，随着文化"走出去"战略成为我国提升文化"软实力"的重要战略方向，中译英受到各方的热切期待和普遍关注。翻译本身是一项对两种语言和文化的掌握要求都很高的实践。中译英的过程要求翻译者对汉英语言和文化的特点进行深入分析，探索从汉语表达到英语表达所要进行的语言、思维逻辑和适应表达的文化转换。中译英练习无疑能使学生加深对汉语和中国文化的理解，而用英语写作无疑会提高实践者的表达能力。中译英的理论和方法能够让学生知道为什么汉语和英语有时要用不同的方式表达类似的意思；为什么要采用不同的变通手段，用符合译入语习惯的表达方式传达出原文的意思，这将是提高学生用英语表达中国文化能力的有效方法之一。

3. 编撰内容

新型教材要改变传统单项导入西方文化的做法，强调培养学生的跨文化交际能力。英语教学要双向导入汉语文化和英语文化两种文化，应注重两种语言和文化的对比和融合，

---

① 刘云虹．翻译理论与文学译介研究文丛 翻译批评研究[M].南京：南京大学出版社，2015.

使学生通过教材学习可以"内知国情，外知世界"。

教材内容的选取应考虑以下因素：

中华文化绵延千古，但现代人的价值观、生活和行为方式都发生了深刻的变化。相较于古代文化，现代文化更为鲜活，更贴近现代人的生活和交际需要。跨文化交流是在现代社会中进行的，因此，教材编写在适当选取经典文化的同时，应尽可能发掘当今现实社会中的文化现象，避免脱离现实的"死"文化。

语言是文化最为重要的组成部分，而文化则主要通过语言得以体现。因此，语言与文化学习不可分割。英语是在英语文化里形成、发展起来的，与英语文化关系密切。考虑到学生英语语言能力形成的需要，教材中不可避免地要放进英语文化的内容，从而保证学生能够学到原汁原味的语言和文化，确保其英语基本知识和基本技能的根基扎实。

（1）中国文化内容要具有代表性且适合对外传播。汉语历史悠久，中国文化博大精深，但教材容量有限，而鉴于学习者语言能力水平限制和实际对外交流的需要，教材内容选取必须精挑细选。首先，要有最适合对外传播、最易用英语恰当表达的实用内容。其次，文化是庞杂的，不是所有的东西都适合对外传播，必须考虑对外树立良好的中国形象的需要。最后，并非所有中国文化都能用英语表达清楚且能为外国人所正确理解，因此，未能准确译成英语的内容不宜进教材。

（2）所谓实用性，是指教材内容编选要充分考虑其交际价值。注重实用性，就是要让学生感到他们在书本上学到的东西马上就可以用到，对其交际有实际帮助，这会增加其学习的积极性，提高学习效果。教材应优先考虑与学生的交际活动直接相关的文化内容、人际交往中常用的和交际作用比较大的文化内容。教材在以实用性为主的同时，也应充分考虑对代表性文化内容的选取。

（3）教材要避免中国文化内容过多。大学生的英语语言能力还处在形成阶段，他们对异国文化充满好奇。如果在教材中编入过多的中国文化内容，则难免会误导学生，使其分不清"东""西"。因此，在教材编写过程中要避免中国文化内容过多，从而滑向另一个极端，不利于学生英语语言能力和跨文化视野的形成。

文化内容的选取应遵循以下原则：

（1）坚持以现代文化为主。人与人之间的交往最为直接的体现就是日常生活和工作行为。从第二文化的习得来看，文化内容往往很难从外部看清楚，这就在实际上形成了跨文化交际的种种暗礁。跨文化交际中的诸多问题常常是由己方不了解对方基本的生活方式而引起的。因此，英语教学内容应尽可能贴近和反应现实生活和工作需要。

（2）坚持以主流文化为主。任何社会内部都存在亚文化，但主流文化总是居于主导地位，普遍适用于全体社会成员。我们培养的学生的交际对象是全社会的各种成员，这就要求我们在教材内容编选时应坚持以主流文化为主，尽量避免区域性的亚文化。

（3）坚持以生活文化为主。由于社会不断演变发展，教材内容的选编是一个常做常新、永无止境的工作。教材编写在充分征求各方专家、学者的意见的同时，应着眼于中国国情的跨文化研究，厘清并尽可能多地传播当代文化价值观和行为方式；同时，也要加强对来华外籍人士的调研，了解他们的兴趣和需求，尽可能使编写出的教材实用、高效。

近年来，汉语和中国文化正加速走向世界。中国正在从文化上的"输入国"转变为"输出国"。季羡林先生预言的"东学西渐"已悄然来临。在外语教学过程中，高校英语教师不可忽视中外交往中的文化倾向，应"适时导入相关的文化背景知识，完善学习者的知识结构"①。反观今天的高校英语教育，基本上还停留在改革开放初期所设计的人才培养目标上。将跨文化交际能力的培养融入语言学习和教学之中虽然已经成为外语教学界的普遍共识，但是由于英语教材中鲜见中国文化内容，英语教学过程中片面导入西方文化的现象还广泛存在。因此，当下英语教材的内容难以适应新形势下跨文化交际的需要。

英语教育乃至教材建设要对接国家战略，为国家建设服务，就必须进行改革，"推行双向国际化理念，培养具有国际视野的多元跨文化人才，以适应国家和地区对人才的需求"②。我国高校英语要根据社会对人才知识结构的需要，进行深入研究，科学规划、设计教材内容，培养具有中国文化底蕴的英语人才，从而在对外交往中，凸显"中国味"，承担起对外塑造良好中国形象、传承和传播中国文化的重任，为实现《中华人民共和国国民经济和社会发展第十三个五年规划纲要》提出的"建设讲好中国故事队伍"培养后续人才。

二、跨文化交际能力培养与跨文化外语教材建设

21世纪频繁的国际交流以及无处不在的互联网和媒体为人们了解世界提供了便利。但是，自然环境、社会面貌、历史渊源、思维方式、价值观念和语言习惯等因素依然会带来文化碰撞，依然会带来文化交流的障碍。如何通过外语教学帮助学生使用所学的语言与具有不同文化背景的人进行有效的交流和沟通，如何促使学生重新审视并欣赏本族文化、理解和接受异族文化则成为我国高校英语教学亟待解决的问题。

从我国现阶段的情况来看，高校英语教学担负着培养具有跨文化交际能力的高素质人才的主要任务。本节在探讨跨文化交际能力中的文化认知能力和外语教学中的文化教学之间关系的基础上，指出跨文化教材建设是外语教学跨文化交际能力培养研究领域中被忽视的环节，并以2011年北京大学出版社出版发行、由大连外国语大学常俊跃院长主持编写的"21世纪CBI内容依托系列英语教材"为例，探讨全面、系统、科学的文化教材外语教学中学生跨文化交际能力培养的不可小觑的作用以及跨文化外语教材建设过程中需注意的问题。

（一）跨文化交际能力与文化认知能力

要想厘清跨文化交际能力与文化认知能力的关系，必须首先了解构成跨文化交际能力的要素。

---

① 马冬.中外文化交流及语用分析[M].北京：北京大学出版社，2006.
② 戴炜栋等."文化走出去"背景下的我国外国语言文学学科发展战略[J].解放军外国语学院学报，2015(4)：1-11.

拜拉姆（Byram）在1995年提出，跨文化交际能力的四要素：知识、做事能力、个人态度与价值观、学习能力，并于1997年在四要素的基础上增加了对自己和他人文化的思辨性判断能力。

陈（Chen）和斯塔罗斯塔（Starosta）提出，跨文化交际能力的认知、情感和行为三维理论，即主体对本族文化和目标文化的知识和文化规约的理解和掌握，主体积极理解、欣赏和接受文化差异的主观意愿，以及主体在跨文化交际实践中完成具体交际目标的能力。

文秋芳指出，跨文化交际能力包括交际能力和跨文化能力两个部分。其中，交际能力包括语言、语用和变通能力；跨文化能力包括对文化差异的敏感和容忍，以及处理差异的灵活性。这种处理方法在国内有诸多拥趸。

杨盈、庄恩平[1]将跨文化交际能力对等于跨文化能力，并提出构建由全球意识、文化调试、知识和交际实践四大能力系统组成的外语教学跨文化交际能力框架。

张卫东、杨莉[2]则指出，跨文化交际能力是指恰当运用语言文化知识与异文化成员进行有效且得体的交际实践的能力。

上述对跨文化交际能力界定和对核心要素的梳理可能会挂一漏万，但从各家不尽相同的表述中不难看出，随着跨文化交际理论的深入发展，文化认知、文化能力或文化知觉力正在成为跨文化交际能力研究的关键词。无论是语言运用、情感态度和行为能力还是思辨意识都离不开对本族文化和异族文化的认知和接受。

（二）外语教学与文化认知能力培养

杨盈、庄恩平[3]将跨文化交际能力等同于跨文化能力的处理方法，有助于外语教学从单纯语言教学的狭隘视野中解放出来，在注重语言能力的同时，看到文化认知的重要性。他们还提出应将跨文化能力的培养视为"外语教学培养的最终目的"，进而强化文化认知能力培养在外语教学中的重要地位。

1. 文化教学与外语教学

语言与文化的不可分性已成为外语教学和研究界的专家、学者的共识：语言是文化的主要组成部分和主要表现形式，同时又是文化的载体。克里姆契（Kramsch）认为，文化从学习者开始学习外国语的第一天起就始终渗透在整个学习过程中，人们的每一次说话都是一次文化行为。可见，语言与文化是相互依存、相互影响的。文化是语言学习的基础，是语言使用的背景。学习者要真正掌握一种语言就必须了解产生这种语言的特定社会背景。而我国传统外语教学模式因割裂了外语教学与文化教学的联系而需要进行修正。

韩晓玲[4]分析了中国学生英语学习时间久但效果差的原因，指出语言教学与文化导入的割裂是主因，并提出有效的英语学习不仅需要一定的语言知识还需要英语国家文化背景

---

[1] 杨盈，庄恩平.构建外语教学跨文化交际能力框架.外语界，2007（4）：13-21.
[2] 张卫东，杨莉.跨文化交际能力体系的构建[J].外语界，2012（2）：8-16.
[3] 杨盈，庄恩平.跨文化外语教学:教材与教法——外语教学跨文化能力模式的应用[J].江苏外语教学研究，2008（2）：16-21.
[4] 韩晓玲.寓语言教学于文化教学—外语教学改革之我见[J].外语与外语教学，2002（12）：29-30.

知识。王淑杰[①]认为，以交际为目的的跨文化教学不同于只教语言知识而忽视文化背景的传统教学，教师除了要教授语言知识外，还应适当、适度地讲授文化知识，使语言和文化紧密结合，达到教学目的。

张红玲[②]认为，"外语教学不是培养跨文化交际能力的唯一途径，历史、地理、文学等科目都可以从不同的角度向学生介绍文化知识"。虽然这种说法割裂了外语教学与历史、地理、文学知识传授之间的关联性，但其将地理、历史、政治和文学等相关学科纳入我国高校外语教学跨文化交际能力培养研究视域，极具前瞻性。

陆晓红[③]则提出了外语教学就是文化教学的观点。虽然这一观点是建立在语言学习者掌握一定的语言知识和能力的基础上，但它反应了进入21世纪以来，我国的外语教育者日益强烈的跨文化意识。

上述专家学者的理论观点代表着我国外语教学的发展趋势，即将文化培养视为外语教学的核心。

2. 文化教学在外语教学中的尝试与存在的问题

外语教师不仅逐渐意识到文化在我国外语教学中的重要性，还在教学实践中不断尝试将文化教学融入外语教学中。

韩晓玲[④]在寓语言教学于文化教学的教学模式中提出要选取符合学生语言和文化认知能力的文化内容并通过教学（课内和课外）活动实现以文化为主线的语言输入和输出等主张。这一模式是在外语教学中培养学生文化能力的有益尝试，符合21世纪多元文化的时代特征，具有前瞻性。但该模式在实际教学中存在一些问题：文化内容如何选取？"以文化为主线"如何操作？如何解决"文化教育的零散性和随意性"的问题？

黄文红[⑤]以英语专业学生为实验对象的过程性文化教学与跨文化交际能力培养的实证研究发现，与传统的知识性文化教学模式相比，过程性文化教学模式鼓励学生主动探索、反思并对比中西文化，受到了大多数学生的欢迎，但存在实验对象对中西文化知识掌握不深刻这一弊病。

这项实证研究的成果是喜人的，为外语教学中的文化能力培养提供了可借鉴的范本。但其局限性在于教材选用不恰当：以综合英语课使用的《现代大学英语：精读》为教材进行跨文化能力培养的实证研究很难帮助学生获得全面、系统的文化认知。

如上问题不仅关涉外语教学策略、教育者的观念、学习者的能力，更与外语教材的选取和使用密切相关。事实上，不仅高校英语专业的跨文化交际能力培养需要重视相关教材的建设，大学英语课程也面临同样的问题。

---

① 王淑杰.专业英语教学与跨文化交际[J].牡丹江师范学院学报（哲学社会科学版），2002（6）：54-55
② 张红玲.跨文化外语教学[M].上海：上海外语教育出版社，2007.
③ 陆晓红.走向跨文化理解的外语课程与教学[J].全球教育展望，2010（9）：84-89.
④ 韩晓玲.寓语言教学于文化教学——外语教学改革之我见[J].外语与外语教学，2002（12）：29-30.
⑤ 黄文红.过程性文化教学与跨文化交际能力培养的实证研究[J].解放军外国语学院学报，2015（1）：51-58.

杨盈、庄恩平①从跨文化外语教学的视角出发，在探讨有效的教材使用途径过程中，对十套具有代表性的高等教育外语教材做了调研，发现如下问题：教材中跨文化内容含量少、过于简单、缺乏系统性，不能满足跨文化外语教学的需求；教材中练习设置缺乏拓展性和激发跨文化思维的内容，不利于培养学生的跨文化意识。因此，他们提出教师以现有教材为基础，将"语言知识结构"（外语教材）与"文化知识结构"（包含外语教材中的隐含文化知识和跨文化教材中的跨文化知识）相结合的探索模式。这种"内外结合"的教学模式与前面两个例子有异曲同工之处，反映了外语教育工作者对文化教学重要性的认同，但在有限的课堂上既要传授语言知识，又要兼顾外语教材内容中零散的文化元素，这对教师和学生都不是易事。消极的情绪会带来事倍功半的后果，不利于外语教学中学生的跨文化交际能力的培养。

（三）跨文化教学框架下的跨文化外语教材

1. 我国跨文化外语教材的研究和开发现状

虽然诸多外语教育工作者已经意识到跨文化外语教材建设在提升学生跨文化交际能力方面的重要性，也尝试运用不同策略将文化知识传授与外语教学相结合，但有关外语教材开发的论文却不多。在中国知网（CNKI）上输入关键词"外语教材"和"跨文化"后，搜索到的结果寥寥可数。

全建强②提出具有跨文化交际性的外语教材应该反映目的语社会的不同侧面；杨盈、庄恩平③对为英语专业、大学英语和专科英语教学而编写的十套外语教材进行了市场调研，并指出大部分外语教材与跨文化外语教学的要求仍有一定距离，并建议"教师在外语教材与跨文化教材'外部结合'的过程中不断探索与研究，为新教材的研发积累经验，为实现两者的'内部结合'打好基础"；王进军、冯增俊④分析我国外语教材发展的历程及规律，指出"文化型、内容型、菜单型以及综合型等新型外语教材将被赋予光明的前景"。

虽然相关论文不多，但是将跨文化能力培养视为外语教学重要任务的理念却成为共识。高校尝试在此基础上对教材进行改革的步伐没有停歇，"力图使外语教材跨文化交际和外语教学紧密结合"⑤。

通过几年的教学实践，笔者认为2011年北大出版社出版发行的"21世纪CBI内容依托系列英语教材"是外语教材与跨文化教材"内部结合"的良好尝试，在一定程度上弥补了我国高校外语教材题材选择和练习设置与文化教学脱节的痼疾。该教材以文化内容为依托，帮助学生在使用目的语的过程中了解异族文化、积极思考、主动分析对比跨文化差异，

---

① 杨盈，庄恩平. 跨文化外语教学：教材与教法——外语教学跨文化能力模式的应用[J]. 江苏外语教学研究，2008（2）：16-21.
② 全建强. 2001. 外语教材如何体现跨文化交际性[J]. 国外外语教学，（3）：37-39.
③ 同①
④ 王进军，冯增俊. 外语教材发展的历程及其规律探析[J]. 河北师范大学学报，2009（6）：60-64.
⑤ 颜静兰. 外语教师跨文化交际能力的"缺口"与"补漏"[J]. 上海师范大学学报（哲学社会科学版），2014（1）：138-145.

促进语言技能和跨文化意识的双提升。同时这套以文化内容为依托的英语教材还有助于教师对真实的语言运用情境进行设置，培养学生的跨文化交际能力，真正实现我国"外语教学的高级目标"。

2. 跨文化外语教材的题材选择

跨文化外语教材的题材选择要有系统性和科学性。以常俊跃教授组织编写的系列教材为例：该系列教材涵盖了英国、美国、澳大利亚、加拿大和新西兰五个主要的"内圈英语国家"，并从社会文化、历史文化、自然人文地理三个方面对这些国家进行系统、科学的推介。系列教材还包括《跨文化交际》、《欧洲文化入门》、《中国文化（英文版）》《古希腊罗马神话》，为师生提供了培养跨文化意识的平台，也为跨文化交际能力培养中的"社会文化能力"或"知识能力"培养奠定了基础（各家对跨文化交际能力中文化认知要素叫法不同），有助于学生系统地获得文化认知，避免对东西方文化片面肤浅地理解。

教师可以借助教材系统地、有条不紊地开展文化教学，也可以借助教材充足的文化内容设置简洁的文化语境供学生体验。胡文仲[①]认为，"跨文化交际能力培养不仅需要教学环节的精心设计，而且需要课外的配合，包括国外学习或工作"。但是，在不能为所有学生提供直接语境体验的当下，教师可以充分利用文化教材营造"间接语境扩展文化知识"。

3. 跨文化外语教材的练习设置

束定芳、张逸刚认为，从教材的作用来看，教材中的练习应该是最能体现教材编写者理论指导原则的部分，也是检阅教材实用性和有效性的重要组成部分。[②]

"CBI 内容依托系列英语教材"的练习设置不仅强化学生的语言知识和技能，而且与文化内容密切相关，有利于学生实现知识的巩固和技能的转化，体现了教材的实用性和有效性。

在该教材的问题思考环节，编写者针对不同文化模块设计汉英文化对比问题，有意识地引导学生在知晓英语国家文化的基础上主动了解本族文化，并与异族文化做对比，形成批评的或是宽容的跨文化意识，"促使学习者对教材中的文化内容进行反思提问并参与其中"[③]。学生只有了解本族文化和异族文化，才能真正实现跨文化交际能力的提升。

4. 跨文化外语教材建设和使用需注意的问题

克拉姆挈指出，文化教学绝不能只是以罗列文化事例的形式进行，因为事例是停滞不前的而文化是在一直发展的。"随着国家间频繁的交流活动以及媒体活跃的交际活动，不同文化间有由碰撞到相容的趋势，所以，跨文化交际能力的内容也应该是动态的。"[④]这就要求文化教材的编写者不断提高、修订和更新教材内容，与时俱进。

在对美国、英国、加拿大、澳大利亚、新西兰等"英语内圈国家"的文化知识细化的

[①] 胡文仲. 跨文化交际能力在外语教学中如何定位[J]. 外语界，2013（6）：2-7.
[②] 束定芳，张逸岗.2004. 从一项调查看教材在外语教学过程中的地位与作用[J]. 外语界，（2）：56-64.
[③] 陆晓红. 走向跨文化理解的外语课程与教学[J]. 全球教育展望，2010（9）：84-89.
[④] 陈东东，夏新民. 英语教学中跨文化交际能力培养[J]. 江苏社会科学教育文化（社会科学版），2009（S1）：163-164.

基础上，教材编写者可以开阔视野，将研究对象拓展到其他英语国家，如爱尔兰文化、印度文化、南非文化、尼日利亚文化等。同时随着我国"一带一路"建设的推进，与沿线国家的人文交流与合作也会日益密切，编写介绍这些国家文化的外语教材不仅能够填补外语教学中跨文化交际能力培养的一大"漏洞"，而且对改变外语教材滞后于时代的现状也有着十分重要的现实意义。

编写以外语为媒介的文化教材只是外语教学培养学生跨文化能力的内因，而促进这一教学目标实现的另一个关键因素是教师，这是外因。内因要通过外因起作用。颜静兰在研究中发现，近些年来"外语教师的跨文化交际意识和自身内涵有了不断提升，但是差距和问题还比较大"，"外语教师的跨文化交际能力'缺口'较大，和学生一样，需要提高和研究"。[①] 因此，作为教学主导者的外语教师首先要丰富自己的文化知识，提升自身的批判性思维能力，使自己具备较高的文化修养和双重或多重文化理解力，进而引导学生通过外语课堂培养有效的跨文化交际能力。

文化教学是外语教学中跨文化交际能力培养的一个重要课题。虽然对文化教学的理论研究已然硕果累累，但文化教学在外语教学实践中仍然存在许多实际问题，本节所谈及的以文化为内容的外语教材建设只是冰山一角。要培养21世纪具有较强的跨文化交际能力的外语人才，还需要我国的外语教育工作者在教学过程中研究国外教育理论、教学方法、教材建设和教师培训等方面的先进经验，并与我国学生外语学习的实际情况相结合，制定有益于学生跨文化交际能力培养的外语教学体系框架。

第三节 教师团队建设

教学质量是高校的生命线，教师是教学质量提升的核心要素。教师团队的专业高度是高校教学质量的"水位线"，教学质量管理需要建设和管理好教师团队。高校需要锻造团队的精神文化、健全团队的运行机制、开展团队的项目研究、搭建团队的分享平台等方面着力，全面建设教师团队，促进学校教学质量和办学品质的提升。

一、锻造教师团队的精神文化，为教学质量提升蓄力

"教师团队精神是教师团队的灵魂。"团队精神是集体智慧的结晶，是凝聚众人的精神力量，是团队的精神信仰。指向教学质量管理的教师团队建设，具有导向、凝聚、控制等积极的功能，能够有效地为教学质量的提升蓄积力量。

（一）构建团队发展愿景

共同愿景既能体现团队未来发展的远大目标，又能体现团队成员的共同愿望，为团

---

① 颜静兰. 外语教师跨文化交际能力的"缺口"与"补漏"[J]. 上海师范大学学报（哲学社会科学版），2014（1）：138-145.

带来强大的内驱力，激发团队及其成员的创造力。

教师团队作为学校教育的有机构成部分，其根本任务是教书育人；指向教学质量管理的教师团队，其核心目标指向教学质量提升。

成功的教学团队应该能把团队愿景转化为具体可行、可量化的绩效目标，并与个人愿景紧密结合在一起，这样，才能形成强大的凝聚力和对全体成员长久的激励作用。在教师团队建设过程中，团队带头人应该在认真了解团队成员发展意愿的基础上定位共同愿景，并把团队共同愿景与成员个人愿景有效地加以结合，以引领团队成员共同成长。

（二）培养团队灵魂人物

威斯勒说"在团队文化形成的过程中，灵魂人物的作用非常明显"。教师团队精神文化的形成当然也不例外。在指向教学质量管理的教师团队建设中，团队灵魂人物的专业引领和管理协调非常重要。

在教师团队的创建过程中，团队灵魂人物的专业领导力对团队文化的形成有深远的影响，甚至影响整个教师团队的文化风格和发展趋向。

团队灵魂人物不仅是专业引领者，也是团队管理者，需要具有高超的领导艺术和管理能力。

（三）营造团队情感氛围

良好的合作是以温暖的情感为基础的。因此，营造适宜的情感氛围，形成团队向心力和凝聚力，是教师团队建设不可或缺的内容。

在团队建设中，开放民主的氛围有利于成员个性特长的发展，为教师展开教学探究和创新实践奠定了基础；团队成员相互支持、相互鼓励的和谐环境，能够激发个体和集体创新的信心、热情和勇气，增强成员在工作和学习中的自信心和愉悦感。

情感与精神往往是同构的，营造温暖的团队情感氛围离不开团队集体精神的培养。在集体精神的感召下，团队成员在奉献自己力量的过程中能够收获肯定、进步和喜悦，形成良好的情感氛围。

二、健全教师团队的运行机制，为教学质量提升护航

任何一个组织都要形成自己的运行机制，否则难免一盘散沙，甚至走向解体。作为一个共同体，指向教学质量管理的教师团队需要建立健全运行机制，从而保证团队规范、高效、灵活地运行，为教学质量提升保驾护航。

（一）创新团队组织管理

团队组织方式决定了团队成员之间的关系和团队的日常运行方式。教师团队是多元的，要根据不同团队的实际情况灵活选择团队的组织方式。这些团队有的以项目为主，有的以兴趣为主，团队的组织方式各不相同。例如，以兴趣为主的团队往往是相对松散自由

的，没有严格的组织架构和人员分工，大家都是凭着兴趣和热情参与团队活动。

教师团队建设要注重工作模式的创新，从而激发每个成员的能量，形成巨大的团队力量。高校要关注对教师团队的绩效考核，形成报酬激励、成就激励和机会激励三位一体的激励机制。通过实施合理的分配方案，团队和成员在物质上能够得到相应的报酬；通过给予相应的荣誉、地位等，团队和成员能够获得成就激励和机会激励。

（二）开列团队任务清单

团队任务清单是使团队的目标得以落实的有效举措。通过开列任务清单，可以明晰团队亟需解决的问题，促进团队成员有效开展行动，更科学、合理地分配时间和精力。

（三）强化团队专业支持

专业支持是教师团队发展的加油站，能让团队建设更优质、更高效。教师团队的有效运行离不开强有力的专业支持。

最持久、最有效的发展动力总是内生性的。调动团队成员力量实现优势互补，强化团队的自我专业支持，是激发教师团队内在动力、推动教师团队持续发展的重要举措。教师团队的内部专业支持不仅仅来自团队灵魂人物，每个团队成员都有自己的专长，都可以在某些方面为团队提供专业支持。

在激发团队内在动能的同时，团队发展也离不开外部力量的专业支持。在教师团队建设中，要邀请相关领域的专家定期到校指导，根据团队需要和成员特点提供"点、线、面"结合的全方位专业化服务，助力团队成长。

三、搭建教师团队的分享平台，为教学质量提升拓路

教师团队成果分享不仅能推广团队研究和实践的成果，让成果惠及更多师生，而且在分享的过程中还能进一步接收和吸纳反馈信息，让成果更加科学、更加完善。教师团队要积极推进团队成果分享，建立多层次的展示平台，为团队成长、教学质量提升拓宽了道路。

（一）团队内部的分享

教师团队中每个成员都是不同的，有"经验型""技术型"教师，也有"思辨型""科研型"教师。针对每个成员的特点，教师团队可以开展团队内部的分享，不仅能展示每一位教师个性化的研究收获，也能丰富团队的研究成果。

（二）团队之外的分享

教师团队的成果分享也可以走出团队、走出校园，走上更大的平台。当团队取得了丰硕的成果后，应该通过研讨会、汇报会等多种方式，面向同行和社会进行推广，让团队成果发挥更大的效益，让团队成员收获更多的成就感。北京东路小学每年都组织面向全国、全省、全市的大型展示活动

在好的教师团队中，"人们为了创造自己真心渴望的成绩而持续拓展能力；那里，各

种开阔的新思想得到培养；那里，集体的热望得到释放；那里的人们不断地学习如何共同学习"[①]。只有拥有一支具有向心力、凝聚力、战斗力的教师团队，拥有一批彼此互相鼓励、支持、合作的成员，拥有一套科学、合理的管理制度，高校才能不断发展，教学质量才能不断提高。

第四节 英语课程资源建设

英语作为全球使用最广泛的语言之一，已经成为国际交往以及科技和文化交流的重要工具。基础教育阶段的英语课程对提高整体国民素养以及培养具有国际视野、精通国际准则、擅长国际交流的外来公民具有十分重要的意义。21世纪以来国家高度重视基础教育阶段的英语课程建设与改革。从2001年至今，教育部正式颁布过4个版本的"英语课程标准"。课程资源是课程建设的基础，如何合理开发和积极利用课程资源是有效实施英语课程的重要保证。随着基础教育阶段英语课程改革的进一步推进，英语课程资源建设的重要性也愈加凸显出来。

在政策层面上，《义务教育英语课程标准》（简称《课程标准》）明确提出语言技能、语言知识、情感态度、学习策略和文化意识5个方面共同构成英语课程总目标，并强调英语课程资源是完成该目标非常重要的保障。《课程标准》还明确提出课程资源开发与利用的建议：①开发与利用教材资源；②开发与利用学校资源；③开发与利用网络资源；④开发与利用学生资源。《普通高中英语课程标准》针对课程资源建设提出了相应的建议。例如，要统筹各方力量创设课程实施条件和环境，要系统规划校内外各类课程资源的实用性，提高课程资源的有效性和利用率。

在现实层面上，英语学习者的学习模式日趋多样化，移动学习的地位不断凸显；英语教学资源展现形式日趋多元化，传统介质失势，电子介质优势地位明显；教学资源建设者也呈多元化（如国家、学校、公司）。而且，境外影音教学资源如电视剧、电影、歌曲、（有声）书刊等大量进入我国。为此，探讨当前背景下基础教育阶段英语课程资源建设对推进和深化英语课程改革具有重要意义。本节首先对课程资源概念进行阐释，然后对我国基础教育阶段英语课程资源建设的现状进行分析，在此基础上对未来英语课程资源建设提出建议。

一、课程资源的概念

课程资源是指供给并满足课程活动需要的一切，包括构成课程目标、内容的来源和保障课程活动进行的设备和材料。课程资源的概念按其功能特点有广义和狭义之分。广义的

---

① 圣吉.第五项修炼：学习型组织的艺术与实践[M].张成林，译.北京：中信出版社，2009.

课程资源是指有利于实现课程目标的各种因素,狭义的课程资源仅指教学内容的直接来源。课程资源按空间分布和支配权限可以分为校内课程资源和校外课程资源,凡是学校范围内的课程资源就是校内课程资源,超出学校范围的课程资源就是校外课程资源。还可以从其他视角把课程资源划分为社会资源与自然资源,人力资源、物力资源与财力资源,纸质资源与电子声像资源,等等。总之,课程资源由于划分的标准或视角不同,其分类也就不同。

根据《课程标准》,英语课程资源包括英语教材以及有利于发展学生综合语言运用能力的其他教学材料、支持系统和教学环境等,如音像资料、直观教具和实物、多媒体软件、广播影视节目、网络资源、报纸杂志,以及图书馆、班级、学校教学设施和教学环境创设,等等。此外,课程资源还包括人的资源,如学生资源、教师资源和家长资源。他们的生活经历、情感体验和知识结构都可以成为宝贵的课程资源。

二、基础教育阶段英语课程资源建设的现状

纵观我国基础教育阶段英语课程资源建设情况,以下几种现象较为普遍:

(一)两多,两少

"两多,两少"是指教材资源和互联网资源多;学校资源和学生资源少。目前的课程资源基本上以教科书为主,绝大部分教师满足于上级规定使用的教科书以及配套的教师参考书和学生课外练习书。以"国家教育资源公共服务平台"(教育部主办)的基础教育阶段英语课程资源为例,通常都是以教材章节编撰的以教材为主的教学资源,基本没有涉及学生的资源。在经济相对发达的大中城市,学校拥有比较丰富的网络教学资源,甚至出现各种互联网资源堆砌的现象。课程资源主要以自上而下的方式推进,缺乏自下而上的资源建设,忽略了一线教师和学生的主体作用。

(二)重教,轻学

"重教,轻学"体现在两个层面。第一,目前课程资源以教为主,内容以教学设计、教学课件、课堂实录和(教学)素材为主,导致教师严重依赖于教材,而在挖掘和整合教材方面的意识比较薄弱。丰富的网络资源也更多偏重教学层面,针对学生学习的课程资源较少,这与《课程标准》所强调的学生的"学"的精神相违背。第二,现有的大量课程资源更适用于教授基本知识点、强化基本技能,而缺乏涵盖学习策略、引导培养学生自主学习能力的学习资源,这与《课程标准》强调培养学生自主学习能力的目标不一致。

(三)重前期建设,轻后期完善

课程资源建设快,但是缺乏使用后的评估,存在评估形式单一、反馈贫乏或者流于形式等问题,这些均弱化了评估在教与学中的地位,也不利于教学资源建设过程的改进和完善。从表面上看,互联网资源相当丰富,但实际上这些资源的易用性差、使用率低,而且网络资源缺乏后期维护和更新。使用者与课程资源的关系基本上是"单向"关系,缺乏使用者对课程资源建设的反哺性建设或者建设性反馈。

（四）课程资源建设发展不平衡

大中城市的课程资源相对比较丰富，但广大农村地区尤其是偏远山区的课程资源相当匮乏。而且由于平时缺乏相应的课程资源建设和使用的培训，许多教师只停留在书本知识尤其是语法知识和词汇知识的讲解和传授上，没能充分利用现有课程资源使教与学的活动更加合理有效，从而激发学生的学习兴趣，提高教学效率。

（五）缺乏系统的理论和实践研究

我国基础教育阶段的英语教学长期以来以经验交流为主，缺乏理论探讨和实证研究。现有的相关文献也大多是经验性文章，理论探讨或者理论与实践相结合的文献几乎没有。而课程资源建设更是一个长期被忽略的领域，现有的极少量相关研究内容过窄，基本上以教材研究为主。

三、对未来英语课程资源建设的思考

笔者认为，基础教育阶段的英语课程资源建设要尽可能体现以下特点：

（一）资源的主题性与思辨性特点

课程资源建设要以主题为引领，多思考、多辩证，"寓理于学"，加强全人类的教育理念；同时，注重主题的时代性，通过语言课程资源引导教师与学生多去探究世界、了解自己身边的知识和信息，培养自己的思辨能力，而不只是局限于语言学习中。

（二）资源的模块性或专题性特点

资源建设的内容要考虑语言能力的各个方面，甚至可以考虑强调语言能力的分区训练资源。随着早期英语教学的发展，很多儿童都较早地接触英语，也较早体现出其层次能力的强弱，这样提供分区资源，有的放矢。

（三）资源的时代性与引领性特点

目前我国小学、初中和高中的教材绝大部分已经使用很多年，教材的许多内容和语篇都已经跟不上时代，而且这些教材以功能、结构的内容居多，大部分都是以工具性为目标，而围绕核心素养内容方面的设计比较缺乏，关心品格培养、学生内心世界和思维能力培养的内容设计都较少。要实现课程资源的时代性和引领性，必须以了解新课程改革的目标为前提，宏观的教育目标（如把学生培养成为具备核心素养的全面发展的人）和微观的教育目标（如外语课程的育人价值，即语言是品格和思维方式的一种体现）缺一不可。只有这样，我们所建设的课程资源才能更好地为实现新课程改革的目标服务。

（四）资源的技术性特点

随着信息技术的发展，新课程理念下的课程资源建设必须有新的突破。资源建设要体现当前泛在学习的特点，即"以人为中心，以学习任务本身为焦点"的学习，提供适合教与学，且体现移动学习特点的便捷资源，以便学生可以随时随地利用泛在网络和任何移动终端进行英语学习，实现更有效的以学生为中心的教育。在泛在学习环境中，学生根据各自需要在多样的空间中以多样的方式进行学习，即所有的实际空间都可以成为学生学习的空间。此外，利用信息技术开发的网络学习资源可以通过网络交流平台让学生实现跨班级、跨学校、跨地区甚至跨国度的在线协作学习和交流，从而拓宽学生的英语学习渠道，提升学习效果，强调课程资源的共创和共享，并为使用者反哺课程资源提供可能。

（五）资源的引导性与自主性特点

资源建设要区别教师主讲与学生自主学习的资源分类。鉴于目前已有的自主性学习资源在自主学习策略上的引导性不够，笔者建议，我们可以借鉴美国基础教育阶段通过文本细读精读（close reading）的方式使学生在阅读中得到思维和语言表达双重训练的做法。在最新的《美国共同教育大纲》（*Common Core State Standards*，又译为"共同核心标准"）要求下，在基础教育阶段（从幼儿园到12年级），每个孩子都要学习如何精读。具体来讲，就是要求孩子在阅读的时候，要学会提出问题，要研究文字和语言，要搞明白故事结构和逻辑，要能够分析人物，等等。这样做的目的就在于引导孩子们有方法、有目的地从阅读中获取知识，锻炼自己的思辨能力，而不是囫囵吞枣、不求甚解。这样的精读实际上是一个把书"从薄读到厚"的过程，即促使学生从一本书出发，了解更多的相关背景，并加入自己的思考和探究。

（六）资源的区域性特点

鉴于大城市、中小城市、农村和偏远山区之间巨大的地域性差异，自上而下的课程资源建设方式显然行不通，我们应该鼓励自下而上的资源建设。首先，积极发挥各地区教师和教研员的作用，筛选一批当地优秀的教师和经验丰富的教研员共同建设该地区的课程资源，这是因为他们对当地的学情有基本共识、对当地的课程能够理解深刻、对课程需要的素材和学生预期的掌握程度都非常熟悉。其次，为了更好地帮助农村和偏远山区课程资源建设的发展，我们还可以考虑启动一些教育优势城市或区域带动和扶持教育劣势地区的项目。

（七）资源的可持续性特点

自从王初明[1]将"续"的理念引入二语教学，姜琳和涂孟玮[2]、王初明、许琪[3]等进行的一系列实证研究都证明了"续"的促学效应。笔者认为，"续"的促学理念同样适用于基础教育阶段的英语课程建设。在课程建设中包含"续"的语言学习任务更加容易唤起学习者表达思想的内生动力，大大激发他们的可持续学习兴趣。

---

[1] 王初明.应用心理语言学 外语学习心理研究[M].长沙：湖南教育出版社，1990.
[2] 姜琳，涂孟玮.读后续写对二语词汇学习的作用研究[J].现代外语，2016(6)：819-829，874.
[3] 许琪.读后续译的协同效应及促学效果[J].现代外语，2016，（第6期）：830-841，874.

（八）资源的系统性特点

尽管上文探讨资源建设要具有分主题、分层次、分区域和分模块等特点，但系统性是课程资源建设永恒的主题。尤其要注重小学、初中、高中分学段的课程构建理念，即循序渐进、打好基础、一脉相承、注重衔接。

（九）要注重人的资源建设

根据《课程标准》，课程资源包括人的资源，如学生资源、教师资源和家长资源。其中，教师是最重要的课程资源，教师优质的专业化水平能带动其他课程资源的建设和发展。而且，课程资源的利用效果也会在很大程度上受教师专业化水平和教师投入度的影响。因此，教师队伍建设始终是课程资源建设过程中最具有决定性意义的环节。另外，要强化校本课程资源以及"学"端课程资源的建设，充分发挥各地区、学校、教师、学生乃至家长在课程资源建设过程中的主体作用。

课程资源建设是一项系统工程，不仅要处理好课程内部各要素之间的关系，还要注意与课程外部相关要素的协同发展。因此我们不能孤立地看待课程资源建设问题，而是应该把它纳入整个课程改革计划，并确保得到政策上的支持。最后，笔者呼吁，一定要加强课程资源建设的理论研究，强调课程资源共创、共享，并为使用者反哺课程资源提供可能；同时，要在理论指导下进行大量实证研究，以实现各学段之间课程资源的系统衔接和深度整合。

第六章　大数据时代中高校英语教学

第一节　大数据时代中高校英语教学改革

现阶段人类社会迎来了大数据时代，教育大数据的到来给我国高校英语教学造成了很大的冲击和影响，与此同时也给高校的英语教学带来了一定的机遇，因此高校英语教学应该顺应时代的发展，积极探索改革路径。教师可就大数据时代高校英语教学改革进行探析，先介绍大数据时代的特点，阐述教育大数据对高校英语教学的影响，然后提出大数据时代高校英语教学改革的有效途径。

近年来我国的信息技术快速发展，互联网已经渗透各行各业，人们的生活、学习和工作已经离不开互联网，而互联网、物联网和社交网络的介入让数据的增长速度越来越快，大数据时代已经完全到来。在大数据时代，人们的生活、文化和经济都受到了巨大的影响，充分挖掘和利用大数据是当前人们关注的热点问题。教育行业也是一样，在大数据时代背景下，教育行业也面临着改革。

随着信息产业和互联网的不断发展，各种数据的增长速度越来越快，人们的生活被各种数据充斥，海量的数据被充分挖掘和利用以促进各行各业的发展，其成了大数据时代的要素之一。在大数据时代背景下，人们的思维方式和生活方式都发生了巨大的转变。大数据时代表现出其独有的特征，其具有更大的数据容量、更多的数据种类，并且数据的生成速度更加快速，往往在一瞬间就生成了大量的数据。大数据时代的数据价值密度更加分散，正是由于数据太过庞大，而其中具有重要价值数据所占的比例比较小，这使人们对有价值的大数据的挖掘和利用的难度增加了。除此之外，大数据时代下，大数据的呈现方式更为可视化，人们可以通过直观的方式来观看和掌握大数据的变化。大数据时代的这些特征改变了人们的生活方式和思维方式。大数据时代的数据非常庞大和繁多，海量数据总体的特性要比离散的特性更大，并且各种数据混杂，人们要想掌握事物的总体发展趋势，就要接受混杂的数据信息，而非一味追求精确。在大数据时代，海量的数据在流通，人们更容易获取各种数据，而这就为高校的英语教学提供了新的平台。在大数据时代，高校应该正确使用这一平台来促进英语教学的改革。

一、教育大数据对高校英语教学的影响

教育大数据对高校的英语教学造成了强烈的冲击，成为高校英语教学改革的重要力量。从以往的高校英语教学来看，人们常常通过专家评判来判断一堂英语课的质量，从教师的课堂环节设计是否合理、各个环节之间的关联是否有逻辑性、教学活动的设计与教学目标是否契合、课堂上提出的问题是否有效等方面来评判一堂英语课是否成功。这种评判方式虽然看起来非常合理和科学，但是缺乏对学生上课体验和感受的重视，一般是由专家结合自己的经验来对学生的体验进行假想，总的来说忽视了学生的情感体验，而学生才是课堂的主体。要想真正了解学生的听课效果，还需要采用可靠的数据和技术来进行分析和评判。在大数据时代，专家的评课被取代了，以实实在在的数据对每一节课的质量进行了分析。教师的每一堂课和学生的听课都会生成相关的数据。而这些数据的分析，既显示了解教师的授课水平，也显示把握学生的听课效果，进而显示了学生对课程的喜欢程度。大数据让学生的听课感受得到显现和量化，能够更加清晰地分析学生的课堂需求和对课程的学习态度，然后从学生的实际需求出发来对教学方式进行改革和创新，以取得更有效的教学效果。

二、大数据时代高校英语教学的改革途径

（一）将课上数据与课下数据相融合来革新教学理念

在大数据时代，要想对高校的英语教学进行改革，首要的任务就是将课上的数据与课下的数据有效融合来对英语教学的教学理念和教学思维进行革新。在现阶段，大数据充斥着整个教育领域，课堂上教师的行为和语言，以及学生的动态行为等都可以转化为数据，而这些数据都可以被利用起来，为教学改革提供参考。但是，教师仅仅依靠课堂上学生的行为和语言往往难以准确且全面地分析学生的成绩以及其对英语课程的态度。除此之外，教师还要充分利用课下数据，为学生日常活动提供数据的分析。例如，可以搜集学生访问网络的数据分布来分析学生在线学习的行为，包括学生在课后是否会访问英语相关的学习网站、一般访问哪种类型的学习网站、在学习网站上停留的时间等，进行"秒级"采集，并对相关的数据进行分析，同时实现课堂上和课后数据的采集分析，对学生进行多角度和多层面的评估，以此来帮助教师更全面、准确地了解学生的喜好，把握学生的英语学习态度、英语学习兴趣和英语学习风格等，为课堂教学活动的设计提供参考。

（二）实现教学资源的立体多元化转变

在传统的高校英语教学中，课堂教学内容主要以教材上的资源为主，教学资源比较单一，并且非常有限；英语教学倾向于各种机械训练，教师不注重学习资源输入的多样化。在这种教学模式下，学生的学习效果往往难以得到有效提升，学生的学习主动性受到打击，学生的英语应用能力也难以得到显著提升。而在大数据时代背景下，教师可以充分利用互

联网上的各种数据和资源来丰富英语学习资源,使学生的英语学习资源多样化,拓展学生的视野,让学生多学习课本以外的知识,能够有效激发学生的英语学习积极性,培养学生良好的英语学习兴趣。在大数据时代,教师可以将大数据库中的影音、数据和图像等学习资源灵活巧妙地融入英语教学中,通过多样化的学习资源呈现方式来吸引学生的注意力,激发学生的兴趣。总之,大数据技术让高校英语的教学资源更加丰富,学生不仅能够从教材中获得固定的资源,还能够利用互联网学习更多的英语国家的本土文化,并且可以通过视频、音频和图片等多种方式获取资源,促进高校英语教学与社会有效结合,以此来拓展学生的学习手段。

(三)实现多种教学模式的应用

在以往的高校英语教学中,教师一般采用传统教学模式来开展英语教学。教师在讲台上讲解相关的知识,学生在座位上听讲,这种教学模式存在多种弊端。在大数据时代出现了各种新的教学模式,包括翻转课堂、微课和慕课等。教师可以灵活地将多种教学模式应用到英语教学中,以此来改革英语教学模式,营造现代化的高校英语教学课堂。翻转课堂、微课和慕课是大数据变革教育的重要体现,这些教学平台可以通过海量的数据将学生集合在一个课堂上,促进师生之间以及学生之间的有效互动,同时也能够实现学生和机器人的互动。在大数据时代,高校英语教师应充分利用各种高效的技术手段和多种教学平台。从实际情况来看,教师使用大数据支持多媒体教学的英语教学模式占据了很大的比例。充分利用大数据开展英语教学能够吸引学生的注意力、激发学生的兴趣,让学生对更具有活力和更新鲜的大数据支持下的教学模式保持高涨的热情,这也是高校英语教学的重点内容。

高校英语教师应该学会利用各种教学工具和模式为自己的英语教学提供帮助。高校英语教学的目标只有一个,那就是要帮助学生熟练掌握英语这门语言。而要实现这个目标,教师就必须利用一切可以利用的资源和教学工具,目的只有一个,就是教会学生真正的英语。世界上最高的学问不是学问本身,而是使用学问的学问。教师要让学生充分认识到英语是一门实用性比较强的语言,只有在现实中经常使用,才能真正掌握这门语言。

(四)整合数据实现个性化教育

在大数据时代,高校英语教师可以整合相关大数据来实现对学生的个性化教育。在大数据时代的英语教学中,人们不再采用平均的标准来衡量每一个学生,教师也不能简单地应用平均水准来教学,而是应该关注个体,实现个性化教学。现有的高校英语教学中是以一个班级为单位来进行教学的,个体需要服从群体习惯,教师采用平均数来教学。而大数据技术能够帮助教师了解学生的更多、更准确的细节,将每一个学生的学习轨迹都记录下来,加强对每一个学生学习行为的分析,从而预测学生的学习难点,并针对个体提出对应的解决方案,这样就能够实现每一个学生的个性化学习,真正做到因材施教,确保每一个学生都能得到提升和进步。

每个学生都具备自己独特的地方,高校英语教师应该充分发挥学生的特长。之前由于技术的限制，高校英语教师不能很好地实施自己的个性化教育和教学。在大数据时代，教师完全可以利用大数据的优势，发掘每一个学生的优势和不足，根据每一个学生的具体情况制定相应的个性化档案，确保每一个学生都能在自己原有的基础上取得进步，而不是在课堂上浪费自己的时间，学习自己已经掌握的英语知识，那样的学习是没有效率可言的。

现阶段，人类社会已经迎来了大数据时代，教育大数据给高校英语教学带来了重大的影响，给高校英语教学改革提供了重要的途径。在大数据时代，英语教师应该充分挖掘并利用大数据，将课上数据与课下数据相融合，从而革新教学理念，并实现教学资源的立体多元化转变，不断丰富英语教学资源，将慕课、翻转课堂和微课等基于大数据支持的教学模式灵活应用到英语教学中，丰富教学模式和教学手段，提高教学质量。除此之外，教师还可以整合各种数据来实现对学生的个性化教育，真正做到因材施教。

第二节　大数据时代中高校英语翻转课堂教学模式

在大数据时代，信息技术迅猛发展，传统的教学模式被颠覆。通过互联网和精确化数据，课程改革和新技术不断寻求整合，产生了较好的教学效果。作为一种新兴的教学模式，大学英语翻转课堂教学具有独特的优势，同时在运用过程中也表现出了一些问题。本节基于大数据视角，阐述了大学英语翻转课堂的模式和特征，对比了翻转课堂模式融入高校英语教学的优缺点，以及线上网络学习资源现状和大学英语教师角色转变的问题，最后从学生、学校和教师三个角度探究了优化高校英语翻转课堂教学质量的对策和建议。

随着互联网的普及，智能化、数字化技术与教育深度融合，翻转课堂教学模式应运而生。作为一种新型的授课模式，翻转课堂教学模式在大学课堂教学中的应用广泛。传统高校英语教学存在着不同程度的通病，导致学生的学习积极性下降，往往费时低效，教学质量始终参差不齐，教学效果难以有重大进展和突破。在大数据时代背景下，翻转课堂符合时代特征和要求，教学资源更加丰富，分享机制日趋健全，尤其是在学校的大力支持下，以及在成熟互联网技术的保障下，能够充分赋予学生的学习自主权和探究权，凸显了双向性、民主性和交流性，带来了全新的教学体验，实现了知识的全面内化。

一、大数据时代中下高校英语教师转变角色的必要性

（一）现阶段高校英语教师的教学定位

目前，大多数高校英语教师拥有课堂的绝对主导权，以教师直接讲授为主，学生处于被动的地位。作为教材的跟从者和演示者，教师对网络技术应用不纯熟，按部就班地讲解课本，很少会为学生补充其感兴趣的内容。教师是课堂的主讲人，久而久之就成为知识的传输者和讲解者。学生在单调的语言环境中，难以身临其境地进入自己思考的空间，对待

差异化学情也无法实现量体裁衣。在课堂活动的组织过程中,部分教学甚至还在延续板书、录影机和幻灯片等有限的固化模式,不仅缺乏学习氛围,还会让学生产生抵触情绪,导致学生的记忆和学习效果自然差强人意。而在作业本和试卷的评价环节当中,传统的教师发布指令的方式,使得规划性和有效率都难以保证。

(二)翻转课堂下教师转变角色定位的紧迫性

高校英语教师的教学定位存在诸多不足,导致教师的主体性过强,主要体现专业知识和系统教育的灌输,学生个性化创造力的开发教育受到制约,统一模式的推进无法做到因材施教。同时教师偏重知识传授,程序性知识相对较少,创新意识与时代发展日渐脱离。此外,评价标准单一,依然延续应试教育的约束,导致学生实践能力严重不足。尤其是对新技术应用缺乏深度认知,新型教学模式不够普及,使得教育的定义被锁定,教学活动的开展没有考虑学生的需求以及就业。

二、大学英语翻转课堂模式

(一)翻转课堂的内涵与特点

众多学者对翻转课堂的诠释并不统一,主要源于表达方式和界定角度的不同。但从实质上来讲,翻转课堂的内涵和实施过程却趋于一致。一方面,学习知识到内化知识的流程依然是主旋律,无论如何创新,翻转的是结构而不是流程。在师生角色的转化过程中,教师向引导者身份转变,而学生的主体地位得到了很好的诠释,积极、主动的学习成为常态,师生在课堂上的交流和互动进一步深化。翻转课堂与微课等线上教育模式不同,学生吸收知识依然需要课堂上的交流和互动提供保障。

翻转课堂颠覆了传统教学模式,重新规划了课堂内外的时间。教师应遵循以学生为中心的原则,对学生的基础情况进行摸查,制作、开发和选择相应教学资源。学生以课前自主学习的方式开展交互式学习机制,形成个性化学习氛围,以网络信息平台为基础,依托课堂展示学习成果。教师可以有效利用现代信息技术的价值和优势辅助学生完成知识内化。师生角色和职能的转变,对于培养学生自主学习能力极为有利,这不仅符合语言教学的趋势和实际需求,而且学生的积极性将会大大提高。

(二)翻转课堂教学流程

翻转课堂教学模式的共性在于可以按照时间维度和空间维度进行划分。其中,前者包括课前和课中,或课下和课上,后者覆盖线上自学或面授方式。在颠覆传统的课堂教学氛围下,学生事先借助网络平台或移动终端的智能学习工具进行自主化学习,之后在课堂上教师根据学生集中出现的问题组织合理的教学方式开展协作化教学,同时兼顾答疑和成果展示,最后完成后续跟进的评价和反馈。其中学生自主学习的重要性不言而喻,需要学生具有很强的自律性。当然,教学资源要能够引起学生的兴趣和共鸣,充分考虑学生的需求,将学生作为整个课堂的中心。

三、翻转课堂教学应用于高校英语教学的机遇与挑战

（一）优势分析

翻转课堂教学模式的知识呈现方式更加新颖，利用微视频和微课件结合新知识资源，不仅更加灵活和个性化，而且精选或精心制作的课件可以有效激发学生的学习兴趣，同时使教师重复教学负担得到缓解。由于教学以学生为中心，因此形成了协作式课堂学习活动的新机制，潜移默化地提升了学生实践与创新能力，提供了更加充分的个性化学习创造力条件。基于翻转课堂教学模式的教学特点分析，知识的传授主要在课前实施，在相对自由的学习环境之下，既可以满足学生的个性化学习体验，还可以助力大学生自我调控能力的生成，而且学生可以同步咨询求助或搜索问题的难点。此外大学英语教师综合素质较高，信息技术应用能力也是出类拔萃，拥有良好的互联网信息技术、网络教学资源开发和快速接受新兴事物的能力。

（二）劣势分析

翻转课堂在我国高校应用和推广的时间并不长，尤其是在英语教学当中，大范围应用并未取得广泛的实践经验成果。这一方面源自教学视频的选择与制作具有不同程度的难点，需要高成本的支撑。而且授课对象是大学生群体，翻转课堂内容制作与教学的相关性较小，学生不认可简单的教学视频，高质量具有特色、实效的系统教学视频又要教师花费较长的时间和精力，还需要团队协作支持。另一方面，翻转课堂教学模式与高校的英语教学的兼容性依然有待进一步地研究和总结。英语学科属于文科类，考虑本学科知识的系统性和结构性，微视频的制作与其他理科类课程相比还存在一定的差距。设定翻转课堂的比重以及制作何种类型的微视频，都需要在借鉴过程中遵循翻转课堂本身的特点，不断尝试和改进。

（三）机遇与挑战

高等教育信息化是社会发展的必然趋势。一系列相关教育政策法规的出台，也表明了国家对教育领域应用互联网技术的重视和决心。解读《教育信息化十年发展规划（2011—2020年）》以及《国家中长期教育改革和发展规划纲要（2010—2020年）》可以得知，翻转课堂教学模式将会成为今后教学的主流应用形态。此外慕课教学兴起，大型开放式网络课程深入人心，学习者不仅可以使用海量的微视频和微课件，还可以随时随地进行自主式探究学习。

然而，受传统根深蒂固教育观念的制约，不仅仅是教师难以在短期内改变自身的角色定位，而且学生也不会完全适应离开教师主导的自主性学习方式。颠覆式的教学模式对大学生自主学习和调控能力提出了考验。面对无人监督以及互联网的种种诱惑因素，学生的学习效率难以保证。此外快速发展的大型开放式网络课程以及学习时间的重新分配都是影响学习效果的潜在因素。

四、基于大数据视角的高校英语翻转课堂教学模式的探究与建议

大数据时代赋予了翻转课堂线上教学新的生机,将其与传统课堂教学相结合,不仅能够集中采取针对性的交流和指导,还为学生创设了更多灵活自由的学习空间。随着高校英语教学改革的深入推进,翻转课堂教学将会得到更为优化的应用。根据大学英语翻转课堂教学的不同影响因素划分,可以从以下三个角度探究两者融合的最佳出路。

(一)学生层面

大学生应该明确自身主体角色,全力配合教师的教学行为,本着对自己负责任的态度,培养自我调控能力,积极主动参与课前的各种活动。在小组作业和讨论过程中,大学生应根据自己的实际情况,在自主学习知识内化阶段中,把握节奏,完成知识内化阶段的转化。在英语翻转课堂教学中,学生要树立主体意识,提高课堂参与度,进行自我知识建构,形成自主性知识探究的动机和热情。如果遇到问题,学生要及时大胆地向教师提出,还要不断汲取和建构积极的学习体验。在线上教学中,大学生要及时督促和管控自我,明确学习目标,培养良好的意志力,设计和执行科学合理的学习计划;并加强小组沟通和协作,拓展和延伸混合式教学模式,营造团结、互助和友爱的协作式学习氛围。

(二)学校层面

高校要为英语翻转课堂教学提供坚强的后盾,提供大量设备精良的现代化教学设备,同时引入多元化的资源平台,加强校园网络的流畅性。一方面,高校要特别注重重塑教育观念,打破传统教育观念的束缚,从学校指导层面引导教师更新教育观念,采取丰富多样的协作式课堂,以完善线上教学平台。目前,高校英语翻转课堂教学还处于起步阶段,很多平台还需要进一步开发和完善,为此要提升平台的可操作性和易用性,采取多种途径加强平台建设投资,完善平台的功能。另一方面,高校要确保快速且顺畅的网络功能,为学生增加互联网接入口的数量,继续提高校园网络宽带,为开展线上网络教学提供保障服务。

(三)教师层面

高校英语教师要在提升自身现代教育技术能力的基础上,加强对学生课前学习的掌控力度,在课前环节确保学生能够取得良好的学习效果。众所周知,课前学习效果对于英语翻转课堂具有不可替代性。为了保证课堂教学的有效性,教师需要列出课前任务单,督促学生对照评分标准及时完成。在参与混合式学习过程中,教师应该针对学生的心理投入和努力倾向,实施个性化的线下教学。在视频和课件制作环节,教师要根据学生现有的发展水平,设计科学合理的提问和任务布置,把握好题目的难易程度,使学生可以获得积极的自我效能感。与此同时,教师要继续提升现代教育技术能力,做好教学评价方式的完善工作,利用QQ和微信等社交工具对学生的情感和态度进行鼓励性评价,和谐的师生关系有助于取得更好的教学效果。

总之，随着大数据时代的到来，高等教育信息化已成为必然趋势。高校英语教学应该与时俱进，积极引入翻转课堂教学模式，明确自身主体角色，调整线上资源分值比重，完善网络学习硬件设备设置和课堂评价机制，增加与考试有关的练习题，激发学生参与课堂的积极性，有效监督指导学生进行自主学习，提升课堂学习支持工具软件功能。教师则应找准定位，提升翻转课堂教学驾驭和掌控能力，重视以人为本的理念，尊重学生的个性和认知，综合考虑各方面的因素，形成具有感染力、凝聚力的教学机制，避免课堂模式流于形式，强化线下课堂师生互动效果，有效弥补传统教学模式的不足，提高课堂教学效率与质量。

第三节 大数据时代中高校英语空间教学行为优化

在以网络空间教学平台为媒介的数字化教学中，教育技术不应成为实施数字化教学的壁垒，而应该为教师数字化教学和学生个性化学习提供良好、适宜的环境。教师的教学行为体现在教学资源的优化、教学过程的实施、教学处方的开设等方面。教学行为的优劣决定了差异化教学效果的好坏。教师的教学行为能够对学生的英语学习行为、记忆行为和表达行为产生显著影响。学生学习行为不断优化，使个性化学习成为可能；师生交互行为能够更好地促进教师教学行为和学生学习行为的优化，从而实现教师教学效果和学习者学习效果的提高。

随着网络教学的进一步运用，网络教学经历了"以技术为主的单向传播"1.0时代、"以教学论为主导的双向互动"2.0时代、"网络教学论为主导的全方位"3.0时代。随着大数据技术在教育领域的发展，线上教学即将进入"以数据分析为主导的立体化"4.0时代。在以数据分析、教学运用和"教学处方"开设等为载体的教学行为、学习行为和教学管理行为将发生各种变化。

一、教师教学行为：差异化教学的前提

英国学者维克托·迈尔-舍恩伯格在《大数据时代》一书中指出："大数据是人们在大规模数据的基础上可以做到的事情，而这些事情在小规模数据的基础上是无法完成的。"教师利用大数据分析结果，可以根据学生的个性化需求定制教学内容和进度，帮助教师找寻最高效的教学方式。具体落实在英语教学上，教师的教学行为包括教师的观测行为、设计行为、分析行为和评价行为。

（一）观测行为：相关关系的发现

教师在进行教学反思时，总是试图寻找学生英语学习没有取得进步的"原因"，这种反思往往关注的是事物个体特征，而大数据分析往往看到的是事物之间的相关关系。教师

对学生行为的"观测",并非在于关注"怎样学得最好",而应关注具体的学生的行为,以及这种学习行为与学习效果之间的关系。教师根据学生的各种学习行为特征将学生进行聚类,并根据学生的不同类别,跟踪他们在网络学习空间的行为,观测他们学习不同资源和具体知识点的顺序和效果,以及他们利用资源的时间点、访问资源的频次、学习的集中时间段、语音或词汇出错频次等数据,以便找寻学习行为与个性化学习效果之间的相关性,得出一些关联规则,并对学生的行为进行概率预测和分析。通过对实验班级学生大学英语课程学习行为的关注可以发现:英语学习者学习英语的有效程度与学习者的母语程度存在相关性;女大学生在英语学习中表现得更出色。只有教师在教学实践中更多地关注这些特点,根据不同学生的学习特点来上传不同的学习资源,分配不同的学习任务,学生才能根据自身的学习情况选择合适的资源进行有效学习。教师在教学中需要及时"观测"学生在课堂内外的表现,抓住学生的有效学习,并积极鼓励学生参与教学活动,根据学生的反馈程度进行教学设计的调整和教学方式的改变。教师只有在日常教学实践中不断观察、反思并实践,才能实现自身专业成长,帮助学生不断提升自主学习能力。

(二)设计行为:实施教学的核心

教学设计行为是教学理念的综合体现,是教师教学方法调整、教学反馈执行和课堂教学管理改变的集中体现,是实施有效教学的核心要素。何时上传何种教学资源,课堂教学如何展现,作业布置形式等需要教师进行精心设计。目前使用网络学习空间开展教学的部分教师还停留在海量数字资源上传的"初级阶段",教师的个人空间存在"僵尸资源",空间运用存在资源堆积、课程设计缺乏等问题。通过大数据分析,教师可以发现哪些资源没有被启用,哪些资源被学生访问的频次多,便于为教师后续资源推送提供参考。

教师教学实施中资源被运用的频率、教师"诊断"学生语音和场景会话中存在的"学习盲点"并开展有针对性的教学活动状况、教师批改作业的频次和及时性等状态数据在教学空间中留下的"轨迹",是教学管理者对教师评价的重要参考依据。教师通过平台后台数据可以观测学生的学习状态,从而为不同学生推送个性化学习资源、开设有针对性的学习处方。教师可以根据学生出错频次进行教学设计的改变。教师对空间的设计能力直接影响教学实施的效果。教师应对学生网络学习空间资源的数据信息进行整合和分析,了解学生的个性化成长轨迹,为后续资源建设和教学设计提供有针对性的建议。

(三)分析行为:预测规律的基础

一个人在看待整个世界以及世界中的所有事物时,要从物质事物转向交互作用,并把它看作一个收集和分析数据的平台。教师只有运用大数据思维来尽其所能测量、检测学生的学习行为,才能更好发现学生做什么才最为有效。教师只有成为学生成长过程的合作伙伴,找到学生与学习行为之间的连接点,才能更好地为学生推送有价值的学习资源。教师根据学生在课堂教学中的表现,并利用空间动态化数据分析教学实施和教学处方开设过程的可能性规律,能为如何为不同学生推送个性化学习资源、开设有针对性的学习处方提供参考。在实验班教学中，教师上传学习资源的时间能够影响资源被启用的程度。这是因为学生的学习时间与教师的空余时间不一致，导致教师上传的资源没有被及时启用。教师需要通过对这些显性数据进行分析来发现学生的学习动机，并对这些现象进行归纳分析，以找寻更有效的学习方式。

（四）评价行为：实施反馈的前提

空间学习活动"观看视频"时长、在线测试情况、参与互动频次等留下的学习行为痕迹是教师对学生学习过程评价的重要依据。教师对学生学习行为表现进行合理、客观评价是引导学生的课堂教学活动有序开展和学生开展自主学习的重要条件。网络空间学习的评价不仅关注学生的学习参与程度、专注程度，更关注学生在交互活动中参与的频次和效果。教师教学评价的结果和效果与评价标准的合理性和评价执行过程的客观性相关，因此评价过程不合理势必影响评价的结果。尤其是在小组协作完成作业时，如何界定小组成员合作的程度，如何根据小组成员的不同表现进行评价会直接影响小组协作的积极性和有效性。通过网络学习空间实施的评价更能做到"用数据说话"。教师教学评价对学习效果呈正相关，起引导、激励、监督作用。研究表明，评价结果的使用会直接对教师的课堂教学行为产生积极或者消极的影响。

二、学习者学习行为：个性化学习的体现

不同类型的学生学习不同资源和知识点的顺序和效果不同，教师通过学生在空间留下的"痕迹"，可以分析出学生掌握利用资源的时间点、访问资源的频次、学习的集中时间段、语音或词汇出错频次等，通过这些数据可以得出学生个性化成长的轨迹，为教师后续资源建设和教学设计提供建议。

（一）倾听行为

与传统教学模式相比，网络空间教学能实现全面记录、跟踪不同类型学生的学习需求和听力训练的情况。教师可以根据学生的已有学习基础和所在空间学习行为，了解学生动态化的学习轨迹。通过可视化的数据分析，教师可以得知学生在听力训练中匹配答题情况和答题过程，从而在以后的教学设计中进行具有针对性地强化训练。在课堂听力教学中，教师与学生之间的互动程序为听力材料播放—听力材料理解—听力练习答案核对。不同层次学生的听力水平与听力需求差异较大，很难达到个性化匹配。利用大数据与自然语言算法将搜索数据与个性化需求相匹配，基于大数据的个性化自适应在线学习分析模型及实现，从而能够发现原本隐藏的学习行为信息。教师运用这些行为的相关数据实施预测或干预，并将其用于教学评价和反馈，有利于学生的听力水平的提高。

（二）阅读行为

在空间阅读教学设计中，"课前学习—解决问题—课堂互动—课后作业与检测"一系列的教学行为活动形成了"催生疑问—解决疑问—应用知识"的学习过程链。大数据分析

通过学生完成阅读任务的先后顺序来判断学生对文本材料的理解程度，也可以对学生的阅读理解思维进行"跟踪记录"，发现学生的阅读习惯。在课堂教学中，教师需要对学生的阅读状态进行关注，观测学生的注意力是否集中，阅读理解的目标是否能够达成，课堂教学中的阅读任务完成状态与空间阅读作业完成状态是否匹配。学生获取主动获取阅读材料的主动性不高，而更愿意阅读教师上传的阅读资料，且更愿意阅读与应试相关的材料。大多数非英语专业的学生并没有坚持每天阅读的习惯，"打卡式"阅读学习任务单更能帮助学生培养良好的阅读习惯。教师可以通过大数据分析结果，找到学生阅读中的"共性问题"，并进行及时反馈。

（三）记忆行为

对于英语学习者而言，词汇的记忆成为影响其听力、阅读和写作的"障碍"。据研究发现，教师的基本语言知识与阅读教学能力相关，其中最突出的表现为：教师的词素意识最能预测其教学能力。英语学习与其他学科的学习一样，学习者不仅需要投入学习的时间，更需要投入的不断重复。教师在教学中运用信息化技术手段能够激发学生的兴趣，激励学生积极参与小组讨论活动，通过组间竞赛、小组截图贴图、小组展示、教师点拨等活动，构建多层次间的反复互动，强化学生对于知识的运用，帮助其深化记忆行为。在大数据时代，学生通过网络学习平台可以轻松获取常用词汇在全国大学英语四级和六级考试中的出现频次。一些学习软件还提供了词汇在句子中如何运用的小视频。在实践教学中可以发现：对于教师对词语使用频率做了统计，并详细汇报了词语使用频次数据的词汇，学生掌握得更牢固；对于教师提供了词汇学习小视频的词汇，学生学习兴趣更浓厚。因此，在教学中，教师可以充分利用这些数据，分析出学生感兴趣的学习内容和最有效的学习方式；在教学设计时，尽可能利用大数据技术，丰富大学英语课堂教学技巧，为学生营造良好的学习氛围，以提高学生对于英语学习的兴趣。

（四）表达行为

教师最大的教学智慧不在于展示自我表达能力，而在于唤醒学生运用语言知识进行自我表达的欲望。英语口语表达能力的提升在很大程度上依赖于学生课后自主学习的时长和效率。据研究发现，学生自主性时频率较低，在认知与情感方面的自主性较高，行为自主性最为欠缺，且学生之间的行为自主性情况的差别也最大。为强化学生英语口语表达能力，教师应更多关注学生在课堂教学中的参与状态：小组成员是否全员参与讨论，小组汇报是否在成员间轮流进行，小组汇报效果怎样，各小组表达中存在的个性和共性问题。在实践教学的小组活动中，经常进行展示汇报、积极进行质疑、主动发起讨论的学生口语表达能力的提高程度显著。口语表达能力强的学生更愿意积极、主动对小组成员或对其他小组表现进行评价，且其评价相对客观。积极参与留言讨论并及时完成空间学习任务的学生的书面表达能力更强。因此，教师应通过平台及时收集学生常见书写表达问题，在对这些"学习证据"分析归类后，在写作教学中进行反馈和强化。

三、师生交互行为：教学效果的彰显

学生与教师的互动行为体现在他们参与空间互动栏目的程度、参与互动交流的时间点和频次等方面。通过分析教师教学轨迹、学生学习轨迹、学生空间测试数据、学生活跃度、阅读量数据、听力训练数据等之间关联规则，能够发现，在教学过程中师生互动行为与学习者学习效果之间的相关性，从而帮助教师了解师生交流的最有效途径和时间段，为教学效果的提升提供参考。

（一）师生互动

正如世界著名教育家、哲学家保罗·弗莱雷（Paulo Freire）所言"真正的教育不是通过'A'for'B'也不是通过'A'about'B'，而是通过'A'with'B'。"师生互动是语言类教学的基本范式。空间教学使得师生互动更加便利，不受班级规模的影响。教师能根据学生个体实施互动交流。空间教学实现了课堂内外的"翻转"，其基本目的是满足学生个性化的学习需求，让学生得到个性化的教育。理想的翻转课堂实施的是真正的差异化教学。大数据能通过对师生互动交流的时间段、交流频次的结果进行分析，发现不同类型的学生自主学习的规律，发现学生自主学习的进度，更有助于基于个体的交流的形成。研究表明，在教学活动中构建愉悦的课堂氛围，能提升学生与课程、学生与教师之间的情感联系，实现良好的教学效果。师生之间应通过教学空间突破时空的限制，最大限度地调节学生的学习投入。大学生在"面对面"的课堂会由于羞于表达，再加上班级人数限制等问题，可能使得师生互动受限。而在线交流能突破时空的限制，最大限度地调节学生的学习投入，增加学生表达和师生互动的机会。教师可以根据学生在空间平台互动的"学习轨迹"和课堂教学中师生交往状态的大数据分析结果，找到学生自主学习和互动交流的规律，选择更合适的交流时间段，调控共同探讨交流的机会，这样能更大地提高师生互动交流的效率。在情景学习和协作学习活动中，师生互动效果更好。在师生互动程度高的班级，学生的进步程度更显著。与教师互动频次多，在小组活动中展示频次多的学生进度幅度更大。当师生互动停留在简单的"提问"和"答问"阶段时，学生思维的含量低，学生进步的空间较小。通过对大学英语课堂观察可以发现：师生间"讨论式互动"比"提问式"更能激发学生的兴趣；课前以空间互动为基础的班级在课堂讨论中学生更能积极参与；教师"开放型"提问比"封闭性"提问更能引导学生积极思考。师生互动应集中于"线下课堂"中出现的关键问题，并构建深入讨论的情境，开展师生间的多向互动，从而实现有效互动。

（二）生生互动

空间教学的开放性和互动性，使得生生之间的交流时间和空间更加灵活，课堂教学活动得以延伸，学生可以对在课堂上没有理解的内容进行深入交流。在课堂教学中，学生与教师的互动积极性较差，他们更愿意选择"线上"交流方式。空间教学平台为生生之间的互动提供便利，使那些遇到问题不愿意主动求助于教师的学生提供了更多的交流机会。可以说，空间教学使"你问我答，有问必答"成为可能，在真正意义上使得个性化教学和异步教学在空间教学平台得以彰显。通过对"留言板"和"讨论区"中自动文本进行分析，教师可以根据关键词的出现次数来确定学生类别，并人工编码。教师还可以根据大数据分析结果，提炼教学重点和难点，在课堂教学中进一步强化。通过实验班的教学实践可以发现：由学生主导的提问，生生之间的讨论较为热烈，学生参与的程度较高。在"作业布置"环节中，生生讨论程度高的问题就是学生感兴趣的话题或者是教学中的重点和难点问题。同伴之间的交往程度高，学生的学习进度程度就会更高。在网络空间教学这个大系统中，同伴、教师、学习资源各要素需要相互协作，才能发挥其最大效能。

（三）师师互动

大数据下的"合作性"学习可以是"师生"组合、"生生"组合、甚至可以是"师师"组合。教师通过网络学习空间可以共享"云资源库"的教学资源，并通过"教研苑"、"我的教研室"进行教学问题研讨。教师之间的互动除了教学经验分享、情感交流等"显性"互动交流外，还包括教学理念、教学方式的相互影响等"隐性"互动。教师通过"师师"互动能强化教学反思，构建自己的教学观，形成个人教学风格。"师师"个体互动受"群体互动"环境的影响，能促进个体专业发展和群体凝聚力。网络空间学习平台为教师的"师师"互动突破了过去教研室面对面讨论的局限，可以跨院校间研讨交流。"师师"互动的优化是教师自律文化形成的关键，是教师构建"专业学习共同体"的必然趋势，是教师专业成长和教学风格形成的一种"存在方式"。目前，在网络空间平台上，"师师"之间的互动需要突破"日常"教师之间"显性互动"，而需要构建教师互动共同体，教师之间要开展更深入的关于教学理念的变化、情感态度的体验等"隐性互动"。教师之间的行为互动要逐步转化为心灵的互动，从而达成教师间的理性交往。网络空间互动能使两人的互动转化为多人的互动，引发更多人的思考、质疑和碰撞，呈现多角度的交互性。大数据时代的教学设计可以集教师集体的智慧实行"众筹教学"，让教师间的"教学设计、教学过程、教学反思和教学反馈"在不断交流和碰撞中得以最大限度地优化。

四、高校英语网络空间教学行为优化策略

教师通过对学生的多维信息坐标体系的观测，能够实现"教学资源的精准匹配—个性化教学设计—差异化教学处方—有教学行为痕迹的教学过程—动态化教学评价—针对性教学实施—客观性教学记录—新一轮教学设计"教学模式的良性循环。

（一）采取大数据思维进行精准教学设计

教师在教学过程的各种行为，包括何时提问，何时讲授，何时开展小组活动，何时创设情境等都直接影响学生的学习效果。而这些行为都需要教师进行精准化的教学设计。在信息化时代，空间教学过程的动态性和复杂性使得课堂教学的不确定因素增加，因此教师的教学设计不能遵循某一既定模式。有针对性的教学设计能使教学过程更生动有趣，学生

的创造性思维也能得到更好发挥。

教师可以通过教师和学生在空间的"活动数据"记载情况，实时掌握教师教学实施情况和学生学习情况，通过学生的反馈行为灵活调整教学计划，并在教学过程中根据班级的不同特点设计个性化内容。空间教学设计容易使课堂上出现除教学设计之外的"节外生枝"的问题。教师如果能捕捉或创造更多这样的机会，则学生参与程度和学习效能也能得到提高。大数据思维能帮助教师不仅看到"云空间"的庞大数据，而且还能对数据进行聚类分析，看到数据之间的相关性，并发现事物与事物之间的相关性。教师在小组活动设计环节中可以发现：在学习合作小组展示中，性格外向型组合更愿意以"情景剧"表演的方式呈现，性格内向型组合更愿意以"一问一答"的方式呈现，而英语基础薄弱的小组更愿意讲解单词和词组。因此，在下一轮教学设计中，教师能够尽可能照顾到不同组员的特点，鼓励小组成员间和小组间进行交流与合作，以帮助学生更全面锻炼各个方面的能力。教师只有做到以"数"为"据"，才能及时掌握学生的学习任务完成情况和后续教学的重点和难点，才能开展精准教学设计。

（二）利用大数据预测结果完善差异化教学过程

教学过程是师生心理活动的过程。空间教学加快了师生交互作用的进程，教师教学任务的设计可以通过学生空间"访问痕迹"和"留言痕迹"得到实时反馈。教师对教学知识点和教学进度的安排应以学生的"个人学习数据"为依据，要及时收集学生的学习知识"盲点"。教师可以通过回看、反复浏览学生数据来分析学生普遍存在的"疑难问题"，也能发现部分学生的"个性问题"，并对不同学生行为进行分析，预测学生学习规律。比如，教师通过发现不同学生上交作业的时间分析预测学生最有效的学习时间段，并根据他们的特点调整作业任务。教师可以根据小组作业贡献度排名来判断在小组协作中各成员情况，并根据成员在一段时间内的表现来分析并预测小组合作效果，根据情况适时调整小组合作的形式和作业呈现方式。教师利用大数据预测结果，能促使"教学设计—教学过程—教学反馈—新一轮教学设计"这一循环过程产生积极效应。教师根据学生对教学资源建设、互动讨论的参与程度，可以判断学生的学习进程和学习效果，从而在课堂教学中开展有针对性的教学。教师在实践教学过程中可以发现：英语学习基础差的学生更不愿意完成书面表达作业，在此类型的作业上花费的时间较少，更不愿意在课堂上主动提问，英语学习提高幅度更小。教师可以对这类任务完成情况不高的学生实施教学干预，有针对性地布置"啄木鸟"挑错任务等，让学生从自己常见表达错误入手，逐步改变学生英语表达习惯。

在教学的不同过程和阶段，学生的学习行为都会留下一系列的"个人小数据"，数据与数据之间相互联系并产生影响，形成该课程教学的"系列大数据"。课前采集的数据是课堂有效教学的基础；课中、课后采集的数据既是调整教学节奏、开展个性化辅导的依据，又是因材施教、推进分层教学的证据。以数据分析为基础的空间教学促发教师的教学从"经验主义"走向"数据主义"，将使课堂教学从关注"宏观群体"向关注"微观个体"的转变，让课堂教学发生在每个个体身上，使差异化教学成为可能。

（三）根据大数据反馈行为开设针对性学习处方

空间教学使得师生和师生之间的"庄严感"弱化，使学生在"寻找"和"探索"中获得更多探究知识的乐趣。学生在师生关系中逐步告别"聆听"，开始走向"质疑"；学生对于知识的态度，从"理解"转向"反思"；学生对于教学方式也从"适应"教师，转为对自我认知的"超越"。在学习方式上，学生的"体验"要比教师"经验"更加重要。在这种教师和学习者行为转变的背景下，教师对于个性化学习的指导，需要强化学生的发展性思维、反思性理解力和体验性认知等方面。教师根据学生空间的"浏览痕迹"可以得知学生对不同类型资源的浏览频次，了解学生对学习内容的喜好程度，从而及时推送、更新学习资源。教师通过课前学习资源被访问的时间、学生完成学习主题"lead-in"（导入）问题的时间和答题情况，可以得知学生对知识点掌握程度。在课中，教师可以根据学生"group-work"（工作小组）活动反馈出的问题进行强化训练，并进行及时测试，收集学习后的学生掌握情况。课后学习作业提交时间和答题情况等为下一模块的学习和讨论提供了训练素材。

例如，在实践教学中，教师发现某些班级的学生的课前自主学习完成情况较差，包括课前"lead-in"问题主观题完成人数不理想；课中"group-work"汇报人总是集中在少数人；课后作业完成中的错误"雷同率"较高。教师通过一段时间观察与课后交流发现，该班学生的英语学习基础薄弱，学生对于教师以"自主学习"为指导的翻转课堂方式很不适应。这些学习行为特征为教师下一步教学方式的改变提供了及时反馈。在教师积极引导下，学生英语学习学习习惯逐步改变。教师通过一学期"课前"—"课中"—"课后"一系列学习行为和学习习惯中可以找寻在不同学习任务中和在不同教学环节中学生的学习规律和特点，从而采取不同的教学方法，设置不同的教学任务，让学生养成良好自主学习习惯。

（四）实施大数据关照下的动态化教学测量

大数据之大，不仅仅意味着数据之多，还意味着每个数据都能在互联网上获得生命、产生智能、散发活力和光彩。大量的实时数据为课程评价和教师教学评价中"让数据说话"成为可能。对课堂教学中的所有数据进行统计分析，并实施及时反馈，能实现教学测量的过程化、动态化和精准化。大数据分析能直观呈现学生学习效果的轨迹，这种及时有效的反馈能帮助教师强化学习行为，激发学生自主学习的动机，为进一步教学实施提供参考。大数据时代的教学评价以数据为基础，呈现多元化和动态化等特征，然而教师不能过度依赖数据，将数据当作行动指南会导致学生的很多潜能因为没有"药引"而未被激发出来，大数据只是作为教师找寻学习行为和学习效果相关规律的一种技术手段。

每个教师根据学生行为特征采取的教学设计的调整和教学资源的更新，在空间所留下的"痕迹"构成了系列小数据，学生的参与程度和互动情况在空间所留下的状态数据也是大数据的一部分。因此，教师在进行教学测量时，需要关注数据的动态性，包括各协作小组整体表现发言积极程度的变化，小组成员参与程度的变化，学生学习能力和初始测试的变化幅度，学生作业的平均值等，而不是以一次测试成绩作为测量学生学习效果的依据。

面向未来的教育，不同于工业化时代"大规模批量生产"人才，而是要更加关注学生个性化学习能力的提升。基于大数据的学习行为分析能够及时记录学生的学习过程，根据学生的不同特征进行个性化学习资源推送，是未来英语教学改革的可能趋势，这既符合数字化时代的特征，又是未来可持续发展空间学习生态的重要标志。

第四节 大数据对高校英语教育教学的影响

随着世界经济一体化的到来、信息技术的高速发展，尤其是互联网及各类移动终端的普及把人类带入了几乎涵盖所有行业的一个大数据的时代。大数据时代的到来使高校英语教育模式发生了新的变革，无论是教学形式和学习行为，还是教学评价、教学理论、教学资源和教学评估等各方面都随着大数据的变化而做出相应的更新和改进。笔者结合实践教学活动，从大数据对现代英语教育的影响和运用进行了探索和研究，并提出了相关优化措施。

在大数据时代，高校英语教师面临新的挑战，传统英语教学模式受大数据的影响和冲击，已经逐渐转变和改进。数据的集中以物联网、数据库技术和云计算等综合技术的成熟为基础。数据是过程性和综合性的考虑，更能考量真实世界背后的逻辑关系。高校英语教师在大数据相关知识的整合、教师职能与角色的转变、学生主体个性化的发展与变化、新型教学设计、教学评价等方面面临巨大挑战。例如，当对一个学生的英语考试成绩进行研究时，可以依靠大数据进行分析，综合考虑这个学生的家庭背景、努力程度、学习态度和智力水平等数据，而这些数据正是学生所得分数的正面反映，教师可以根据数据给学生进行相应的教育和帮助。但是，教师要有相关的知识储备，还要有大数据整合能力。所以，教师要适应大数据时代高校英语教学改革的趋势，从而实现良好的教师职业发展。高校英语教师要加强大数据整合能力的培养，以适应个性化教学的需求、改进课堂教学模式和方法，进而切实提升学生的英语应用能力，提前做好自我准备，以便适应高校英语教学的一系列变化转型，参加相关培训和研修以提高自身教学的科研水平。

一、大数据时代教学方式的特征

传统教育模式是随着工业时代经济集中批量生产的模式产生的，其主要特征是有标准化模式：教学集中班级化、教材统一、教师的主体地位不可动摇、课堂有时间限制等，这些教学规定兴盛于工业化时代，并且为当时社会培养出了社会需要的人才。相比于这些特征，大数据教育模式更倾向于弹性学制、随时随地在线，以及多媒体教育、个性化辅导、多师同堂、家庭学习等。大数据与传统的数据相比，具有非结构化、分布式、数据量巨大、数据分析由专家层变化为用户层、大量采用可视化展现方法等特点，而现代网络环境中的高校教育更加个性化、开放化、数据化、人性化和平台化，教育除了是社会学科外，也将变成有数据论证的实证科学。互联网技术在教育中的应用越来越广泛，作用也在不断增多，与以往相比，在一定程度上减少了教师的工作量。但是，教师的比例并没有相应减少。这主要是由于大数据虽然在很大程度上促进了教育的发展，但新事物的产生总要经过反复的实践，必有其不足的一面，如出现了大量信息垃圾。学生如果分辨不清，随意应用反而会造成负面影响，因此需要更多的教师进行指导。但是，教师和学校的定义和内涵需要重新定位。目前，仅就知识传播而言，教育资源正处于平台开放、内容开放和校园开放的时代，这是前所未有的。

二、大数据时代的英语教学要进行的相关优化

（一）英语教师要引导学生形成互动、互助的学习状态

高校学生来自我国的各个地区，他们的生活习惯和学习观念会有很大区别，而且大部分学生在整个中学阶段，受各种学业压力的影响以及教师的教诲，形成了独立学习、对他人漠不关心的学习状态。这种学习状态适应于我国中学应试教育，节约了学习时间，但也造成在很多大学中，新学生很难融入集体的互助合作的活动中。学生在学习上很少进行互动和互助。造成大数据在英语教学中所发挥的作用大打折扣。所以，作为学生英语学习引导者的教师，要想更好地受益于大数据应用所带来的种种教育资源，就要利用现有资源调动学生的积极性，营造学生互动的氛围。教师要让学生理解在大数据时代进行合作互助的必要性乃至其深远的历史意义。相关教育活动能够使学生树立起合作互动的理念。教师应当以比较切实可行的学习活动，让学生在具体的学习中感受学习的意义。

（二）英语教材的应用要根据大数据进行相关调整

我国大学英语教材主要是根据教学大纲和实际需要，为师生教学应用而编选的材料。教材是教学的主要依据，是教学大纲的具体化，教学保障包括网络信息基础设施保障、教学物资条件保障和图书资料保障等，在很大程度上影响着教学质量。在大数据环境中，影响教学质量的主要因素为学习氛围、选用的教材、教学设施和教学服务保障。因此，在大数据环境中，教师除要为学生营造互助学习氛围外，还要依据实际需要进行教材方面的调整，适应学生学习要求，以提高教学质量。

三、大数据对高校英语教学的深远影响

随着知识经济时代到来，大数据在高校英语教学中的应用越来越广泛。两者的深度融合从根本上改变了我国传统的以课堂为主的灌输式教育模式，转变为更加开放、互动的教学模式。与此同时，世界经济一体化，科学技术飞速发展，促进了全球信息的高速传播，

信息逐步实现无缝整合和共享，教育资源信息也位列其中。尤其是近年来所开放的优秀教育资源正逐步被全球各地的学习者所同步共享。

（一）大数据对高校英语教学方式的影响

大数据时代下的英语教育着眼于长远发展，使英语学习者能够学以致用，使得英语教育的实用性大大增加，并且根据各种数据能够更加科学地进行英语教学活动和管理决策，为英语教育开启新思路创造了条件。一是大数据下的英语学习者可以不受时间和地点限制，利用大数据共享可以获取各自所需的英语资源，以及进行网络服务的多终端访问，能实现数据同步与英语知识的无缝迁移；二是能实现信息的全面交互，英语学习需要学生通过良好的人际交互以更好地理解和掌握语言能力，而利用大数据技术能够实现师生之间、学生之间随时随地的互相交流；三是可以通过大数据统计出学生的学习情况和家庭环境，了解学生课内外的学习轨迹，并形成具有研究价值的数据报告，供教师进行教学改进；四是能提高教学管理效率。

（二）大数据对英语教学评价的影响

大数据技术可以对教师的教学授课过程、学生的学习行为以及各种教学管理数据进行全面采集、集中存储、深入挖掘与分析，在兼顾学生英语学习能力评估的同时，也为教师的教学质量评估提供了全面、准确的分析结果。

四、大数据在英语教学中的运用

（一）大数据在英语远程教育中的应用

在全球经济一体化时代，各国经济贸易往来会更加频繁。英语作为最通用的国际语言，它的重要性不言而喻。尤其对于我国高素质人才来说，英语必将成为他们的日常生活和工作不可或缺的交流语言。信息化和网络化的教学方式可以更加便捷、更加高效地为学生提供英语学习机会，如大量在线课堂、在线英语学习资源应运而生，实现了人与人、人与机之间英语远程英语教育模式。

（二）大数据在英语课堂教育中的应用

学生是英语学习的主力军，主要学习场所是课堂。大数据在课堂教学中的有效应用，可以迅速地获取学生学习的相关状态和教师教学状态，并且通过大数据分析技术、采集技术的应用，分析其数据的成因，进而提出相应的教学对策，进行教学方法、学习行为和教学模式的改进，以提高学生的学习效果和实现教学目的。

（三）大数据在英语考试中的作用

大数据技术可以综合考察学生的英语水平，有助于教师安排更加科学、合理的考试内容。各个高校普遍建立了相应的大数据平台，英语教育也从中受益，例如，教师可以获取试卷的答题结果和班级成绩情况等数据，并且通过数据平台的采集技术和分析技术，详细了解学生的英语知识储备量与英语学习的疑难点,为今后试卷题目设置提供了有力的参考,使试题更加贴近学生的实际学习能力。

总之,大数据时代的到来为高校英语教学带来了新的教育机遇,虽然存在着一些问题和缺陷,但数据技术与英语教育深度融合,如果能够被合理应用并进行优化创新,发挥大数据平台的价值,必定会带动英语教学水平更上一层楼。

第五节 大数据时代中高校英语数字化教学的转型

1970年,阿尔文·托夫勒(Alvin Toffler)在《未来的冲击》中明确地提出了面向未来的教育是倾向小班化,多师同堂,在家上学,在线及多媒体教育,回到社区;要着重培养学生适应临时组织的能力,培养能做出重大判断的人,培养在新环境迂回前行的人,培养敏捷地在变化的现实中发现新关系的人。凯利(Kelly)预测,随着大数据时代来临,学校会更加多元化,未来的人工智能将诞生于由10亿台中央处理器组成的"全球脑系统",这个系统包含互联网及其附属设备——从扫描仪到卫星以及数十亿台个人电脑。

的确,网络媒体的发展已经引起高等教育的革命性变化:一是"大规模开放在线课程(Massive Open Online Courses)",即MOOC"(慕课)",正在冲击着全球教育;二是大数据(Big Data)理念在教育中的作用逐步得到了重视,初步形成学校教育、在线教育和实践应用延伸的三位一体的教学模式。教师也由原来的"教学主持者"变成了"教学参与者"。据统计,2012年,慕课平台纷呈竞现,哈佛大学和麻省理工学院创立的edX有49所大学加盟,包括清华大学和北京大学,设175门在线课程,100多万学生选修;斯坦福大学创立的Coursera有82所大学加盟,设386门在线课程,350万学生选修;斯坦福大学创立的Udacity(优达学城)设25门在线课程,40万用户;英国开发大学Future Learn加盟成员包括26所大学、大英博物馆、英国文化教育办会和大英图书馆;澳洲公开大学联盟开发设48门免费课程,课程分研究生、本科生和职业教育;德国学者在企业的资助下创建的Iversity平台设24门课程,10万用户;2013年10月清华大学的中文"慕课"平台——"学堂在线"设5门课程,10万人次选课。越来越多的在线课程表明大数据时代已经来临。

一、大数据时代中高校英语教学面临转型

大数据时代改变了人们的生活习惯,正在引领人们由读书时代迈向读屏时代。"大数据的'威力'强烈地冲击着教育系统,正在成为推动教育系统创新与变革的颠覆性力量。[1]"大规模开放在线课程的出现是当代教育发展的一大趋势。因为,当我们进入未来第三次浪潮的经济和社会时,我们将不再强调统一性,而是强调个性。正是在这样的背景下,2014

[1] 刘雍潜,杨现民. 大数据时代区域教育均衡发展新思路[J]. 电话教育研究,2014(5):11-14.

年，我国高校明确区分了研究型大学和应用型大学两大类别。从建构主义理论来看，由于个人的经验和信念不同，对外部世界的理解也有差异，语言学习者更加关注如何以原有的经验、心理结构和信念为基础来构建知识。建构主义的教学模式包含四个关键因素：教师、学生、任务和环境。其中的任何一个因素都不可能孤立于其他因素而存在，它们之间的交互是一个动态的、发展的过程。学生作为个人理解这些任务的意义和个人相关性；任务则成为教师与学生的连接界面。教师与学生之间要有互动。教师的行为反映了教师的价值观念，学生对教师的反应方式与他们的个人特征有关。教师、学生、任务三者处于一种动态的平衡之中。在整个教学过程中，教师更多地充当了"脚手架"的角色，学生则凭借由教师、同学以及他人提供的辅助物完成自己原本无法独立完成的任务。随着学生学习能力的逐步提升，学习的责任将逐渐转移到学生身上，最后完全由学生积极主动地展开学习，并通过学习建构出真正属于他们所理解、领悟、探索到的知识。教师要帮助学生穿越最近发展区，促进学生认知和社会性的发展。

基于此，高校英语课堂教学面临转型，即把学习的主动权交还给语言学习者，语言学习者可以高度自由地控制学习的方向、内容和进度，在各种生活场景和语言环境中漫游，却又没有来自真实世界的压力，在参与中获得愉悦，在愉悦中引起共鸣，在共鸣中获取语言能力，实现语言实际运用的目标。在现代教育技术发达的今天，大数据为学习者提供了便利，大学英语数字化教学课可以充分利用"慕课"、"多模太""翻转课堂"等形式，设计网络化在线学习模块，强调个性化自主学习。对于大学英语教学来说，这样做的优势是教学资源丰富，信息量倍增；有利于学生个性化自学潜能的发挥；师生互动增加，教与学不受时空限制；对学生学习成绩评价多元化；容易激发学生学习的积极性。

二、大数据时代中高校英语的数字化教学模式

高校英语课堂教学是应用型人才培养的重要环节。作为高校开设的一门公共必修课，英语在形势不断发展的情况下探索新的教学模式，充分利用大数据时代带来的便利，实现课堂教学与课外在线学习相结合。这一教学方法意义重大：①它能满足现代大学生的心理诉求，实现全方位、开放式课堂教学机制；②它能使大学英语教学跳出传统的一块黑板、一位教师、一间教室的教学模式，充分发挥视、听、说优势，融入真实语言环境，并为学生今后的发展做准备；③它可以作为高校提高外语教学综合水平的一个参照。就大环境来说，中国要真正走向世界，外语人才的培养至关重要，如果没有高水平的专门知识又精通外语的专门人才是无法实现"走出去"和"引进来"的战略目标的。从小环境看，高校担负着培养人才、服务地方、振兴国内经济的重担，未来人才的素质将直接关系到国家的创新体制建设。因此，从高等教育国际化的战略高度来看，基于慕课平台的大学联盟为我国的高等教育提供了与国际一流大学真正对话的机会。但是，这些在线课程的教学语言几乎是英语，因此没有英语基础的支撑，即使有了全球优质教学资源，我国的大学生也可能会

面临语言上的障碍。而未来我国的高等教育都将侧重于学生对所学知识的实际应用,他们需要了解大量与专业相关的知识,这就决定了他们对外文信息要有准确的掌握。大学英语数字化教学模式开辟了非英语专业学生的第二条获取专业知识的通道——在线自主学习,同时也体现出英语学科的人文性和工具性特点。

(一)在大数据时代,大学英语数字化教学模块的设置

传统的高校英语课只是为学语言而教语言,不仅费时低效,而且忽略了英语的人文性和工具性特点。在大数据时代,教学资源可以得到充分整合,数字化教学让英语课堂变成"语言能力+专业素养课",能够使学生感受和体验英语,而不再是被动地学习英语。高校可以结合自身优势,利用多层次、多模块的在线教学平台为学生创设真实语言环境,还可以通过加入大学联盟获取更多的在线课程,满足不同层次学生学习英语的诉求。平台的模块设置应体现行业特征,并融入人文素质和思辨能力的教育,如基础英语视、听、说模块,通用学术英语读写模块,职场和行业英语模块,文学欣赏模块,文化和科学伦理模块等。

(二)在大数据时代,高校英语数字化立体教材的开发

就目前的大学英语教材来看,以"书本+光盘"形式出现的教材居多,这难以满足数字化教学平台的要求。因此,创建立体化教材,以文字、录音、多媒体课件、电子教案、电子档案袋(e-portfolio)、网络课件、学生自主学习系统、资源库和测试库、专业网站等形式来支撑大学英语课堂教学已是必然趋势,有利于"创建真实的语境或场景,为学生提供'有意义交际'和实践的机会",[①] 从不同的视角为学生营造一个比较和分析的空间,充分发挥教师与学生、学生与学生、学生与课间等人际和非人际的互动作用。

(三)在大数据时代,高校英语的教、学、考、管集成

高校英语数字化教学因其理念的革新,教学资源的网络化、数字化、信息化,教学方式更具人性化、个性化的特点,无论是构建语言教学的生态环境,还是营造语言教学人文环境,都对教学管理、教学评价的科学性提出了更高的要求。考试不再以传统方式进行,而是采用网络无纸化考试;评价采取多元评价,形成性与终结性相结合,采用综合和集成的方法;统筹考虑教师、学生和教学管理者三个不同层面的相关因素,将三方的观念更新、课程体系优化、教学方法和学习方法创新、服务和管理效能提高等相关要素纳入课程改革的总体规划。

三、高校英语数字化教学的预期目标

(一)交互性

长期以来,我国高校英语教学在教学理念、教学模式、课程体系、教学方法和教学测评方面存在不尽人意之处,导致非英语专业学生的英语综合应用能力不强,教学模式相对

---

① 刘援.体验式外语教学理论与实践[M].北京:高等教育出版社,2012.

单一，教学方法和教学手段相对陈旧，学生的学习动力缺乏，学生的自主学习意识和能力不强，在文化传承和人文精神培养方面比较乏力，教师积极性不高，学生对英语学习缺乏兴趣等。而通过数字教学平台，师生间的互动加强了，学生可以不断向教师提问，教师为了解答学生不得不更新知识和提高水平，达到师生间的交互成长。

（二）体验性

依据高校英语教学改革，我国社会经济迅猛发展对高校英语教学提出需要培养具有很强国际竞争能力人才的要求，高校英语数字化教学定位于加强实用性英语教学，以培养学生的英语综合应用能力为目标，特别突出和加强了听、说能力和交流能力的训练和培养。通过教师下达任务，学生担当角色，立足校本经验，开辟网上专家空中课堂，在纯英文环境中让学生体验语言的魅力和完成任务后的快感，让学生达到轻松学英语的效果。

（三）建构性

数字化教学模式强调学生积极参与并自主管理自己的学习过程，是一种新型教学模式。这将不仅是一个教育目标，也是一种教学理念，还是一种学习策略。因为学习者自主学习是现代教育心理学尤其是人本主义、认知主义、社会建构主义学习理论的要求。而语言学习过程必须重视人的感情因素，学生要在教师的指导和帮助下参与甚至决定整个教学过程。知识的获得主要是依靠学生自己，教师只是组织者、指导者、帮助者和促进者，学习环境（自主学习中心）和社会互动（合作学习）是两个重要环节。可以说，通过在线学习平台，学生将既获得知识，又参与实践，两者相辅相成。

第六节　大数据时代中英语教学的微传播

在大数据时代，为了适应新形势，高校应加强英语自主学习平台建设；教师要更新教学理念，从知识的传授者转变为学生学习的指导者和帮助者，同时不断提升信息处理能力，充分利用互联网交互平台开展教学。

自2012年以来，越来越多的行业开始意识到数据和信息的重要性，"大数据"成了十分流行的关键词，人们用它来描述和定义信息爆炸时代产生的海量数据。2014年，在全国高校外语教师发展论坛上，杨永林教授作了《"慕课"时代大数据在外语教育与研究中的应用——以TRP平台为例》的报告，分析了大数据理念在英语教学中的作用。目前，传统的英语教学方式已很难激发学生的兴趣，也很难保证课程教学效果。在大数据时代，数据流和信息形态都发生了重大变化，信息共享、交换和数据处理变得更加便捷，这为学生提供了良好的自主学习条件，使得课堂和教师不再是学生获取知识的唯一途径，这对教师的教学方式也产生了重要影响。大数据的发展不但促进了学生学习方法的改变，也促使教师主动改变课堂教学方式，使教学方式更加多样化。

一、大数据时代中英语教学的变化

信息化已经成为社会各个领域发展的特征之一。英语学习也不例外,大量英语学习工具、平台和管理系统应运而生。这些英语学习工具、平台和系统能够根据大数据分析的结果预判学生的需求,找到学生在学习过程中存在的问题,从而有针对性地帮助学生实现英语学习的预期目标。例如,品种多样的语料库系统、在线搜索引擎等能为英语写作提供词汇用法等方面的帮助,有利于学生解决写作过程中的语法问题,不断提升写作能力和语言运用能力。

随着互联网技术和现代教育技术的不断发展,学生学习数据的收集也越来越简单,虽然数据量越来越大,但数据的内容也呈现多样化特征,如通过数据挖掘能够了解学生的学习动机和学习行为,通过学习评价系统可获得学生在线学习效果方面的数据,等等。在当前的英语教学中,英语学习的具体化语境例证需求逐渐变大,而教师可以通过互联网共享资源下载多媒体教学所需要的课件和例证等,从而有效地提高教学效率。合理利用互联网数据资源开展多媒体教学和在线教学,能够激发学生自主化、个性化学习的积极性,有效提高学习效率。

在大数据时代,教师可把学生在学习过程中产生的数据(包括聊天、社交、游戏中的交互信息)收集起来,以便了解学生接受和掌握英语的程度、学习行为和学习习惯等,及时发现学生学习的误区,进而帮助学生找到适合自己的学习方式,同时有针对性地改进课堂教学。例如,在阅读教学中,教师可通过对所收集相关数据进行分析,了解学生英语阅读学习的习惯和方式,从而及时改进英语阅读教学计划,开展个性化英语教学,提高教学效果。

二、大数据时代中英语教学的微传播化

在大数据时代,现代智能软件能够为学生的学习行为提供实时帮助,信息技术能够为学生创建一个主动学习的情境,诱导学生学习的持续性,帮助学生形成科学的学习习惯和学习方法,也方便学生对学习效果进行科学、合理地评估和评价。同时,在大数据时代,英语教学具有微传播特征,具体反映在以下几方面:

(一)实时互动性

通过登录微博和微信等平台,教师可以随时布置课程练习和课后作业,学生可以随时接受教师布置的任务。在英语课程教学中,传统教学方式难以满足点对点教学的要求。例如,提升学生语言交流能力和应用能力的难度较大;教师难以判断学生群体的英语能力水平,课后作业难以批改,等等。在大数据背景下,教师可以借助等网络平台解决这些难题。另外,教师还可以利用大数据云存储技术,根据需要建立学生写作学习轨迹档案,以便捕捉学生在写作过程的每一个细节,形成发展性写作评价。

（二）迷你化

微传播的主要载体具有小巧便捷、易于携带、自主性强的优势。当前，各高校的无线网一般都能覆盖校园图书馆、食堂和宿舍等场所，学生通过手机等网络终端，可以在任意的时间和地点登录微博、微信等平台，获取英语学习信息，在很大程度上突破了英语学习的时间和空间限制。智能手机等迷你型移动终端的普及，为学生随时随地搜索资料、查单词、提交作业提供了便捷的途径，使学生的英语学习更加细节化和自主化。

（三）精简化

在无线网络高度覆盖、信息快速传播的当下，信息量的增加和信息传播速度的提高，使得人们在阅读过程中更加乐意用快捷的方式获取信息，在一定程度上改变了阅读方式和阅读习惯。同时，为了加快信息传播速度，网络信息更加精简化，由此催生了微博、微信平台上的"微言微语"。这反映在英语方面，精练的短句和小段落更加具有吸引力。在微传播背景下，学生更乐意接受内容新颖、简短、有重点的信息，以便充分利用零散的时间。因此，微博和微信平台上的英语学习信息通常是几句话、几张图片或一小段视频（如微电影）。简洁明了，具有即时性、视觉性和互动性等特征的微信息，更容易获得学生的注意和引起学生的兴趣。

三、大数据时代中英语教学的创新策略

在大数据时代，微课、慕课和翻转课堂等教学方式在全球风靡。在新形势下，教师在英语教学中要不断创新教学手段和教学方法，充分利用互联网交互平台开展教学，促使学生快速提高学习成绩。具体来讲，应从以下几方面创新和改进教学：

（一）建设自主学习平台，促进学生自主学习

在大数据时代，英语教学不再局限于课堂上教师的讲解，提升学生综合运用英语的能力和自主学习能力成为英语课程教学的主要目标。为了适应新形势，高校应加强英语自主学习平台建设。英语自主学习平台应包括课程学习系统、听力测试系统、口语训练系统和师生交互系统等，这些系统不但要有相应的学习资源供学生根据自己的兴趣和需求自由地选择，还应具有测试功能和测试成绩记录功能。这样，借助自主学习平台，学生可以将学习计划上传至平台上征求教师的意见，以提高学习效率；可以实现知识学习和资料查询，及时检测自己的学习效果，并通过检测结果明确自己的努力方向；可以自由支配听、说、读、写的练习时间，充分利用系统提供的丰富的课外资源开展个性化学习。借助自主学习平台，教师可以向学生推荐学习网站和常用学习软件，了解和掌握学生的学习情况，分析学生的学习行为，及时指出学生学习方法和学习态度等方面的不足。

（二）更新教学理念，注重激发学生的学习兴趣

在传统的英语教学中，由于教学班人数多，更改语音、批改作文等往往耗费了教师大

量的精力，且难以取得良好的效果。在当前的大数据时代，这些问题迎刃而解。例如，以往学生记单词依靠单纯地背单词书，而在大数据背景下，学生借助手机应用软件可以有效提高记忆单词的效率。很多在线工具将背单词与闯关类小游戏联系在一起，真正做到了寓教于乐，因此吸引了众多学生的眼球。再如，很多网站都建立了英语语音和英语在线翻译系统，甚至在线英语作文批改也成为现实，这为教师的教学和学生的学习提供了极大的便利。公共英语学习网站和学校的英语自主学习平台大多都能为学生的英语作文提供修改意见，使得学生可以通过不断地修改获得满意的成绩。这种作文批改和反馈形式的改变，可以让学生和教师从书本中解脱出来，也使教师和学生充分领略了大数据的魅力。可见，在当前的英语教学中，教师必须及时改变教学方式，积极应用新的软件和工具平台开展教学，否则，将难以激发学生的学习兴趣，更难以充分提高教学效果。借助软件和工具平台开展英语教学，要求教师从知识的传授者转变为学生学习的指导者和帮助者，积极与学生开展在线交流，及时解决学生遇到的疑难问题。

（三）更新知识，提升信息处理能力

信息技术的快速更新换代，为英语教学提供了大量的平台和工具，而互联网上的平台和工具各具特色，功能也不尽相同，有的甚至已经被技术的发展所淘汰。教师应在不断更新知识的基础上，全面了解各在线平台和工具的优势和不足，从而为学生提供科学、合理的参考意见，否则可能会误导学生。英语教师在了解信息技术特点的基础上，只有懂得教学规律，才能提高教学效率。例如，在我国传统的教学评价体系中，过程评价和多元化评价是最薄弱的一个环节，而在线英语自主学习平台的测试功能和测试成绩记录功能，不但能够激发学生在线学习的积极性，还能够为英语课程的过程评价提供数据支持。当然，这要求英语教师十分熟悉英语自主学习平台的功能和操作方法。

第七章 高校英语教学中学生能力的培养

第一节 高校英语教学中学生文学思维与人文精神的培养

随着国家教育部"高等学校教学质量和教学改革工程"的正式启动，高校英语教学改革也正式启动。发表于不同级别刊物的有关高校英语教学改革的文章如同雨后春笋般扎根于高校英语教改这片土壤。从课程体系改革到课堂教学模式改革，从课程的实践教学体系改革再到课程教学考核与评估方面的改革，越来越多的文章旨在努力挖掘出提高高校英语教学质量的真正有效方法。国内多种外语核心期刊所发表的高校英语教学改革实证研究论文的统计和文献研究结果表明：以学生、教学方法和模式为主题的论文数量最多，一直是研究重点，以学生为主体的文章比例一直位列第一。由此不难看出，"以学生为中心"是目前高校英语教学改革的大趋势。

一、全球化背景下"应用型"人才的定位

2007年版官方认定的《高校英语课程教学要求》中确定的教学目标是：培养学生的英语综合应用能力，特别是听说能力，使他们在今后学习、工作和社会交往中能用英语有效地进行交际，同时增强其自主学习能力，提高综合文化素养，以适应我国社会发展和国际交流的需要。

二、文学素养培养的必要性

郭英剑教授在其《全球化语境下的文学研究》一书中曾感叹：在中国…，文学教学更是以非同寻常的速度在发生着巨变。简言之，文学教学已经彻底滑入到语言教学的范围之中去了，也就是说，文学教学仅成了语言教学和学生学习语言的一部分…。但郭英剑教授依然坚信：文学研究，在当今全球化的情境下，依然是有价值的。

对于高校非英语专业的学生来说，在课时数有限的前提下，对文学作品的学习必然是有限的，然而在有限的学习时间内也应注重对学生思维的培养，培养学生具备在全球化环境中学习、工作的能力，以及参与国际交流和竞争的能力。

（一）文学思维培养——创新的起点

束定芳教授在谈及高校英语教学的目的时说道：高校英语教学应该为培养创新型人才服务。而笔者认为，文学的教学可以通过对学生思维的培养，肩负起培养学生具有创新理念的责任。思维之花的绽放便是创新之实的开始。

思考能力的培养落实到文学课堂教学中，就是教会学生以作品自身的主题内容为依托，进行复杂、深入和富有想象力的思考。这与许多教师的共识：教会学生"批判性思维"（Critical Thinking）其实是不矛盾的。碧迪·马丁（Biddy Martin）说，我们必须让学生看到所有的问题都是开放性的，要让他们相信，意义、价值并非在一个地方，既不在作者的意图或是潜意识的动机那里，也不在文本的语境之中，既不在一种特殊的理论原则那里，也不在批评家或是教师那里。是的，文学文本所涉及的话题都是复杂的、深刻的和带有思想性的，很难找到一个唯一的所谓正确的答案，而正是这样的话题或问题，又值得我们永远地探索下去。也正是这样，文学的学习为学生提供了一片广阔的土地任他们的思想自由驰骋。每找到一个问题的新突破点、新角度，就是新的思考的开始，也是批判性思考的第一步，更是离创新近了一步[①]。

文学的教学不是旨在教授学生多少文学经典，也不仅仅是引导学生去领略文学语言的魅力，更不仅仅是引领学生体悟文学作品中蕴含的民族文化，而是带领学生成为一个通过阅读能够独立思考的人。这种思考也许会使学生对于伟大剧作家莎士比亚的经典之作《哈姆雷特》（*Hamlet*）中主人公哈姆雷特的经典台词：To be or not to be, that is a question. 不只简单地理解为：生存还是毁灭，杀还是不杀，这是一个值得思考的问题。哈姆雷特总是犹豫不决，思考的自身就是一个值得学生思考的问题，对于此问题的思考不仅会提升此文学作品的艺术高度，也会拓展和提升学生的思维能力，使学生成为会思考的人。关于美国作家霍桑的《红字》（*The Scarlet Letter A*）中女主人公海斯特衣服上的大写字母"A"的理解也不应仅仅拘泥于"Adultery"（通奸）、"Able"（有能力的）、"Angel"（天使），还有可能寓意"Abandonment"（抛弃），也有可能是"Aplomb"（镇定）。对于文学而言，思想就是一切。教师要认识到文学的复杂思想，在教学过程中，教授学生超越最底层的 remembering（记住）和 understanding（理解），学会 applying（应用）、analyzing（分析）和 evaluating（评价），就是在 creating（创作）。而这种创造性思维的培养，又何尝不会成为学生今后参与社会竞争和国际竞争的有力法宝呢？

（二）文学思维培养——以人为本的整体发展

《高校英语课程教学要求》中指出：高校英语课程"兼有工具性与人文性"。这一科学的论断和教育观是具有前瞻性和现实意义的，因为"工具性与人文性统一的课程有利于为学生的终身发展奠定基础"。但是，何为人文性？《欧洲语言共同参考框架：学习、教学、评估》指出，学习外语是为了让本国人民"更好地理解其他国家人民的生活方式、思维形

[①] 赵周，李真，丘恩华. 提问力 [M]. 北京：电子工业出版社，2018.

式和文化传统","促进人们相互理解和宽容,尊重各自的民族特性和文化多样性"。教育部对此的理解是:高校英语教学应帮助学生树立世界眼光,拓展国际视野,理解西方文明、思维方式和生活习惯,以批判性眼光看待西方文化及核心价值,熟悉中外文化差异,培养跨文化交际能力,使其能"用英语有效地进行交际"。王守仁将高校英语课程的人文性内涵概括为:文化自觉。笔者不否认文化素养在高校英语教学过程中的重要性。在此基础上,就大学生现实成长和长远发展的两个角度考虑,笔者给予两点补充,这也正是文学思维培养对学生整体发展的积极影响。

首先,就大学生的长远发展而言,引导学生"学会独立地进行批判性思考是人文观的重要表现"。文学课堂为学生提供了一个阅读和思考的场所,为学生创造了一个学会个性化阅读和独立思考创新的机会。笔者认为,引导学生去思考,尊重学生的看法,倾听学生的见解,就是以人(学生)为本最核心的体现,同时也体现了课堂教学要"以学生为中心"的教学理念。知识容易教授,也容易习得,但更容易忘记,而所养成的思考习惯、方法和能力会伴随学生终身。学生学会学习、思考就等于具备了学习和工作的能力。

其次,就大学生现实的成长状况而言,以人为本的教育应该培养具有整体性人格的人。学生的身心健康发展是一切教育活动的最终目的和归宿。培根说:"知识就是力量。"巴鲁赫·德·斯宾诺莎(Baruch de spinoza)说:"知识就是道德。"高校英语课程教学的人文性应该继续强调关注人的全面发展,引导学生逐步形成正确的世界观、价值观和人生观。梅德明教授说:"学科知识很快就会过时,但是学科知识外的,比如说情绪管理、适应能力、自我引导力、抗挫能力…却不会过时的。"

在人生所有的能力中最基本的首推生存能力。对于大学生而言,如果他们不具备适应这个时代的良好心态,那么何谈学习、工作和创新。文学具有复杂、深刻的思想,可以说文学就是哲学的一种形式,一部部作品都是作家通过文字对世界观、价值观和人生观的表达。虽说文学是艺术,艺术高于生活,但文学课程的教学就是再次回归生活,引导学生不仅仅从艺术的高度进行思考文本自身,也要思考文本所反映出的世界、社会、生活和"自己"。每一部文学作品都是一面镜子,读者从中可以看到自己现在或未来的影子。在《了不起的盖茨比》(*The Great Gatsby*)中,人们似乎看到了自己追逐美好梦想的影子,但同时要思考什么样的方式才是有利于自己和他人,并最终能够给自己带来幸福感,而不是以生命为代价;在《长腿叔叔》(*Daddy Long Legs*)中,也许部分学生会有与主人公朱迪同样的命运感,但要明白不是人人都如朱迪般幸运,要思考朱迪最终收获成功和甜美爱情是她乐观、坚强和努力的回报——你对生活微笑,生活也会还你以微笑;在英国当代小说家格雷厄姆·斯威夫特(Graham Swift)的作品《我们尼基的心脏》(*Our Nicky's Heart*)中,同学们会对当下社会器官捐赠这一话题倍感敏感,也会就年轻主人公尼克(Nicky)由于自己的鲁莽行为导致自己生命结束,进而带给父母极大痛苦一事感慨万千——珍爱自己的生命,就是爱自己,更是爱父母。

梅德明教授说:"教育是育人,就是培养可使个人和社会终身受益的核心素养。"本节已经表明：让学生学会独立思考，培养其良好的思考（文学思维）习惯就是给予学生让他们受益的东西。

第二节 利用立体化高校英语教学培养学生的思辨能力

语言和思维是相互依存、相互促进的。语言能力的提升与思辨能力的培养是相辅相成的。高校英语课程不仅是语言技能的学习课程，还是培养学生思辨能力的重要课程。高校英语教学应该以思辨为导向，利用立体化教学模式，在提升语言能力的同时培养学生的思辨能力，从而真正提高学生的综合素质。

一、思辨能力和大学生思辨能力缺乏现象

国内许多学者常常把英文短语表达"critical thinking skills"译为"批判性思维能力"，这就是思辨能力一词的来源。思辨能力也就是思考、辨析能力。思考指的是分析、推理和判断等思维活动；辨析指的是对事物的情况、类别和事理等的辨别分析。从根本上看，语言和思维二者相互依存、相辅相成。语言构建思维的表现形式是思维的体现，语言能力的提高和思维能力的培养是相互促进的。因此，思辨能力的培养应该作为语言教学的重要目标。

近二十多年以来，西方发达国家已经将思辨能力培养列为高等教育的重要任务，旨在培养出的学生能够适应全球化的激烈竞争。思辨能力的培养反映了高等教育的培养目标，即培养出具有思维、论述、分析和解决问题的综合能力，具备综合素质的人才。

但是，我国高校英语教育仍然是以语言能力的培养为主，教学过程忽视学生思辨能力的培养，教学内容死板，教学方式传统，教学手段单一。我国的英语教学长期只注意语言能力的培养，而忽视思维能力的培养，大部分学生不会自主学习，知识面狭窄，不善于思考和分析问题，不能自由用语言表达自己的思想。而现代社会对毕业生的要求越来越高，英语专业的学生如果仅仅靠语言能力，而不提高综合素质，那么在走上工作岗位后，就只能充当传声筒；非英语专业学生如果缺乏思辨能力，则很难在自己所从事的专业领域创新，这就不能满足社会和市场的需要。黄源深[①]教授早在1998年就指出了英语专业学生的思辨缺席现象的严重。思辨能力的缺失将直接导致学生缺乏创造力、研究能力、分析和解决问题的能力，最终会影响一个人的整体素质。

二、大学生思辨能力缺乏的原因

追根究底，中国的外语教育体制不科学是大学生思辨能力缺乏的根本原因。一方面，

---

① 黄源深.思辨缺席[J].外语与外语教学，1998(10)：1，19.

我国大学生基本上没有接受过正规的科学的思维训练的教育，导致大学生的想法总是跳离不出传统思想的圈子。很多学生在学习时只会循规蹈矩，其想象力和创造力都已被扼杀。另一方面，我国高校的外语教育的理念以应试为主，英语教育的目标还停留在要求学生大量背单词、记句型和写文章等。这必然会导致学生不会动脑筋，理解、辨析、分析、思考、辨别和创造能力等都被弱化，长此以往学生的思辨能力必定缺失。

首先，从学生自身方面来看，学生对思辨能力认识不足，这是一个主要原因。在应试教育环境下成长的学生习惯于死记硬背，把取得优秀的考试成绩作为自己成功的唯一目标，而不重视自己想象力、创新力、综合分析等能力的训练，甚至恐惧用英语表达自己的思想，常常会表现为写作缺乏逻辑性，畏惧上台演讲，辩论言之无物等[1]。

其次，高校外语教师陈旧的教学模式也是另一个导致中国大学生思辨能力缺乏的重要原因。一直以来我国高校外语课堂都重视的是语言训练，教学模式以记忆灌输为主，英语课堂重读写，轻听说。大学生长期处于被动接受知识的状态，不愿意主动思考，不擅长质疑，遇到具体问题就会茫然不知所措，结果学到的可能就只是哑巴英语。

三、利用立体化高校英语教学培养学生的思辨能力

语言教学其实是一个完整的教学过程，既应该包括语言知识的传播，也应该包括思维能力的培养。发展学生的创新性思维能力是高校英语教学面临的极大挑战，也是我国外语教学改革的方向。外语教学一定要注重学思结合，倡导启发式、讨论式、参与式教学，引导学生自主学习，激发学生的想象，培养学生的兴趣爱好，鼓励学生独立思考，勇于创新。为达到这样的目标，我国的高校英语教学就需要构建一种全方位立体化的教学模式，将英语课堂语言知识的讲授与学生的思辨能力培养相结合。这种全方位立体化的英语教学模式主要体现在以下方面：

（一）教学形式立体化，激发学生自主思维

高校英语教学普遍采用以教师为中心的教学形式。教师对课堂控制过严，容易造成学生自主思维的缺乏。教师一定要放手，把课堂部分交给学生。在组织语言教学活动时，教师作为引导者，应该遵循以学生为中心的原则，教学要以学生为中心，充分考虑每一位学生的差异，鼓励他们在语言学习时发挥主观能动性，积极自主思维，以思维促进语言学习。

（二）教学方法立体化，鼓励学生自主学习

西方国家盛行运用苏格拉底"助产术"式的教育方式，也就是说在学习过程中，学生与学生或者与教师之间通过一问一答，质疑对方，使对方陷于矛盾之中，从而能够主动积极地思考问题，主观能动地解决问题。教师启发和引导学生，而不能完全替代学生。这种"助产术"式的教育方法值得我国高校的外语教学借鉴。在外语教学过程中，提倡学生自主学习，以分组合作的方式共同讨论和分析问题。同学之间的合作交流能够大大提高英语

---

[1] 陈帅. 高校英语修辞教学探析 [J]. 湖北经济学院学报，2013（9）：203-205.

语言应用能力的培养，也就达到了以思维促进语言，以语言表现思维的教学目的。

（三）教学内容立体化，培养创造性思辨能力

高校英语教学内容一定要丰富，教学不能只围绕课文，一定要在创设英语语言环境的基础上，实施高校英语教学改革，强化应用能力，形成英语思维。教学内容立体化重在教学的广度，教学要包括书本的延伸，扩大知识面。

（四）教学手段立体化，提高学生的兴趣

黑板板书加上教师声嘶力竭地讲座式教学已不能满足现代教育的需要。教学手段应该立体化，传统教学手段应辅以多媒体和网络教学等现代科技手段。教师运用现代科技手段能够以更形象、更生动的方式呈现教学内容，尤其是英语教学。只有多样化的教学手段才能把丰富且抽象的视听内容生动展示出来，才能提高学生的兴趣，激发学生的思维动力。

（五）教学考核立体化，树立创新自信心

国内高校英语以考试为主，甚至有些高校把学生的考试成绩与教师的绩效挂钩，还有些高校把全国英语四级和六级证书与学位挂钩，这直接导致教师逼迫学生死学书本知识；学生长期被应试教育的氛围笼罩，无法自主思考，只为考试及格。要想改变这种现状，就必须优化教学评估制度。教学考核需要立体化和多样化。例如，将考试与考查结合，将考试成绩与平时表现结合等。只有摆脱了考试的压力，学生有了自信心，才能勇于思考、勇于创新。

大学生思维弱势客观存在，重语言轻思辨的观念极需要改变。在教育改革进一步推进的过程中，教师应该发挥自身不可取代的重要作用。教师应利用立体化教学模式，以学生为中心，通过学生之间的分组合作，让学生主动、积极地参与学习过程，丰富教学内容；采用多样化的教学手段，以计算机和多媒体等高科技手段辅助现代教育，弱化考试效应，设计合理的成绩与评估体系，力求提升学生语言和思维能力并构建整体能力，也就是说，在进行语言能力训练的同时积极培养学生的思辨能力，为国家的发展多输送思维和语言并重，会想会说、敢于思辨和懂得创新的高素质人才。

第三节　高校英语教学中学生交际能力的培养

随着全球化以及"一带一路"的发展，国际交往在经济、文化等方面都更加密切，英语作为当今世界通用语言，对英语学习者的要求逐渐严格。对于英语学习者来说，除了成绩单上的数字，他们还要有过硬的交际能力。

一、交际能力培养的定义及意义

（一）交际能力的定义

交际能力就是一个人与他人和谐相处的能力。人不能离开群体而单独生存，所以无法避免与人交际的可能，而交际是协调集体关系的关键。换言之，交际能力就是指个体在与不同社会文化集团成员交往时得体地解决说什么和怎么说的能力。而且，口语教学的目的是培养学生的交际能力，语言不能只作为知识传授，而应作为技能来培养。

（二）交际能力培养的意义

20世纪70年代，海姆斯发表了《论交际能力》这一文章，他指出一个人潜能的发挥主要依靠个体对于语言及语言实际应用能力的掌握。从更深层次来看，交际能力不仅包括语言的基础知识，还包括语言应用能力和心理应变能力。

许多高校毕业生的实际英语能力十分欠缺。随着中国影响力和经济发展不断增强，英语作为被全世界广泛使用的语言，各行各业都需要能充分掌握和运用英语的人才。在我国，由于语言环境等限制，大部分学生接触的语言环境局限于课堂交流或者学校组织的定期交流活动。加上很多教师注重教授单词语法，这只会让学生的英语学习变得狭隘。语言学习应该放进实际语境中去检验，这也要求英语学习者在学习中不但要培养"听、说、读、写"的能力，还应在使用中加以练习，从而提升自己运用语言的能力。

二、影响交际能力获得的因素

（一）语言环境的缺乏

第二外语习得者的目标是能够熟练运用目标语言。这对于国内大学生来说并非易事，主要原因是语言环境困乏。从外部条件来说，首先，汉语和英语的语系不同，学生在母语环境中学习英语本不容易；其次，由于学生各自能力有限，许多外语教师在课堂上使用母语授课；最后，语言需要环境刺激和锻炼，对于英语学习者来说，其真正需要锻炼的是听说能力，但是现在学者能够使用外语交流的机会非常少，这也是一种局限。从内部条件来说，第二外语学习者是被动接受这一门外语的，以小学开始英语就是一门必需的考察项目，许多老师也偏向以成绩考察孩子的学习情况，导致孩子容易对英语造成误解以及排斥[①]。

（二）教师忽视跨文化交际教学

语言和文化是不可分割的。双语学习者的交际能力要建立在扎实的目标语言基础之上。同样的语句在不同的文化中就会产生不同的理解。为了避免这种文化差异带来的理解差异，学习者了解目标语的文化是语言学习道路上的必经之路。沃尔夫森（Wolfson）曾经说过："在与外国人的交往中，操母语的人往往能容忍语音和句法错误。相比而言，违

---

① 王涛. 高校英语教学中英语修辞格的赏析[J]. 英语广场，2013（10）：97-99.

背语用规则常常被认为是不礼貌,因为操母语的人不大会意识到社会语言的相关性。"

三、高校英语教学中培养交际能力的策略

语言教学目的并不只是培养学生掌握词汇和语法知识以获得杰出成绩,亦不只是学生有多么完美的发音。教学目的应该是学生在了解目标语的文化基础上掌握并且流利使用该语言。

(一)教师具备扎实的语言文化能力

沟通交际的有效性会受到目标语的历史文化背景、社会制度等影响。这要求教师具有丰富的英语文化素养。教师在培养学生的跨文化交际能力时要让学生了解英语和汉语在语言表达上的不同之处,帮助学生运用自己的知识分析语言差异出现的原因,让学生增加英语语言文化背景知识。同时,教师也要追求进步,提升自己的语言文化能力,在学生交际能力学习中起带头作用。

(二)教学模式与时俱进

传统的"填鸭式"教学不再适应时代发展,人们逐渐意识到单纯的语法知识已经不能满足现阶段社会的需求,进而把培养目标延伸到了交际能力上。交际能力需要学生的自主性更强,所以曾经以教师为主的课堂教学已不再适合。学生是在学习过程中掌握主动权的人,而教师需要做的只是进行引导,做辅助。因此,教师应制造机会让学生主动学习、输出,并激发学生对英语的兴趣。教师要把交际能力的培养放在英语教学的核心位置,充分利用课堂教学之外的一些课外活动来引导交际能力的培养。

(三)多途径创造语言环境

媒体网络的发展为大学生的外语学习提供了很多便利。互联网上有丰富的语言文化学习资源,是跨文化学习的重要平台:语言学习网站、欧美电视节目和语言节目类自媒体等能让学生切实了解英语国家的日常生活、风俗习惯和社会关系等方面的知识。同时,英语经典名著中也包含了大量文化、生活和政治等内容,阅读名著除了可以加深学生对文化背景的理解,还能扩大学生的知识视野。教师可以充分利用互联网引导学生浏览对语言学习有益的网站,博客,自媒体和书籍等,以此培养学生对目标语的文化背景等方面的理解。

"人们是在社会化的过程中,在无意识地习得价值观念、思维模式、社会规范的同时,习得交际能力,并用其传递价值观念、信仰和社会规范等。正是交际的这种作用才能使我们理解社会现实,经验和观念。[①]"教师要用不同方法培养学生的跨文化交际能力,拓展学生文化视野,增强学生语言运用能力,为未来的发展奠定基础。

---

① 贾玉新. 跨文化交际学 [M]. 上海:上海外语教育出版社,1997.

第四节　高校公共英语教学中学生英语应用能力的培养

在高校公共英语教学中，学习能力与综合应用能力有紧密联系。综合应用能力的有效培养需要完成自主学习能力的有效培养，进而完成高校公共英语教学中英语应用能力的培养，争取促进学生综合应用能力的有效培养。并且，英语学科的实用性一直被忽视，尤其是在高校教育阶段更应该注重英语教育。英语教学贯彻创新素质教育的不断发展，教育者更加关注英语教育的实用性，在教学中，着重培养学生的理解表达能力和阅读写作能力。

一、综合应用能力概述

在高校英语教学中，培养学生英语的应用能力非常重要。英语应用能力在综合应用能力的范畴内，在对学生英语应用能力进行培养的过程中能够促进学生综合应用能力的有效培养。近年来，高校英语教学改革越来越深入，不断对学生的英语应用能力的培养进行强调。本节基于学生英语应用能力培养的重要性和现状，提出了相应的教学建议，以期高校英语教学的有效性得以提升。

在对大学生公共英语综合应用的能力进行培养时，大多数教师会从英语应用能力的培养入手，在学生有效完成学习活动的过程中培养其综合应用能力。一般情况下，大多数大学生在完成大学阶段的学习后都会以独立而自由的个体进入到社会中。因此，对于大学生的培养，除了必要的知识外，还需注重自主性、独立性、创新性等方面的培养，使学生进入社会后具备终身学习的意识和能力，以及对英语应用能力进行提升的能力。在高校英语专业的教学中，英语应用能力指的是学生获取英语知识、将英语知识迁移到实际生活中、应用英语灵活进行交际等方面的能力。对大学生公共英语应用能力进行培养时，要求教师将学生当作教学活动开展的中心，为学生组织一系列需要学生针对探究、合作完成的学习活动，使学生可以参与习得知识的整个过程，在此过程中对学生综合应用能力进行有效培养，使学生可以将英语知识灵活应用到各种场合中，并不断对自身的英语水平进行提高。实际上，对学生的英语应用能力进行培养蕴含着终身教育的思想，在培养学生英语综合应用能力方面有重要意义。

二、分析大学生公共英语综合应用能力培养的现状

（一）学生在教学过程中的主体地位不够突出

在现阶段，高校英语专业英语课程改革日渐深入，在改革过程中，不断对学生的主体性进行强调，但受班级设置、教学任务和教学模式等因素的影响，在对教学活动进行开展时，教师仍然是课堂的主角。另外，部分英语教师所用的教学方法还比较传统，照本宣科

地将英语相关理论知识灌输给学生,学生难以有效地参与学习过程,这严重影响了学生英语应用能力的有效培养。

(二)所用教学模式较为传统

对于英语专业的学生来说,必须通过全国大学英语四级和六级考试。相关调查结果显示,80%以上的大学生对英语进行学习的主要目的就是通过这一考试,这些学生一般不会主动参与教师组织的教学活动,而是对大量词汇进行背诵,并做大量的练习册。这虽然在一定意义上也属于一种综合学习的表现,但难以实现英语知识综合应用能力的有效培养。另外,尽管现阶段相关教育部门一度对全国大学英语四级和六级考试进行改革,这一考试越来越倾向于对学生英语综合应用能力进行考查,但从就业市场方面来看,很多用人单位仍然将四六级成绩当作对大学生的主要评价指标。受此影响,高校英语教学仍然或多或少残留着应试教育的影子,教师过度注重学生英语理论知识的提升,在一定程度上忽视了综合应用能力的培养。

(三)"学以致用"难以实现

目前,部分高校在对英语教学的教材进行选择时,教材中的内容在一定程度上脱离了学生的实际生活。英语专业的英语教学内容大多注重对学生听、说、读、写等方面的能力进行培养。在这样的英语教学中,所涉及的英语大多为书面英语,与实际生活的联系性不强,应用性英语知识也不多,即使不断针对英语口语学习活动进行组织,引导学生对英语知识进行学习,也难以实现学生综合性英语应用能力的有效培养。此外,受班级容量和教学时间等限制,现阶段高校英语教学仍以课文的精读为主,其中穿插少量的口语和听力练习,难以实现学生英语交际能力的有效培养。

三、大学生公共英语综合应用能力有效培养的教学建议

(一)更新教育理念,创新教学模式

在教学实践中,教育理念直接关系到教学活动的组织是否可行、有效。目前,建构主义、交际理论、人本主义理论等教育理念都已经逐渐被融入英语教学中。这些理论的融入在很大程度上促进了英语教学质量的有效提高。因此,在对英语专业学生进行英语教学时,教师应该注重教育理论的更新和教学模式的创新,将以人为本的理念融入教学活动的组织过程中,以"学习论"替代传统教学中的"教学论",使学生可以积极地参与学习的整个过程,从而实现"以学生为中心"的教学。此外,教师还应该注重对学生的语言应用能力的培养,逐渐将"知识和技能传授"的英语教学模式转换为"学习能力培养"的教学模式,使学生成为知识的建构者,主动对自己的英语知识结构进行建构。在具体的教学中,教师需注重教学模式的创新,为学生创建更多可以积极参与学习过程的机会,并对一些探究任务进行设置,将任务布置给学生,要求学生以正确的探究形式完成,只有这样,才能够实现学生

英语语言应用能力的有效培养。

（二）发挥学生主体性，实现学习能力和综合能力的有效培养

要使学生在教学过程中的主体性得到有效发挥，应从教师角色的转变入手。在传统的高校英语教学中，最主要的课堂教学内容是教师的讲授，学生对英语的学习由教师主导。而对学生英语综合应用能力进行培养的高校英语教学将学生作为中心，需要采用交互式和启发式的教学模式。只有在这样的教学模式下，学生才不再是知识的被动接收者，而将变为信息的有效加工者和知识的主动建构者。在具体的教学中，教师应积极引入小组合作、任务教学法和情景教学法等具有实践性的教学方法，为学生组建一系列可以亲自参与的教学活动。例如，教师可积极引入小组合作的教学方法，在关于阅读和写作的教学中，依据实情将学生分成不同的小组，为学生提供一些名著书目（全英文），指导学生以小组合作的形式完成阅读。小组成员共同用英语做出一篇读书报告，并推选出一名小组成员上台进行汇报。在这个过程中，为了能够做出更为精彩的读书报告，学生势必会积极展开小组讨论，共同对书本中的句子和观点进行总结，并进行讨论，共同对观点进行总结，这样可对学生学习英语的能力进行培养。与此同时，在上台报告的过程中，学生可倾听其他小组的观点，并提出自己不同的看法，可以学生的英语口语和表达能力有效提升。这样，不但可对学生学习英语的能力进行有效培养，而且能够促进学生英语综合英语能力和综合素质的培养。

（三）引入分层异步教学，实现"因材施教"

在对大学生实施英语教学时，教师应注重对学生个体化差异的尊重，依据学生的具体情况，对教学方法进行灵活转变，以实现学生的全面发展。因此，在对学生的英语综合应用能力进行培养的过程中，教师应注重个性化教学的实施，针对不同的学生设置不同的学习任务、提出不同的要求，以帮助学生找到适合自己的英语学习方法，进而让学生进行有效的学习，在学习的过程中不断提升英语应用能力。对此，高校可对英语课程进行分级设置，一般设为一级至四级，依据学生的英语水平将学生分至不同的班级，针对各个层级的班级设置不同的学习起点。同时，高校还开设语言技能、语言文化和综合英语等课程，这些课程以选修课的形式供不同的学生选择，使学生能够选择自己感兴趣的英语课程进行学习，以激发学生学习英语的兴趣。此外，高校还应该注重线上教学的实施，设置"助学课件"供学生在互联网上有效地下载并学习，让学生能够依据自己的英语水平对学习进度和重点进行把握。比如，英语基础较差的学生可以侧重于词汇和语法的学习，听力较差的学生可以反复对听力材料进行聆听，口语较差的学生可以通过影片等进行模仿练习，英语水平较高的学生可以选择和学习他们感兴趣的英语材料，进一步提高自身的英语水平。在学生活动中，学生可对英语语法、英语口语和语言应用等多方面的水平和能力进行提升。

（四）拓展第二课堂，实现英语应用能力的有效培养

大学生公共英语综合应用能力的培养不能单一局限于第一课堂，还需注重第二课堂的

拓展。对此，英语教师可积极与学校团委、社团等合作，共同组织英语演讲比赛、英语交流茶话会等活动，为学生提供更多用英语交流的机会，使学生的英语应用能力得到有效提升。与此同时，如果组织和举行与英语相关的活动，则教师与学校都应该对参赛学生做出相应评价。教师的评价应以鼓励性语言、语气为主，增强学生学习英语的信心。学校的评价包括全校表彰、颁予荣誉证书、给予学分奖励等。这样，可在全校范围内形成浓厚的英语学习氛围，使学生受到感染，从而主动学习英语，参与教师组织的教学活动，以及学校组织的英语竞赛和英语交流等活动，使学生英语综合能力在参与活动的过程中得到有效培养，让学生可以灵活地将英语知识应用到实际生活中，并灵活应用英语与他人进行交流。

总之，大学生英语知识综合应用能力的培养极为重要，直接关系到英语教学对人才进行培养的质量。因此，英语教师应该不断对教育理论和教学模式进行更新，将学生英语水平的提高与可雇用能力的培养有机融合起来，在培养学生的良好英语学习习惯和英语学习能力的同时，对学生的英语知识应用能力和综合素质等进行提升，使学生能够全面发展，成为更为优秀的英语专业人才。

第五节　高校英语翻译教学与翻译能力培养

近年来，国内越来越多的学者认识到重视培养非英语专业学生翻译能力的必要性。总地来说，这种必要性主要来自两方面的需求：①社会需求：进入全球化时代，我国对外交流已深入到经济、政治、文化和科技等各个领域，需要一大批具有翻译能力的人才，而仅靠少数外语学院的毕业生无法满足这种需求，因此普及翻译教学具有重大的社会效益。②学生需求：学生对翻译的兴趣和需要具有普遍性，与专业无关，通过学习翻译可以提高他们的英语整体水平，尤其是英语应用能力。在我国，80%的西方非文学著作是由非英语专业的学者翻译的。基于此，很多学校开始为非英语专业学生开设翻译课程，研究高校英语翻译教学，从而提升学生的翻译能力。目前，国内学术界关于如何培养非英语专业学生的翻译能力的讨论尚少。下面，笔者将基于前人有关翻译能力的研究成果，探讨培养非英语专业学生翻译能力的途径。

一、翻译能力的定义及构成因素

西方研究者从不同角度对翻译能力进行了定义，其中描述较为准确和全面的是西班牙巴塞罗那自治高校的翻译能力习得过程和评估小组（PACTE小组）给出的定义："翻译能力是译者在翻译中所必需的潜在知识和技能体系"。

中外研究者普遍认为翻译能力是由一系列分项能力构成的，但对于它究竟包含哪些分项能力有着不同的看法。颇具代表性的观点有：Neubert（纽伯特）认为翻译能力由语言能力、文本能力、主题能力、文化能力和转换能力构成。其中，转换能力是译者独具的能力。

PACTE小组在实证研究的基础上认为，翻译能力包括双语能力、语言外能力（关于常识和专业学科的知识）、翻译专业知识能力、工具能力（使用文献资料及其他技术的能力）、策略能力（计划整个翻译项目、保证翻译过程具有效率、发现并解决问题等能力）、心理—生理要素（包括注意力、记忆力和毅力等在内的认知、态度因素和心理活动机制）。文军[①]认为，翻译能力包括语言与文本能力、策略能力、信息技术运用能力、自我评估能力和理论研究能力。王树槐、王若维[②]认为翻译能力包含以下6个因素：语言—语篇—语用能力、策略能力、文化能力、工具能力、思维能力、人格和谐能力。

二、高校英语翻译教学应主要培养的分项能力

基于上述有关翻译能力的研究，结合非英语专业学生自身需要及专业背景，笔者认为，在高校英语翻译教学中应主要培养学生以下几个分项能力：

（一）双语能力

1. 双语能力是非英语专业学生翻译能力的核心

英汉互译涉及英、汉两种语言的转换，因此具备扎实的英汉双语基础是搞好英汉互译的前提和基础。杨晓荣[③]认为，如果译文皆是语言错误，就无从谈及翻译水平的提高。翻译能力的基础是语言运用能力，具备了这种能力，很多技巧就是顺理成章的处理方法。Bergen（柏根）指出，仅有极少数的译者具有完全的双语能力，绝大部分的译者仍然是语言学习者。非英语专业学生尤为如此，他们的英汉水平都亟待提高。

2. 非英语专业学生双语能力存在的问题

（1）英语基本功不扎实。学生的英语语言基础薄弱体现在英译汉中对原文理解的失误，在汉译英中表达的失误或不地道。在英译汉中，对原文理解的失误主要表现为：词义识记不准确，词义掌握片面、单一，缺乏语境意识和语篇意识。

例1 原文：The success of two people's relationship has a lot to do with how compatible they are.

学生译文：两个人关系的成功与他们有很多合作有很大关系。

在这个例子中，学生将"compatible"（和睦相处的）译为"合作"，显然，这是对单词记忆得不准确所致。

在汉译英中，非英语专业学生与其他所有中国学习者一样，难点和主要问题是他们的英语的表达能力，主要表现为：英语词汇缺乏，对词语搭配不熟悉，对英文的语法、结构掌握不够，不注意英语和汉语的主要差异等。

例2 原文：有些人甚至选择长途背包旅行。

学生译文：Some people even choose to travel with bags.

---

① 文军.论以发展翻译能力为中心的课程模式[J].外语与外语教学，2004，（08）：51.
② 王树槐，王若维.翻译能力的构成因素和发展层次研究[J].外语研究，2008，（05）：85.
③ 杨晓荣.汉英翻译基础教程[M].北京：中国对外翻译出版公司，2008：44.

从这个例子可以看到，学生因英语词汇缺乏，没能找到合适的词表达"背包旅行"的意义。

例3 原文：有朋自远方来，不亦乐乎？

学生译文：Isn't it a great pleasure that meet friends from afar?

这个例子显示出学生对英语从句的概念理解不清楚。

例4 原文：他们强调，人们应当读好书，尤其是经典著作。

学生译文：They stressed that people should read books, especially the classic books.

这个例子显示出，学生没有注意英语和汉语各自特点。例4中，译文受到原文的影响用了两个"books"，而这不符合英语喜用替代，不喜重复的特点。

（2）汉语基本功不牢固。

学生的汉语语言素养有待进一步得到提高，这体现于在汉译英时对原文理解的失误以及在英译汉时表达的不妥或不通顺。

例5 原文：农夫在山上砍柴、采药。

学生译文：Farmers are chopping wood and collecting medicine in the mountains.

这个例子显示出，译文出现问题，主要是因为学生对原文的理解出现了偏差。例5中的"药"指的是"草药"，所以最好译为"herbs"或"herbal medicines"。

3. 在翻译教学中继续提升非英语专业学生双语能力

从以上分析可以看出，非英语专业学生的英语和汉语语言素养都亟待提高。教师在翻译教学中可以通过以下方法提升学生的双语能力。

（1）所选用的翻译教材应突出对双语语言能力的培养和重视。教材内容应包括能帮助学生熟悉与话题相关的词汇和表达法，英汉语言对比相关知识，使学生在翻译实践中选词更准确、达意，译出符合英语或汉语表达习惯的句子，以提高译文质量。

（2）通过大量的翻译练习，以及对这些练习进行讨论和讲评，以提升学生的双语能力。在做翻译练习的过程中，教师可以让学生将在练习中遇到的语言问题记录下来，并在课堂上与其他同学一同讨论，教师再进行讲评。

（3）鼓励学生在课下阅读经典的中英文名作及其译作，体验作品中的选词、造句和谋篇的方式，以提高学生的审美修养。

（二）跨文化能力

语言与文化密不可分，这决定了翻译和文化的密切关系。翻译不仅仅是语言的转换，也是文化的交流。因此译者不仅应具备双语能力，还应有一定的跨文化能力。传统的高校英语教学重视语言的讲解，忽视了文化因素的分析，这使得学生对东西方文化了解相当有限。在高校英语翻译教学中教师应有意识地培养学生的跨文化能力，包括帮助学生建立了双语文化知识框架和培养跨文化意识。

1. 双语文化知识框架的建立

学生的双语文化知识框架是其跨文化能力的基础。在教学实践中，教师不可脱离知识框架，空谈跨文化能力的培养。在高校英语翻译教学中，教师可借助翻译材料中出现的文化现象向学生介绍有关英语国家的地理、历史、社会、经济、政治、教育和宗教等方面的情况，以及中国的相关情况。当然，在翻译课上，教师能为学生传授的双语文化知识是相当有限的。学生可以通过选修西方人文经典、中国人文经典、高校英语跨文化交际等课程，以及阅读有关东西方文化的书籍，搭建一个汉英文化知识框架，并以此为基础提升自己的跨文化能力。

2. 跨文化意识的培养

良好的跨文化意识是指个体对文化差异具有较高的敏感性和宽容性。在高校英语翻译教学中，教师宜多采用文化对比的方法，使学生了解英汉文化差异，形成文化差异意识。教师可将在翻译材料中遇到的英汉文化因素进行对比。尤金·A.奈达（Eugene A.Nida）将语言中的文化因素分成五类，教师可以据此进行英汉生态文化对比、英汉物质文化对比、英汉社会文化对比、英汉宗教文化对比、英汉语言文化对比，使学生对英汉文化的主要差异有一个比较宏观、系统的了解。学生应比较客观地认识文化的多样性，避免民族中心论，要能够在另一种文化模式中进行思维，形成开放、包容和平等的心态。

（三）翻译专业知识能力

就翻译理论对于翻译实践的作用，彼得·纽马克（Peter Newmark）做过这样的论述：翻译理论是向学习翻译的人显示在翻译过程中所有或可能会涉及的东西，并提供翻译原则和指导。根据这些原则和指导，译者可以做出选择和决定。在高校英语翻译教学中教授一些翻译专业知识是不可或缺的，它可以帮助非英语专业学生在翻译实践中做出有效的翻译决策。笔者认为在高校英语翻译教学中应至少让学生掌握以下翻译专业知识：

（1）翻译性质：学生应了解不同学派对翻译进行的描写，这些描写是什么。

（2）翻译种类：学生应了解从不同的角度可将翻译划分为不同的种类，这些种类分别是什么。

（3）翻译的标准：学生应了解翻译质量的衡量要依照翻译的标准。国内外对于翻译标准的论述众说纷纭，具有代表性的有哪些；翻译究竟有没有固定的标准。

（4）翻译的过程：学生应了解翻译的过程通常涉及理解、表达和校核三个阶段；在这三个阶段，译者要分别注意什么。

（5）翻译策略与方法：学生应了解翻译策略与方法有哪些；在选择这些策略与方法时分别受哪些因素的影响。

（6）翻译技巧：学生应了解基于英汉语言的区别性特征，译者在翻译时可以采用适当的翻译技巧；常用的翻译技巧有哪些。

教师可根据学生的特点和需要增添其他的翻译专业知识。因为教学时间有限，所以教师可将一部分专业知识的讲解贯穿翻译练习的讲评过程。

(四) 文本能力

这里的文本能力指的是学生了解不同类型文本,尤其了解与自己专业相关的文本类型特点及翻译原则和方法。让学生了解并掌握与其专业相关的应用文本特点及翻译原则和方法是有必要的。例如,在非英语专业学生中,有相当一部分学生将从事与科技相关的工作,而科技文本翻译现已成为科学技术工作中一个重要的组成部分。科技翻译的目标是再现原文的信息功能。英汉科技文本的语言都具有准确、正式、规范、客观和逻辑严密等特点。科技英语又有大量使用名词和被动语态的特点。在英汉互译时,译者要根据需要进行名词与动词、被动语态与主动语态的互换,另外还要注意术语翻译的准确性。

商务信函翻译主要为将来从事经贸工作的学生而设。商务活动交际具有客观性和规范性,这要求商务信函在选词用字、句法结构和篇章结构方面符合该行业的规范和专业特点。英汉商务信函的语言都具有简洁、明晰、准确、完整和礼貌等特点,且都有不少固定的套语。比较而言,英语商务信函中有着语域色彩很强的套语,程式化更高。在英汉商务信函互译时,译者要注意各种商务信函套语的规范使用。

教师可结合学生的专业背景,向学生讲授新闻文本、法律文本、广告文本、论述性文本和说明性文本等其他的一些应用文本的特点和翻译方法。教学材料应尽可能真实,因为篇幅所限,笔者在此不再详述。

(五) 工具能力

翻译工作涉及各个方面的内容,当在翻译过程中遇到解决不了的问题时,译者要做调查研究。如果查询方法得当,那么译者可以在较短的时间内获得翻译所需的相关知识,减少了翻译失误,保证了翻译质量。因此,有效使用查询工具的能力是译者必备的。

传统的适合中国学生使用的英汉互译查询工具主要是词典,包括双语词典(英汉词典和汉英词典)、单语词典(汉语词典、英英词典、英语搭配词典和英语用法词典等)。许多翻译初学者当在英语中找不到汉语的对应词或短语时,就会求助双语词典,但并没有意识到双语词典具有局限性。其实,对于没有把握的词,译者通常需要通过查找英英词典和英语同义词词典来确定其意义,通过查找英语用法词典和搭配词典来确定其使用的句型及与其他词的搭配。

随着自然语言处理技术和人工智能技术的发展,现代翻译查询工具种类增多。首先,很多传统的翻译工具书出现了电子版本,如各种在线双语词典、单语词典、在线百科全书等。其次,出现了各种搜索引擎。李长栓[①]指出可以利用google查专有名词、专业术语、中国特有概念、平行文本和图像等,只要方法正确,就可以准确、有效地找到译者需要的资料。除了这些之外,各种电子语料库、机器翻译软件、翻译记忆和术语管理工具等能够极大地帮助译者提高翻译质量和效率。总之,培养学生使用查询工具的能力,使学生了解

---

① 李长栓.非文学翻译理论与实践[M].北京:中国对外翻译出版有限公司,2012.

如何使用这些工具，以及知道什么时候该使用哪种工具，是发展学生翻译能力的一个重要组成部分。

翻译能力的培养是一个长期的过程。笔者相信，在高校英语翻译教学中培养学生的双语能力、跨文化能力、翻译专业知识能力、文本能力和工具能力这五个分项能力，能够为学生建构一定的翻译能力，并培养学生学习翻译的兴趣，提高学生的英语和汉语整体水平。

第六节　高校英语教学中学生自主学习能力的培养

当前，我国高校的英语教育水平与之前相比有了明显的进步。但是，由于英语教师和学生都存在一些问题，英语教学的效果不明显，学生的英语水平提高有限。

笔者通过对相关资料的调查发现，部分高校的英语教师在传统教学思想的影响下依旧使用"教师讲授，学生听讲"的教学模式。在这样的教学环境中，师生之间缺乏有效的交流和互动，使学生的英语学习兴趣缺失，学生甚至对英语产生一种抵触心理；同时，学生机械式地听讲，限制了他们的思维能力的发展，只能根据教师的讲解亦步亦趋地学习，对英语教师形成依赖，弱化了自主学习的能力。

部分高校中有少部分大学生在中学阶段没有打下良好的英语基础，到了高校阶段对更高深度的英语学习存在较多困难，加上他们不善于向老师和同学请教，造成他们在英语学习中的疑问越来越多，他们因此对英语失去了学习信心。还有一些大学生对英语存在着错误的认识，认为自己又不出国学习，英语对他们来说也没有多大用处，造成他们对英语缺乏兴趣，限制了他们的自主学习英语习惯的培养。

一、在高校英语教学中培养学生自主学习能力的必要性

高校阶段的英语学习与中小学阶段的英语学习存在着本质区别。该阶段需要培养学生的自主学习能力，使他们能够严格要求自身，在主动学习英语的过程中实现英语水平的提高。在高校英语教学中培养学生自主学习能力对学生的英语学习以及他们的个人成长具有深远意义，具体主要体现在以下几个方面。

（1）大部分大学生已经成年，他们的身心发展渐趋成熟和完善，已经具备较高的自我约束力。通过培养他们的自主学习能力，能够使他们适应高校阶段各学科的学习，使他们在中学阶段形成的学习习惯转变为高校阶段的学习习惯，更好地适应高校学习的环境。

（2）在高校英语教学中培养学生的自主学习能力可以显著提高他们的英语水平。自主学习能力注重学生在没有外力约束条件下的主动学习，这是一种积极的学习态度。大学生只有具备了自主学习能力，才能够在日常生活中关注英语，主动探索英语，端正英语学习的态度，实现英语水平的提高。

（3）自主学习能力不仅适合于大学生的英语学习，在他们形成自主学习的习惯后，可以对他们今后的人生发展产生深远的影响。具备了自主学习能力的大学生可以对新事物产生一种好奇的态度，主动接近和学习，提高自身的认知能力和视野广阔度，不断完善自身，进而实现自我整体的进步和发展。

二、高校英语教学中学生自主学习能力的培养策略

在高校英语教学中培养学生的自主学习能力需要教师纠正学生的错误态度，采取科学、合理的措施激发学生的学习兴趣，给予学生在英语教学中的参与机会，最终塑造其自主学习的习惯。下面，笔者根据自身对相关资料的调查研究和思考，针对部分高校英语教学效率低下的状况，对培养学生的自主学习能力提出几点建议[①]。

（一）转变大学生的英语学习态度

在高校英语教学中纠正学生对英语的错误认知是培养他们自主学习能力的基础，因此英语教师需要让大学生认识到英语的价值意义。

一方面，高校英语教师在教学中可以时刻给学生灌输关于英语重要性的思想，在学习新的单词时将其与学生生活实际联系起来，使学生认识到学习英语可以解决生活中的实际问题。教师还可以在课堂上举办一些英语演讲竞赛，使学生受到激励，认识到学习英语是一件有价值性的事情。另一方面，高校英语教师可以邀请一些留学生或者外教到课堂与学生进行交流，使学生认识到自己口语方面的不足，使学生知道只有提高自己的英语水平才可以顺应全球化的趋势，适应社会发展的要求。

（二）在高校英语教学中尊重学生的主体地位

高校英语教师需要转变之前传统的教学思想，使用问题探究式的教学方法引导学生自主学习，培养他们的自主学习能力。

高校英语教师在授课之前需要对教学内容有所分析和研究，选择一些具有挑战性的问题在以便激发大学生的好奇心，使他们独立阅读教材内容，主动搜集资料，思考和尝试问题的解答；之后让大学生在讲台上发表自己对问题的看法和理解。这种教学模式尊重了学生的主体地位，使学生全部参与教学，使他们在独立思考提高思维能力的同时，摆脱了对教师的依赖，初步建立起自主学习的能力。

（三）注重英语学习方法的传授

高校英语教师需要从知识传授的教学方法中走出来，将"授人以鱼不如授人以渔"的思想贯穿教学全过程。

大学生经过中学阶段的英语学习后已经具备了基本的英语基础。教师通过学习方法的传授，可以使大学生的英语学习不再局限于课堂，而扩展到整个生活中。在英语教学课堂

---

① 张学新. 对分课堂：高校课堂教学改革的新探索[J]. 复旦教育论坛，2014，12(05)：5-10.

上，教师可以给学生推荐一些优秀的英语学习网站和手机软件，使学生在课余时间可以自主观看学习，在开阔自身视野、提高英语水平的同时养成自主学习英语的良好习惯。

由此可见，是否具备自主学习能力关系到一个人的生存和发展。对此，高校英语教师应该尊重学生的主体地位，从转变大学生的思想入手，激发大学生的英语学习兴趣，从思想上纠正他们的错误观念，使他们认识到英语的重要性，之后通过教授英语学习的技巧、提供自主学习途径等，为培养大学生的自主学习能力创造条件，使他们的英语水平实现提升，从而满足时代发展的需求。

第八章　高校英语思维和思维培养

第一节　语言思维的发展

语言思维研究可以追溯到古希腊哲学家柏拉图提出思维即无声的语言："我有一个想法：心灵在思想的时候，它无非是在内心里说话，在提出和回答问题……我认为思想就是活动，判断就是说出来的陈述，只不过是在无声地对自己说，而不是大声地对别人说而已。"从古至今，人们对语言思维的好奇与探究从未停止过。在各个历史阶段，语言学家一直尝试从不同的角度去探索。哈曼（Hamann）和赫德（Herder）认为语言是思维的起源，不同语言国家的人有不同的国籍，反映在语言中各自独特的思维方式。洪堡特（Humboldt）通晓梵语和巴斯克语，他把语言看作一个独立的系统，认为语言编码了独特的世界观，即"每种语言都围绕着它所依附的人画一个圈"，人只有学习其他语言，才能跳出"语言圈子"。洪堡特的语言观影响了爱普斯坦（Izhac Epstein）、维果茨基（Vygotsky）、博厄斯（Boas）等人。博厄斯的学生萨丕尔也对语言思维进行了论述。沃尔夫继续发展了萨丕尔的思想，经后人整理，他们的理论观点被称为"萨丕尔-沃尔夫假说"（Sapir-Whorf Hypothesis）。然而，该假说的发展并不顺利。在20世纪80年代之前，它一直遭到很多学者的批评和抨击。20世纪90年代，随着语言多样性的迅速增长，双语研究领域得到巩固，人们才开始慢慢认可该假说的价值。

已有研究中对母语和思维的关系的研究和讨论较多，本节仅从双语或多语言角度探讨双语与思维的关系。究其原因，一是人类没有统一、确切的证据证明到底是先有语言还是先有思维；二是双语理论不再把焦点放在语言思维的孰先孰后上，而是研究双语者对于多语言的在线思维加工，语言在哪些方面影响思维，且会有多大程度的影响，以及语言思维的双向互动。

一、单语视角下语言思维的发展

单语视角就是人们从一个单一语言内部或广泛抽象的视角考虑语言是如何影响思维的，如语言如何影响非语言的认知。在单语言的框架下进行研究的语言学家主要有洪堡特、维果茨基、皮亚杰、萨丕尔和沃尔夫。洪堡特曾说："如果语言能够决定思维，那所处同一语言或语境下的人都该具有同样的思维方式了。"维果茨基在《思维与语言》一书中讨论了语言思维的内在本质联系，以及思维和语言的发生学根源，即是先有语言还是先有思维。皮亚杰根据儿童思维发展的变化，站在历史的角度考察语言思维。这些理论阐述都没有从跨语言的角度分析语言思维，而是探讨了其辩证关系：到底是语言决定思维，还是思维决定语言。

（一）早期研究

受洪堡特思想的启发，第一个对多语言和思维进行学术研究的是爱普斯坦。他指出："每一个国家都有一种特殊的、有特点的方式，将事物及其性质、行动和关系进行分组，以命名它们"。他认为双语者的思维过程由于要激活不同语言而放慢了。对双语者持消极态度的还有奥托·叶斯柏森（Otto Jespersen），他认为儿童学习两种语言不会像只集中学习一种语言那样学得好，或许学习者在表面上说话像本族语者，但他不能掌握语言的要点。洪堡特和波捷布尼亚（Potebnya）的语言思维观影响了苏联学者，受其影响最大的是发展心理学家维果茨基。他在回顾了爱普斯坦等人对双语的负面影响的观点基础上，总结道："对待多语现象的积极方法是进行适当的教育，多语现象和思维的复杂关系问题需要进一步的实证研究。"此时的维果茨基可以说是第一个尝试突破"双语限制思维"的牢笼的人，至少他认为可以摆脱这种限制。

（二）萨丕尔－沃尔夫假说

萨丕尔－沃尔夫假说的提出引起了语言学界和心理学界的争论。萨丕尔－沃尔夫假说主要包括两方面，即语言决定论和语言相对论。该假说最初的理论是语言决定论，即语言决定非语言的思维，思维无法脱离语言而存在。人们对该假说一直存在误读。资料记载，萨丕尔和沃尔夫并没有提出过理论假设，这只是他们的学生后来整理他们的工作而总结出来的。

萨丕尔－沃尔夫假说是由语言人类学家哈利·霍衣哲（Harry Hoijer）于1945年首次提出的。萨丕尔当时跟着博厄斯学习，在哥伦比亚发表了他的论文 The status of linguistics as a science，认为人类在客观世界与社会活动中并不是孤立存在的，而是被表达他们社会的媒介——语言所支配。这段表述很容易使后人把语言决定论归于萨丕尔。沃尔夫在耶鲁大学跟着萨丕尔学习，他也把学习外语当作一种超越自己原有范畴的方式；只有这样，人们才能摆脱长期以来的俗套，因为外语就像是立在人们面前的一面镜子。

当时，人们推崇的是单语文化，认为双语会阻碍人的思维发展，拖慢思维的运行速度。因此，洪堡特、萨丕尔和沃尔夫受到很多抨击和打压。很多人认为语言相对论思维不清晰，缺乏严谨性，甚至是不道德的。萨丕尔－沃尔夫假说认为人的思想是由语言提供的范畴所决定的，其较弱的版本——语言相对论认为语言之间的差异导致了说话者思想之间的差异。20世纪80年代，人们形成了一种共识，这种共识是由支持"自由思想"的政治气候形成的，却对语言多样性持敌对态度。人们对萨丕尔－沃尔夫假说的批判比褒扬的声音更多。

（三）维果茨基和皮亚杰的争论

维果茨基和皮亚杰围绕内部言语（无声思维）和外部言语（有声思维）对语言思维展开了研究。维果茨基在《思维与语言》一书中提到，要深入研究语言和思维，就要探索超越语义方面的内部言语。他认为，如果不能清楚地理解内部言语的心理本质，那么就无法理解思维和言语关系的复杂性。内部言语最初似乎被理解为言语记忆，如默诵一首牢记在心中的诗。在这种情况下，内部言语和有声言语的区别仅仅像一个物体的观念或意向与实际物体的区别。缪勒（Muller）认为内部言语是"言语减去声音"，或者"次级有声言语"。贝特列夫（Bekhterev）把内部言语界定为其运动部分受到阻碍的言语反射。皮亚杰认为内部言语为从外部带进来的和社会化一起形成的新东西。维果茨基称其为自我中心言语发展的结果。维果茨基认为言语的主要功能（不论是儿童的还是成人的）是交流，即社会学接触。儿童的最初言语是多功能的，后来开始分化。思维发展的路线应当是从社会思维到个人思维，这与皮亚杰的言论相反。维果茨基还提出了语言上的种系发生学和个体发生学。种系发生学是指把人类当作一个物种来看待语言和思维发生的根源，如黑猩猩，它有声音，却与思维没有联系。也就是说，它的有声言语发展中有一个前思维阶段。按照种系发生学原理，人类也必定经历过一个有思维但没有语言的阶段。个体发生学是指对单个人的发展过程的研究。这一时期的研究站在历史的角度研究语言思维的发生、起源，以及个体从幼儿到成年时期思维和语言的变化。这些研究尝试从生物发展的视角进行研究，究其本质，还是在探讨是先有语言还是先有思维，是语言影响了思维还是思维影响了语言。

二、双语视角下语言思维的发展

（一）双语视角的定义

双语视角即把语言与认知的关系以跨语言的视角去理解和研究，主要考虑双语者或多语言者的思维变化，即他们是如何加工不同的语言的；双语者的思维和单语者有何不同；考虑到不同语言对世界范畴的认知划分是有差异的，它们是如何在不同的范畴之间转换的。在语言与认知发生双语转向后，人们对洪堡特、萨丕尔和沃尔夫的思想观点有了不同的认识，从抵触和批评到赞同、继承和发展。同时，对于双语与思维的关系的研究也逐渐丰富起来了。

（二）双语转向的萌芽期

洪堡特曾说："一个人会把他原有的世界观、说话习惯映射到另一种外语上。"这是一种跨语言的观点。安尼特帕·弗兰克（Aneta Pavlenko）认为这句话会成为21世纪双语现象研究的基础之一。洪堡特的思想理论从一开始就是为双语或跨语言准备的。在20世纪初，双语或跨语言研究并不受欢迎。维果茨基在学习了洪堡特的理论之后对双语不再排斥，认为对于多语言与思维的关系需要进一步探讨；然而，他也没有大力宣传双语思维的积极作用。

萨丕尔-沃尔夫假说的出现只是语言思维关系历史中的一个插曲，但这个小插曲是人们从单语视角看待语言思维关系转向双语视角的桥梁，其旋律延绵至今。正是通过对语言相对论的探讨，人们才意识到双语或多语与思维的关系方面存在的研究空缺，进而把该假设应用到双语与思维的关系中，发掘该假说新的价值。

埃尔温（Susan Ervin）和奥斯古德（Osgood）在这一时期提出了并列双语者（coordinate bilinguals）、混合双语者（compound bilinguals）和从属双语者（subordinate bilinguals）等术语，并把它们与语言学习历史相联系。在埃尔温和奥斯古德提出的术语中，只有并列双语者能够提供真正意义上的、跨文化的翻译。埃尔温随后做了实证研究，受试者为日—英双语者和法—英双语者，利用同一套材料对受试者进行两次测试，每六周用他们各自的语言进行一次测试。结果表明，测试反应的内容随受试者语言的变化而发生转变。来自加拿大的兰伯特（Lambert）和其同事发现，并列双语者比混合双语者和从属双语者在对等翻译中存在更大的语义差别，翻译起来更为困难。麦克纳马拉（Macnamara）把语言相对论与双语能力相联系，认为如果沃尔夫的理论是正确的，那么双语者只有满足以下其中一个条件才能符合语言相对论：①当用A语言或B语言说话的时候，用A语言去"思考"，结果B语言的人无法理解；②用一种不适合两种语言的混合的方式去"思考"，冒险不去理解任何一种语言或者不被任何一种语言理解；③根据不同语言的变化，思维也发生转变，因此他们无法很好地与自己交流，更不用说把一种语言翻译成另一种语言。

这一时期的研究已经开始慢慢转向双语和跨语言，只是人们还没有意识到多语言的发展已经迫使他们不得不跳出单语的束缚。直到1980年和1990年两篇奠基性文章问世，双语研究领域的地位才开始得到巩固。人们逐渐意识到"单语言"理论在解释双语和多语者认知加工方面的局限性——双语和多语思维需要自己的理论。语言相对论聚焦于不同语言之间的结构差异。一些现代学者称不能把语言归结为结构。因此，他们不再局限于研究不同语言的语法结构差异，而是超越对萨丕尔·沃尔夫假说的传统理解的界限，并设想语言可以在很多层面上影响思维。

（三）双语和思维的关系

新时期人们对双语者和多语者思维的研究不断增多。思维的定义包括两个方面：一是思维的内容，即说话者对世界的概念；二是思维的加工过程，如注意力、记忆和推理。事实上，很有可能只有双语者才直接受到了语言相对论的影响。为了了解这些影响，人们更应该多关注双语者。近阶段对于跨语言和思维的研究更多的是以时空思维和隐喻性语言为切入点。

1. 双语学习影响思维

首先，在范畴认知层面。学习者所接触到的第二语言或许比自己的母语在某些范畴层面划分得更加细致、全面或概括。那么，双语者在习得第二语言之后思维会发生怎样的变化呢？第二语言是否会对其母语概念范畴造成影响呢？阿萨纳苏拉斯（Athanassoulas）认为，新范畴的学习会使双语者对原有范畴进行重组。维维安·库克（Vivian Cook）认为，双语使用者表现出一种中间模式，在认知中同时保留两种范畴。贝内德特·巴西特认为，双语使用者存在单概念场景和双概念场景。例如，关于午餐（lunch）概念的认知。在英语中，与"午餐"一词最相关的食物是三明治和薯片；而在意大利，"午餐"一词则倾向于指主食和肉类。研究发现，一部分英语—意大利双语者在讨论午餐时想到的是三明治和薯片，另一部分人想到的是主食和肉类。以英语为母语的意大利语初学者在讨论午餐时更倾向于三明治和薯片，而水平较高的意大利语学习者则会想到主食和肉类。意大利语的蓝色分为深蓝和浅蓝，英语的蓝色只用blue来概括。在双概念场景中，双语使用者有两种分开的概念。当说不同语言时，他们会有不同的思维方式。双语使用者在说英语时，午餐对应的是三明治和薯片；而在说意大利语时，午餐对应的是主食和肉类。同样，双语使用者在用意大利语说蓝色时，思考的是深蓝；而说英语时，思考的是蓝。

其次，在时间思维层面。从20世纪末开始，一些研究者不再用传统的眼光看待语言思维，而是在承认二者相互关联的双向关系的前提下，研究语言思维在同一时刻的联系，即从共时角度来研究语言思维之间的关系。21世纪以来，西方语言学流派开始采用实证研究的方法考察语言思维，如丽拉·波诺迪斯基（Lera Boroditsky）、陈振宇（Jenn-Yuchen）和帕得里克（Padrdaig）、富赫曼（Fuhrman）和麦考密克（McCormick）等人从时间思维方式入手研究语言对思维的影响，运用心理学的启动刺激（priming）原理研究受试者对不同排列方式的时间事件的反应时间。启动刺激是指由于之前接受某一刺激的影响而使得之后对同一刺激的知觉和加工变得容易的心理现象，通过不同母语者对时间的隐喻性表达，以及在实验中对于时间事件发生前后呈现的方式的反应时间，得出不同的时间思维倾向性的结论。在汉语普通话中，除了使用"前或后"之外，讨论星期、月份和学期等时习惯用"上或下"来表示。英语时间表达是单线型的，呈现水平不对称的轴线分布；而汉语时间表达则是复合型的，有水平和垂直两个方向。富赫曼和麦考密克等人在实验中考查了不同水平的汉英双语者，在母语为英语、二语为汉语的一组结果中发现，汉语水平高的英汉双语者垂直时间思维倾向更像汉语母语者。由此可见，双语使用者的时间思维会受到第二语言的影响。

2.思维影响二语加工

我国的内研究发现，思维对语言存在反作用，尤其是对第二语言的加工处理。母语作为第一语言，对思维习惯有着长久且深远的影响，是第二语言不能替代的。杨文星、文秋芳[①]称思维方式影响语言加工。这里的思维方式不只局限于母语思维，也包括双语思维。人类在使用语言时会受其思维方式的影响，为了适应这一语言而转变思维方式。母语加工会受思维方式的影响，双语加工同样也会受思维方式的影响。

---

① 杨文星,文秋芳.汉、英本族语者时间思维方式对母语和二语加工的影响[J].外语与外语教学,2017（2）：61-68.

3.隐喻性语言与时间思维的关系

陈光明[①]的实验采用非正式访谈形式对受试者表达时间事件时所用的手势语言进行采集，发现人们的认知加工和隐喻性语言并非完全一致。比如，汉语中存在垂直的时空隐喻方式，受试者在说"上个星期"的时候，他的手势也会指向左；而英语母语者的手势和英语中的时空隐喻方向一致，呈水平轴线分布。然而，英语受试者在回答汉语问题时则表现出典型的汉语认知模式。由此可以得出，母语构建了惯性思维模式，而第二语言的学习也会影响思维和认知。

从古至今，人们对语言思维关系的研究慢慢揭开了其神秘的面纱，研究的深度和广度也不断加大。研究视角从单语到双语，研究方法从哲学辩论到实证研究，通过控制变量使研究更加科学、严谨。人们越来越以审慎、客观的态度来看待二者的关系。思维是一个抽象概念，想要把它具体化来看其与语言的关系是一件非常困难的事情，但是其在各个研究领域中都在不断地寻找新的突破点。

语言思维从单语转向双语的研究视角，不仅促进了双语理论的发展，还使沃尔夫的语言相对论焕发了新的活力。新时期语言思维关系的研究摆脱了单语的束缚，以实验法对比研究不同的语言和双语者的第二语言习得，呈现出更强的跨语言、跨学科趋势。本研究通过分析语言思维的发展历程和最新发展趋势，希望能够深化对语言思维关系的认识，未来可以从更多创新的角度去研究语言、研究人的思维和认知。

第二节　思维的分类

一、思维的概念及基本特征

思维是人脑对客观事物间接和概括的反映，是认识过程的高级阶段。人类通过思维，能够获得对事物的本质属性、内在联系和发展规律的认识。

人类思维的基本特征是间接性和概括性。

（一）间接性

间接性是指借助媒介和已有的知识经验来认识事物。例如，医生借助心电图间接了解患者心肌缺血情况，气象学家根据各种现象对未来天气变化做出预测，天文学家通过现有的天文现象推测宇宙的过去和将来等。由于思维的间接性，人们可以超越感知觉提供的信息，认识那些没有直接作用于人的事物，并揭示出事物的本质及其规律。

---

① 陈光明.时间认知与语言相关性的手势语研究——以英、汉母语使用者为例[J].北京航空航天大学学报（社会科学版），2017（6）：69-77.

（二）概括性

概括性是指同一类事物共同的、本质的特征，以及事物间规律的反映。思维的概括性是借助概念来实现的。例如，树有不同的形态，人的思维对它们共同特征的反映即"树是多年生木本植物"，并把这种认识推广到同类事物中去，进而认识各种各样的树。思维的概括性使人们的认识摆脱了具体事物的局限，这不仅扩大了人们的认识范围，也增加了人们认识的深度。

二、关于思维的分类

在心理学、思维科学中，人们依据思维的不同属性或从不同的角度，对思维进行多种分类，举例如下：

彭聃龄在《普通心理学》一书中将思维分为：①直观动作思维、形象思维和逻辑思维；②经验思维和理论思维；③直觉思维和分析思维；④聚合思维和发散思维；⑤常规思维和创造性思维。

朱智贤、林崇德在《思维发展心理学》一书中思维分为：①根据抽象性分类：直观行动思维、具体形象思维和抽象思维。②根据实践活动目的不同分类：上升思维、求解性思维、决策性或决断性思维。③根据思维的智力品质分类：再现性思维和创造性思维。

卢明森在《思维奥秘探索》一书中将思维分为：①按思维的基本单元分类：动作思维、形象思维和抽象思维。②按思维结构的功能分类：再现性思维和创造性思维。③按思维的主体分类：个体思维和社会思维。

根据这种从不同角度对思维进行的分类，可以对思维进行多方面的研究，是有意义的。比如，"聚合思维与发散思维"是由吉尔福德（Guildford）最早提出来的，是对思维方法的一种创新，对于培养创造性思维是很有价值的。

上述分类存在范围窄的问题，并且有的分类内涵重复。比如，直觉思维与分析思维，前者属于形象思维，后者属于逻辑思维。又如"动作思维"，"一般是在人类或个体发展的早期所具有的一种思维形式。动作思维的任务或课题是与当前直接感知到的对象相联系，解决问题的思维方式不是根据表象与概念，而是根据当前感知觉与实际操作"[①]。动作思维实际上是与形象思维相联系的技能在形成过程中表象与动作（知觉）的整合，这个整合是形象思维的过程。例如，一个初学打乒乓球者在开始练习时，往往接不着对方发来的球，他的大脑中没有或很少有乒乓球的球路的表象，手接球的动觉感（表象）也未形成。经过反复的练习，他对于球路的表象积累多了，手的接球动觉感开始形成，这时视觉表象（球路）和动觉表象一致起来，球打得顺手了，打乒乓球的技能就形成了。这时与技能联系着的思维转为隐性思维，他好像不用思维就可以发球、接球。两三岁的儿童举手拿东西，如拿碗，开始时，够不着，或拿不准、拿不住。经过一段时间后，他就能拿住了。其中，他

---

① 刘道义.谈英语学科素养——思维品质[J].课程·教材·教法，2018(8)：80-85.

每次拿碗都有一个表象，多次拿时不断补充，修正表象。最后，正确的拿碗的表象和手的活动一致起来，也就是拿碗的技能（一种简单的技能）形成了，思维成为隐性的了，儿童似乎不用动脑就可以拿住碗了。

第三节 思维的培养方式

一、超前思维的培养

超前思维是一种行动前的猜想，是超越于人们实践活动的思维，是对将要发生事物的科学预测。超前思维是一种指向未来的思维过程的思维方式。培养超前思维需要从两个方面入手：一是目标明确。远大的理想能引导人们不断超前探索，而明确的目标则能赋予人们超前思维的力量。二是优化知识结构。人们要善于将多种知识相互交叉、碰撞、渗透和结合，使自己的知识结构广博专精。经过这样坚持不懈地努力，人们就能渐渐地培养并提高自己的超前思维。

二、思维深刻性的培养

思维的深刻性是指善于深入思考问题，抓住事物的规律和本质，预见事物的发展进程。思维的深刻性是一切思维品质的基础。个体要想培养思维的深刻性，首先要扩大知识面。充分了解自身的知识范围和知识掌握程度等对于思维活动的深入展开具有重要意义。其次，个体要掌握逻辑的思维方式，防止思维的片面性和局限性。

三、思维灵活性和敏捷性的培养

思维的灵活性和敏捷性，是指在具体思维操作中善于随机应变，能够灵活地改变加工信息的方法，迅速地发现问题、解决问题。开展广泛的联想，举一反三、触类旁通，从多个角度提供解决问题的可能答案，可以培养思维的灵活性和敏捷性。

四、思维创造性的培养

思维的独创性是指善于通过独立思考提出有社会价值或个人价值的新颖思想或创造出新产品。个体要想培养思维的独创性，首先要注意知识的概括化和系统化。概括化和系统化的知识是浓缩了的知识，易发生知识的迁移，并有助于在知识迁移过程中创造出新概念。

第九章 高校英语思维培养策略

第一节 创新思维培养

一、创新思维对于英语教学的作用

学生学习英语的过程绝对不是简单地知识积累，而是要通过对知识的消化掌握，形成自己的知识体系，并熟练地进行运用。这就要求教师在英语教学中要注重培养学生的创新思维能力，注意运用各种创新思维的教学方法，从而培养学生的创造性思维，强化学生在听课过程中的反思意识，建立和谐互动的师生关系，营造创新求索的教学氛围。同时，教师运用创新思维还可以激发学生学习的主体意识，培养学生自主学习的能力，使学生加深对知识的理解和运用。

二、创新思维在英语教学中的运用

（一）发散思维在英语教学中的运用

发散思维又称为"作多项思维"，是创新思维的一种类型，也是创新思维的核心内容。发散思维就是通过想象和联想来发现事物的新领域、新方法和新观点。教师要在英语教学中运用发散性思维，可以设计一些适宜发散思维的多媒体课件，设计一问多答、举一反三等方面的问题。例如，在学习了"pay attention to"（注意）这个词组之后，教师可以让学生进行发散性地思考：还有什么别的词组可以代替这个词组？有的学生会举出"focus on"（专注于），有的学生会举出"aim at"（旨在）等。教师可以进一步提问这些词句的具体区别。又如，在学习了"salary"（薪水）这个词之后，教师可以让学生比较 income（收入）、wage（工资）、pay（工资）等词的词义区别，鼓励大家发散性地去思考问题，教师还可以让学生尝试着用学过的词语去解释新学的生词，加深学生对新知识的理解。通过发散性思维在英语教学中的运用，可以使学生克服静止孤立思考问题的习惯，也可以减少思维定式的消极影响，从而增强学生运用英语的能力。

（二）求异思维在英语教学中的运用

所谓求异思维，就是从同一材料中探求不同答案的思维。在课堂教学中，教师可以要求学生用不同的词汇表达同一内容、用不同的方法解答同一问题、从不同的角度分析同一人物形象、用不同的观念阐述同一作品的主题等，这些都是训练求异思维的活动。求同思维适用于学生学习的共性因素，而求异思维则更适合于学生的个性心理差异，使学生更深入细致、灵活变通地掌握知识和解决实际问题，高校英语教学主要运用求异思维。这是因为大学生正处于心理、生理发育的最快时期，他们好奇心强，求知欲旺盛，喜欢求新存异，有一定叛逆的特征。这些都是在高校英语教学中运用求异思维的基础。高校英语教师在进行教学时，要抓住学生的这些心理特点。鼓励学生发表自己的看法，激发学生的求异思维。

（三）创意思维在英语教学中的运用

所谓创意思维，就是通过视觉和感觉神经将记录的信息储存下来，然后将不同信息进行分类、消化、溶解到本体思维中。当新信息涌入时。本体思维就会迅速对新信息进行逻辑判断，使本体思维在不断注入新信息的同时产生变化，从而形成新思维的一个过程。在英语教学中运用创意思维时，教师可以充分地借助现代信息技术和多媒体技术等教辅手段，设计多媒体教学课件，让学生对学习的内容有直接的感官认识[①]。在使用多媒体课件进行英语教学时，教师要力求课件的作用能够达到使学生的形象思维转化为抽象思维，由感性认识上升为理性认识。同时，教师要在教学中对学生进行指导，让学生对学习的材料有充分的认知；同时把要教授的知识点融入课件之中，在学生观看的过程中，对其进行引导和启发，加强与学生的互动、沟通。

（四）逆向思维在英语教学中的运用

逆向思维是对司空见惯的、似乎已成定论的事物或观点反过来思考的一种思维方式，这种思维敢于"反其道而思之"，让思维向对立面的方向发展，从问题的相反面运用英语思维和教学研究深入地进行探索，树立新思想，树立新形象。当其他人都朝着一个固定的思维方向思考问题时，学生可以朝相反的方向思考，这样的思维方式称为"逆向思维"。在英语教学中运用逆向思维时，教师必须要解放思想，敢于突破原有的一些思维定式。比如，在教学中，教师不一定要严格按照大纲规定的教学进程，从单元1（Unit 1）开始教起，而完全可以按照自己的教学思路，在确保学生可以接受的情况下，从有利于教学开展的单元开始教学。又如，新一轮教育课程改革后，教学的内容分为必修和选修两个部分，教师对于必修的内容不一定要比较多的课时进行教学，对于选修的单元也可以相对多花时间进行教学。综上所述，在英语教学中，创新思维的运用对于培养学生的创新思维能力、激发学生学习的主体意识、建立良好的学习氛围和师生关系具有重要的作用。因此，教师应注意多角度、全方位设计各种问题，激发学生的发散、求异、创意和逆向等思维，从而使学

---

① 王乐平. 英语思维是这样炼成的 [M]. 广州：华南理工大学出版社，2010：55-56.

生对学习的知识由感性认识上升到理性认识，充分发挥学生在英语教学中的主体性作用，让学生根据所学的知识去创造、去探索。教师则要在学生创新和创造的过程中给予其必要的启发和指导，进一步增强学生学习和运用英语的能力。

三、创新思维运用的方法

创新教育是对教育质量的巩固和深入，强调在教学中教师应该把学生当作教学的主体，教师运用启发式教学方法组织各种活动来培养学生独立思考、自我创新的能力。为了发展学生的创新思想，教师必须把创新思维运用到英语教学中。教师怎样把创新思维运用到课堂上？这个问题成了所有从事英语教育工作者必须思考的问题。

（一）研究教材，按自己的计划发展学生的创造性

例如，当教授关于中西方餐桌礼仪时，教师不但要帮助学生记忆一些有关句子和词汇，以及在点餐时的问答，而且要给他们创设一些生活情境，如让学生创设去西餐厅吃饭，点餐和服务员交流的实际场景。在遇到表达不清时应该怎么办？或者不知道如何表达菜名，但还需要继续点餐和用餐时，又该怎么办？教师应在加强实际场景对话的练习后，再继续布置任务，让学生组成小组对相关的中西方餐桌和菜品做出相应的调查和研究后，在课堂上做出英文的 presentation 展示，讲解给班级里的其他同学。这一分享和研究的过程是培养学生创造性的教学设计。

（二）教学的组织

在传统教学中，教师在课堂上只讲知识，学生在课后记忆。对大多数学生来说，他们在课堂上记不住，因此课后就必须花更多的时间继续学习，但是效果不一定很好。在课堂上运用创新思维后，教师可以找一些方法帮助学生当堂记忆。

（三）设计问题的艺术

教学本身在某种程度上也是一种艺术的体现。问题设计得适当与否直接影响学生的理解和接受，影响学生思维的发挥。因此，教师在设计问题时必须统揽全局，根据不同水平的学生设计不同层次的问题。问题必须要有意义，还要有趣味性、逻辑性，便于学生进行发散性思维，最终使得课堂变得轻松，能激发和帮助学生学习以及与教师合作，达到更好的教学效果。

（四）教师素质要求

为了成功地把创新思维运用到英语教学中，必须对教师提出一些要求。传统教学的主要目的是帮助学生学习前人积累下来的知识经验，然后让学生运用这些方法来处理再次发生的事情，教师是照搬知识的人，但在现代信息社会，对一个人来说最重要的事情是创新，教师必须知道怎样培养学生用创新的方法来处理问题的能力，因此对教师有了更多的要求，包括以下三点：

1. 转变教学观念

教师应使学生具备转变旧观念、接受新观念、具有创造新理念的能力。当知识老化的时候，学生应能够自觉学习新知识。因此，教师转变教学观念非常重要。

2. 形成现代教育理念

蔡元培曾经说过："教育不是为了过去和现在，而是为了未来。"如果一个教师只盯着分数，那么教育就会变化。现代社会是一个高科技的信息社会，教师应有现代的教育理念，了解社会对学生的需求，了解创造性教育和个性化教育，抓住目标才能成为一个优秀教师。

3. 提高教师素质

人们常说，要给学生一杯水，自己必须有一桶水。如今，教师更应该是一个泉眼。因此，教师必须提高自己，不仅在知识方面，还在人格魅力方面。世界在飞速地发展，个体如果没有创新精神，就跟不上时代潮流。英语是交流的一个重要工具，学生是国家的未来，对他们来说，教学是学习英语的重要途径，因此教师必须要不断学习、不断发展，关心学生，只有把创新思维运用到教育中，才能真正做到"教育面向世界，面向未来，面向现代化"。

第二节　模仿思维的培养

一、英语教学中培养学生的模仿思维的具体做法

英语教学的目的是使学生掌握一定的英语基础知识，培养学生在实际交际中熟练运用英语的能力。因此，教师应该在教学中改变以教师为中心，偏重语法结构的分析和讲解及机械的句型练习的教学模式，采取以学生为中心的模式，加强训练指导，指导学生多模仿英美原声，让学生体验纯正英美发音和地道的语音语调。最后将其升华并内化为学生自己的特色。

（一）提倡英语教学中的模仿

人类从出生到牙牙学语，从幼童到长大成人，可以说在人生的每个阶段都离不开模仿。这是因为模仿是人类学会做事情的主要方法，是一个人在学习过程中必然经历的阶段。古希腊的著名哲学家德谟克利特曾说过："在许多重要的事情上，我们模仿动物，做动物的学生。从蜘蛛身上，我们学会了织布和缝补；从燕子身上，我们学会了造房子；从天鹅和黄莺等歌唱的鸟身上，我们学会了唱歌。""模仿"一词在词典上被解释为"照某种现成的样子学着做"。可以说，模仿就是人的一种本能。那么，如何提高学生的英语口语水平，使他们的发音、语气和语调都地道纯正呢？模仿英美原声就是一个不错的选择。学生可以尝试以下方法。

1. 多听多读

学生如果能够经常大声朗读英语，则能够促进记忆，有助于英语成绩的提高。同时，英文是典型的拼音文字，与汉语大不相同，学生通过大声朗读更容易习得拼读的技巧和规则。当然，为了更好地提高朗读效果，学生在朗读前一定要多听几遍，然后试着模仿，逐渐培养自己的语感。而要想有较大收获，学生就必须每天坚持听和读，这也符合语言学科的特点。

2. 大胆开口

知识输入有了听和读作为铺垫，学生还要多讲多说，因为开口讲话是语言的输出，只有语言的输出足够多，才能真正学会一门语言。英语教师应尽可能多地为学生创设机会，让学生开口说英语，要让学生克服怕说错、怕丢人的心理障碍，让学生不但在课堂上可以大胆地用英语交流，在课余时间也要让学生积极大胆地用英语相互交谈。英语教师可以在班级尝试性地办英语角，每期给学生一个主题，任凭学生自己发挥，说错也不要紧，就是要锻炼学生开口说英语的胆量。这可以大大激发学生学习英语的积极性，使学生对英语学习产生极为浓厚的兴趣，而且可以提高其口语交际能力。

3. 角色扮演

兴趣推动兴趣是引导学生学习的最好的教师。兴趣导航，事半功倍。在教学中，教师可以尝试性地让学生进行角色扮演的游戏，为他们创设最真实的语言环境，让学生能够灵活地运用所学语言处理实际问题。

（二）模仿时遵循的原则

1. 选择正确清晰的英美原文

利用软件跟读来训练自己正确的语音语调，提高流利程度，培养英语语感，这是模仿的必要手段①。教师在指导学生选择听力材料时要十分谨慎，要为学生把好关，避免学生把宝贵的时间和精力浪费在模仿错误的材料上。

2. 大声模仿，注重总结

大声模仿，这点特别关键。学生在模仿英美原文时一定要大大方方、清清楚楚。教师要注意指导学生口型要到位。当然，学生刚开始模仿时不可能说得特别流利，此时教师应指导学生把语速放慢，慢速模仿，只有发音到位，口腔打开，音发准了以后，才可以逐渐加快速度，并逐渐采用中速和快速，最后直到脱口而出流利的英语。

3. 反复、仔细模仿，最后升华并内化

英美原声的英语固然优美，但那不是一朝一夕就能够达到的。学生在模仿时一定要有耐心、恒心和信心。模仿的练习必须反复进行，只有不厌其烦地重复模仿，才能达到量的积累，从而实现质的飞跃。但反复、重复地操练和模仿并不等同于机械地做一些无用功。教师仔细透析一下便可以发现，学生在重复模仿的过程中，多多少少都增加了思考。他们

---

① 束定芳，庄智象. 现代外语教学——理论、实践与方法 [M]. 上海：上海外语教育出版社，2008：44-47.

在这一过程中,实际上会形成对发音规则的潜意识,最后经过不断的由强化训练到自觉练习,久而久之就会将其内化为自己的发音风格。实践证明,模仿英美原声在英语口语教学中的作用效益凸显。模仿不但刺激了学生的积极性,而且能够真正地提高学生的英语口语水平。从而让学生在学习英语的道路上形成良性循环。而英语教师也在指导学生进行英美原声的模仿训练中掌握了技巧和经验,从而促进了教师自身教学水平的提高。可见,模仿的充分应用和正确应用能实现教师和学生在英语教学中的双赢。

二、模仿教学在英语教学中的应用

(一)模仿教学的理论基础

众所周知,模仿是人的生物学本能之一,是人类获取动作技能和智力技能的有效手段。通过模仿,各种信息得以最直接的传递和接收,从而使知识的获取和技能的习得在自然而然中得以实现。在英语教学中,教师如果能科学、有效地运用好这一手段,不但会缓解初学者对英语的陌生感和晦涩感,还可以在潜移默化中培养学生对英语的兴趣,使学生从感性认识的层面认同和接纳英语,实现英语教学的良性、可持续发展。现代教育理论认为,模仿教学的理论基础是模因理论。模因理论是基于达尔文进化论的观点解释文化进化规律的新理论,是指文化领域中人与人之间相互模仿、散播开来的思想或主义,并一代一代地传递下来。该理论的核心是模因。关于模因的定义,有两个形成阶段:前期被认为是文化模仿单位,表现为曲调旋律、想法思潮、时髦用语、时尚服饰、器具制造等模式;后期的模因被看作大脑里的信息单位,是存在于大脑中的一个复制因子。模因词源上来自表示"模仿"的希腊词语"mi meme"。在《牛津英语词典》中,模因的定义是文化的基本单位,通过非遗传的方式特别是模仿而得到传播。可见,模因复制的基本特征是模仿,因模仿传播而生存,语言是它的载体之一。从模因论的角度看,语言模因揭示了话语流传和语言传播的规律。语言本身既是一种模因,也是模因传播的载体,它的功能在于传播模因。模因理论为语言演变引入了信息复制的观点,也为英语教学提供了一种新的研究思路,启发教师在英语教学中可以借助模因复制和传播的方式有效地引导学生进行模仿和套用,提高语言的实际运用能力。

(二)模仿教学的分类

模仿教学是多方面的,按照模仿的不同内容可以分为对语音的模仿、对形态的模仿和对语意的模仿。

1. 对语音的模仿

语言学科最主要的信息是声音。对语音的模仿包括模仿语音,模仿语调,模仿语速、语气以及模仿声音的节奏。基于此,教学重点就是语音的听、说、读到模仿训练,听音练耳,学腔模调,鼓励学生积极参与、大胆表达,侧重提高他们对语言的感受和初步用英语进行听、说、唱、演的能力。学生的语言表达能力总是在模仿和使用中增强的。因此,正确地学好发音，对学生学习语言至关重要。

2. 对形态的模仿

口腔是发音的重要表现，无论是单词和句子、还是对话教学，学生都要通过口腔进行语音操练，人类用身体来表达的意思是非常丰富的。教师在教学过程中可以恰当地辅之某些身体动作，使学生在表演的过程中进行学习，这将会激起他们的学习兴趣和学习热情。因此，教师可以结合自己的教学内容，让学生边模仿动作边朗读，尽可能把学生的注意力都集中在教学内容上。对于课文中涉及动作的内容，除了单纯的朗读和讲解外，教师可以通过让学生进行动作的模仿表演来加强对知识点的理解和记忆。

3. 对语意的模仿

语意模仿是指让学生在教师创设的简明语境中对语言材料的部分内容进行移代、更换的模仿方法，其目的是让学生通过在有意义的情景中模仿，不再跟着教师或录音依样画葫芦，而是进一步理解所模仿材料的意义和用法，强调句子在语义上的功能，在掌握语言材料基本结构的同时，真正明白所模仿的语言表达的意思。按照模仿不同的阶段来划分，模仿可分为机械性模仿、意义性模仿和创造性模仿三个阶段。在每一个阶段，学生的模仿内容与教师所起的作用是不尽相同的。

（1）机械性模仿是语言模仿的初级形式，也是语言学习的必由之路。机械性模仿主要是通过纯口腔性的操练，帮助学生对新学的知识形成比较稳定的语音形象。如在音标教学中，大可不必把每一个音标的发音部位、发音方法像体育教师教授体育动作那样将动作分解、示范、操练、整合，只需控制好教学气氛让他们进行模仿，让其感觉模仿恰似婴儿牙牙学语般新奇有趣，使他们感到模仿也是一个语音信息、语言信息的交流过程，他们就会饶有兴趣地"人云亦云"，只要教师的发音是准确的、学生的发声器官是健全的，模仿的效果就必然是好的。

（2）意义性模仿是让学生在有意义的情境中进一步地进行替换性模仿，以理解所模仿的语言材料，明白所模仿内容的意思。

（3）创造性模仿是模仿学习的最高层次，是指在机械性模仿和意义性模仿的基础上，将模仿而得的语言内化为学生自己的语言，并在新的情境中进行新的选择和组合，创造性地运用模仿前期所获得的语言知识，让语言在新的情境中为真正的交流和表达服务。创造性模仿的一大特点是此时的模仿已不再是原模仿语言的简单再现。它要求学生在创设的新的语境中，对所学的语言材料进行选择，组成符合新情境的新内容。它需要经过思维和想象创造性地运用模仿前期所获得的语言知识，将模仿到的结构重新组合成新的结构，在新的情境中自由发挥和表达思想和感情。总而言之，模仿作为一种教学手段，既是英语教学的必由之路，也是学习英语的一种途径，持之以恒地引导学生进行科学有效的模仿对学生的英语学习是大有裨益的。如果有一天，英语像母语一样渗透到学生的语言和思维，那就是教学工作结出硕果的时候，其中，当然也有"模仿教学"的一份功劳。

第三节　艺术思维的培养

根据思维任务的性质、内容和解决问题的方法，可以将思维分为直观动作思维、形象思维和逻辑思维。形象思维是指人们利用头脑中的具体形象（表象）来解决问题，表象的主要特征是直观性。直观的形象为概念的形成提供了感性基础，有利于对事物进行概括的认识，促进问题的解决。

一、艺术思维的第一个重要特点是形象性

《思维方式与社会发展》中提到，艺术思维是直观类思维方式的一种，是与形象思维有直接关联的特殊思维方式。在艺术思维活动中，思维的对象并不是抽象的概念和命题，而是具体、直观和形象化了的东西。因此，在英语学习中，大部分学生喜欢形象的东西，会更多地关注教师的体态和姿势，希望教师能借助音调、节奏、手势语和体态语等生动的形象语言来授课。对此，英语教师应努力使教学过程形象化。形象化的英语教学首先应遵循模仿原则。语言是人们在长时间的实践中形成的认同符号，学生学语言是个模仿的过程。他们每天模仿父母、周围的人等一切可以模仿的东西，并且模仿英语思维与教学研究越来越像。然后，学生会渐渐停止了模仿，并且逐渐形成融合自己个性特征的语言方式。模仿是英语学习的基础，创新源于模仿。英语学习者必须模仿已有的东西，只有通过模仿，真正掌握了英语的精髓之后，才能形成自己的语言风格。大部分学生对语言的模仿就是对具体、直观的形象的模仿，这种直观的形象反过来也要具有艺术性。这要求教师能通过优美的板书、得体的教态、幽默的语言和机智的课堂表现，向学生展示其人格魅力和艺术修养，对学生进行潜移默化的影响。在教学过程当中，教师可以利用简笔画、英文歌曲、英语绕口令和短剧表演等表现形式来增强教学的艺术性，使学生获得足够的审美体验。教师还要注意对课堂教学的调控，使其富于变化，有高潮，有过渡，交替自然，难易适中，能调动多种感官活动。一堂好的英语课就像一首美妙的乐曲，应该是跌宕起伏、动静结合的，既有酣畅淋漓的热烈感受，也有恬静安详的轻松氛围。

二、"想象性"与"逻辑性"是艺术思维的另一个特点

在艺术思维中，主体总是"浮想联翩"，脑海中自始至终都不断地进行着较清晰、较具体的形象思维活动，表现为一个创造性的综合想象过程。这一思维过程打破了"逻辑思维"的常规性和有序性。因此，学生在英语学习中倾向于能使他们进行想象的人和物，如生活中的一个故事、一段情节、一个场景和一段旋律等。因此，教师可以结合授课内容适当选择有利于构造明确，具体形象的辅助材料，并且采用学生较熟悉、易操作的内容或方

式来组织具有想象性的课堂活动。例如，请学生想象自己未来的生活状态，看图想象说话、作文，或为某一篇课文设计另外一个结尾等。另外，教师可以结合生活，扩大学生的词汇量。在讲单词的时候，教师可以拓展其派生词并联系生活，引起学生的联想。例如，在讲 peer（窥视）、pistol（手枪）时，可以把它们理解为象形词，如 involve（卷入）可以从 Volvo（沃尔沃汽车）的象形讲到 in 的前缀；swallow 既是燕子的"燕"也是吞咽的"咽"；从 Pick up（皮卡车）学会了加速捡东西；communication 交流、沟通，就是交通，然后从交通银行扩充到各大银行的英文名称 Communication Bank 等。最后，笔者建议学生把英语学习融入课外生活当中，平时多注意观察生活中出现的英文单词，激发学生的学习热情，提高学生学习的主动性。

三、艺术思维是感性的

艺术思维是一种渗透着主体浓烈情感因素的思维活动，是一种寓理于情的思维。因此，在英语学习中，学生对充满强烈情感体验的课堂活动会表现出极大的热情。例如，学舞蹈的人听到乐曲会情不自禁地随着节拍摇摆，学音乐的人听到熟悉的音乐会跟着唱起来。教师在课堂上可以播放一些能够震撼学生内心的英语影片供学生欣赏，或把课文内容改编成戏剧，并由学生担任角色表演，以此促进学生的英语学习。部分学生对英语的学习态度是消极的，也就是说，班集体的消极情感占了主导地位，通常导致学生被动学习和抵制学习。教师要善于调动班集体的积极情感，发现学生的长处，善于捕捉学生的每一点进步，并让学生感受到自己的进步，进而坚定学习的信心和决心[1]。教师要善于鼓励，及时反馈，要创造机会（竞赛、表演、演示等），让学生展示自己学习的成果，使学生体验到一种"成就感"。这种成就感不但可以激发学生进一步学习的信心和决心，而且可以形成英语学习的良性循环。另外，教师也可以尝试小组学习，即把大班分成自我驱动的小组，让学生在小组中进行合作学习，这是人本主义心理学家倡导的一种学习方式。合作小组由四到六个学生组成，他们由于共同的目的而团结起来，为完成任务，使每个人得到提高而一起学习。小组学习的形式有拼版式、小组调查和角色扮演。学生小组的学习方法有分工法和小组讨论等。小组学习使学生能在轻松合作的氛围中学习，发挥团队合作精神，体验集体感、荣誉感和成就感。人们往往把思维活动分为逻辑思维和形象思维，而语言则与逻辑思维密切联系，艺术主要表现为形象思维。学生也具备逻辑思维方式，但由于受到艺术实践的影响，逻辑思维在思维活动中不占主导地位，这恰恰是艺术思维在英语学习中的局限。教师可以从思维方式的差异分析入手，联系语言习得，结合英语教学理论，进而探讨适于艺术思维的英语教学方法。经初步证实，英语形象教学法能较好地吸引学生的课堂注意力，促进学生在课外生活中联想英语学习的兴趣，从而对学生的英语学习起到一定的促进作用。

---

① 李宇. 多维导图促"悦"读：思维导图在英语阅读课中的实践[J]. 福建教育学院学报，2020，21（2）：42-44.

第四节 理性思维的培养

随着新一轮基础教育课程改革的实施和英语课堂教学改革的深入，在精彩的英语课堂教学环节中，课堂教学的有效性显得尤为重要。这也为英语教学提出了更高的要求，教师更要注重课堂教学的有效性，关键就是日常的教学要结合学生实情，让理科思维融入英语教学，给学生以语言实践，突出课堂高效。英语教学教无定法，没有一种教学方式可以适合所有的学生和所有的课堂，应视不同的教学对象施行不同的教学方法，即因材施教。总之，对于英语课堂教学、英语思维和教学研究效率的提高，方法是多样的。个别教师认为，英语教学只不过是扩大学生的词汇量，向学生介绍语法使用的方法，将词汇辨析和语法分析贯穿阅读全过程。如果学生为应付考试盲目做题，不注重拓宽知识面，不能融会其他课程的思维来进行预测、判断和推理，那么最终将导致学生认为只有记下课本单词、背好课内语法就可以学好英语。教师应该从"爱心倾注，构建和谐师生关系"来进行教学。

一、理科思维与英语教学

苏霍姆林斯基说："真正的学校应当是一个积极思维的王国。"理科是实验性学科。但是，也有大量的文字笔记需要学生记忆，而这些笔记则是教科书知识的浓缩、补充和深化，是思维过程的展现和提炼。"看、记、思、展"这一思想既适用于理科，同样也适用于英语。

（一）"看"

学生要看实验中的现象，在掌握最基本的物理性质的前提下，通过现象掌握核心的化学性质。看英语单词构成和句子逻辑，看清构成单词的字母顺序。对于学生学英语很关键。因此，教师在教学时要提醒学生意识到这一点，主要是看句子逻辑，看清句子成分，即主、谓、宾、状等。

（二）"记"

学生要记实验现象，记方法步骤。对于英语单词，学生一定得记标准发音。其实，熟读便是记，对于句型，同样以读为主。

（三）"思"

学生要想象分子构成，想象其空间模型。在英语中，学生则要思考各种时态的细微差别。一种时态对应一种标志或暗示。教师在平时的教学中需要引导学生对此进行思考和总结。

（四）"展"

展，即拓展。在有机化学中，一种分子结构可以构成几种物质，这就是物理本质上进行化学性质的改变。而英语学习需要怎样的拓展呢？英语学习要注意构词法的规律。教师在教授中，注意适当进行构词法的讲解，让学生掌握一些规律，如一些单词的词尾y、ly、d、ing、ment、ness、ous、al、ation、ful等一些词缀。如此，学生可以更好地掌握词性，扩展词汇，加深记忆甚至对陌生的词进行词义猜测。

（五）英语教学的"同课异构"与回归

所谓同课异构，就是立足教学实际，同课是基础，异构是发展，基础内容是前提，而所采取的教学方法和策略各有不同，教师要运用不同的构思来进行有效教学，这就构成了不同结构的课程。这种全新的理念无疑是提倡运用理科的逻辑性思维创设英语教学环境与流程。让传统的死记硬背式"文"英语变成可灵活掌握的"理"英语①。但教学过程往往会受到教师、学生和媒体等诸多因素的影响，教师应该综合考虑各种因素，坚持以学生为本，所创设的理科情境要有一定的真实性和现实意义，不仅要注重学生的兴趣，更要注重所创设的教学情境紧扣教学知识和教学技能。

二、"理"性运用"互联网+"教学

现代教学技术作为一种现代化的教学手段，已被广大教育工作者认可。但是，如果把现代教学技术仅停留在将小黑板换成投影屏幕或电子白板这一层面上，就不能充分发挥现代教学技术的全部功能，也就不能真正体现现代教学技术在教学中的价值。所以，教师如何更有效地利用现代教学技术很关键。英语是一门实践性很强的学科，听、说、读、写等要一起发展。如同建造房子，单词是砖块，语法是设计图纸，做习题是实际建造，听力和语言表达是完善的装饰功能。教师必须把学生置于运用语言的活动中去感知、分析、理解、操练，从模拟交际到真实交际，以达到让学生真正掌握英语的目的。所有这一切都必须依靠发挥学生的主观能动性，激发其学习兴趣，使其形成良好的学习动机，同时教师要为其创造良好的客观条件，才能有效地实现。即使是一种好的方法，经常用也会失去它的魅力。为了激发学生的兴趣，教师应提高自身的知识层次和修养，拉近师生的距离，让学生在轻松愉快的环境中体会学习英语的快乐，最终使每个学生都能得到很好的发展，取得良好的教学效果。

三、让多媒体真正融入英语教学

在英语教学中，使用多媒体辅助教学已成为许多教师的首选。多媒体教学在帮助教师教学的同时，也改变着英语课堂的教学模式和教学氛围。这种改变有其积极的一面，也有其消极的一面。要正确地发挥多媒体这一先进技术的作用，使其融入日常英语教学，为教师和学生所用，教学中而不是成为教师和学生的负担。教师应该利用互联网和多媒体更好地丰富教学资源，提高自身专业素养；学生应该利用互联网和多媒体开阔眼界，提高自主

---

① 黄月澜.通过导入和标题猜测提升学生的英语思维品质[J].中学课程辅导（教学研究），2019，13（25）：53.

学习和合作学习的能力。随着科学技术的日新月异，人们对多媒体技术的使用已深入生活的方方面面，多媒体技术在课堂教学中的运用也趋于成熟。高校大多配备了基本的多媒体教室和多媒体教学设备。针对英语这一科目，多媒体极大地丰富了教学资源和教学手段，使学习英语变得更加直观、更加具体，教学变得更加生动活泼、更加丰富多彩。教师使用多媒体教学既有其优越性，也会产生一些负面影响。例如，现在有一种倾向，大多数课程必须用多媒体教学，如果没有它的存在，这堂课会被认为"太守旧、传统、没有创意，教师甚至没花心思去备课"。一部人总认为只有多媒体才能充分激发学生的兴趣，提高课堂教学效率。但实际情况确实如此吗？有时多媒体教学课就像一间小小的放映室，艺术性尚可，内容十分丰富，气氛也很热闹，这是传统教学所缺乏的。但人们需要的是将教学的艺术性和实用性完美地结合在一起，多媒体课堂不仅要"好看"，而且要"有用"，内容要服务于形式，切忌为了追求形式的新颖而影响了课堂教学的实质。多媒体辅助教学凭借其独特性，开始逐步"占领"英语课堂教学。不可否认，多媒体具有容量大、节奏快的优势，可以从视觉和听觉等方面对学生的感官进行刺激。但是，在实际教学过程中，由于教师过多地使用造成英语课堂失去了初衷，多媒体备课也成为教师的负担，更使学生的发散性思维受到了抑制。多媒体变得不再是"辅助"教学，而是影响教学质量，这就有些得不偿失了。如何才能够更好地发挥这一先进工具的作用，使它恰到好处地融入英语教学中呢？

（一）让图片展示变得有价值

许多教师在用多媒体上英语课时，在不知不觉中就变成了图片展。一些图片的存在是为了渲染气氛，或者引出教师的一个提问，这些图片确实有存在的价值。在实际的英语教学活动中，图片的展示是有必要的。为了使学生能更好地理解一节课的主题，教师可以精选几幅有代表性的图画，不断地、反复地针对这些图片设计不同的问题，或给出不同的解释，要"一图多用"而不要"一图一用"。这样不仅能节约教师的准备时间，而且避免了因信息量太大而偏离主题。学生也能在有限的图片材料中反复体会，加深印象，锻炼说和写的能力。这样的图片展示才会变得实用。

（二）让黑板回归课堂

如今，英语教师在用多媒体上英语课时，黑板似乎变得不复存在。一堂课的导入、单词讲解、语法讲解、课堂提问、课堂活动，甚至练习的材料和答案通通都被装入了制作好的多媒体课件中。在课堂上，教师只要轻点鼠标，想要的内容就会在屏幕上呈现，且顺序也可以随时调整变化，十分快捷和方便。对于这样的一堂英语课，学生的脑海里恐怕除了一张张翻来覆去的幻灯片以外，再没别的印象，可能笔记忘了记，对于重点和难点也掌握不了，甚至有学生在课后复制了一份幻灯片回去复习，其教学效果可想而知。其实，教师在运用多媒体的同时也不能忘了那块被隐藏在后面的黑板，板书的魅力是任何教学设备都无法代替的。精美的板书的吸引力绝对大于一幕幕闪过的画面。学生通过教师在黑板上一步步深入地讲解、描述，跟随教师黑板上的文字不断地思考。教师在黑板上表达其对事物的看法、对问题的解释或推理的同时，学生在下面边听、边记、边思考，这就是师生之间最简单的互动，是教师、教材和学生三者之间的一种交流。如果遇到学生提问，或教师突然有了一个想法，那么教师可以立即写下来进行讨论、讲解，这是多媒体教学无法替代的。多媒体的程序化使呈现的教学内容受到多方面的影响。例如，制作多媒体课件的人员（教师）的技术水平高低、设备条件的好坏、制作花费的时间的长短等。这些方面一旦出现问题，势必会影响教学效果，而在现场想要更改或改变却不大容易。而板书却能灵活调整，在不同的地方显示不同的内容，可以利用文字、图形、表格和线条等来帮助教师更具体地表达教学内容，学生也能从板书的书写顺序和排版方式上理解并在脑中形成空间印象，对内容的理解也会更加立体、更加清晰。所以，精致的板书会让一节课锦上添花。

（三）让学生成为课堂的主角

在英语教学过程中，有些教师会尽可能在课堂的各个教学环节运用多媒体，学生和教师都不可避免地被多媒体影响，教师对着多媒体的内容照本宣科，甚至与学生的交流也用其代替，只按照事先设计好的步骤进行。学生虽然被这些课件吸引，但又没有完全进入学习状态，结果放映结束就成了课程结束。在课后，学生无法回忆起这节课的内容，记住的或许只是教师准备的精美图片和电影片段，这无疑成了多媒体锦上添花的一堂课。如今，教学强调以学生为中心，特别是英语这一语言学习的教学更是如此。教师一味地用多媒体的变换来吸引学生的注意力，把制作画面精美的、充满各种动画的课件作为备课的主要任务，而忽视了关注学生在课堂中的学习状态和学习方法，甚至忽略了与学生的交流和互动，而不能让多媒体来主宰课堂。在充分利用多媒体来创设近似自然的语言环境，加强视听能力方面的培养，开阔学生的视野的同时，教师也不要忘记学生才是课堂的主角，要充分发挥他们的主体性和创造性。

（四）让互联网和多媒体成为促进英语教学的有力辅助

多媒体教学为人们提供了更加实时的、广泛的、多视角的资源。在这个互联网和多媒体盛行的时代，英语教学也因多媒体教学的存在变得生动活泼、丰富多彩。教师和学生可以充分利用这一工具，把枯燥的课堂变得活跃，把现实与课堂拉得更近。英语学习更是可以充分利用互联网和多媒体的优势，不仅在课堂上更加自然地接近真实的语言环境，在课余时间也能有针对性地学习和提高英语水平。

1.教师指导学生合理运用互联网进行英语学习

首先，教师可以指导学生多查阅英文网站，浏览新闻报道，了解世界各地正在发生的重大事件。从中学习各个领域（政治类、经济类、艺术类、体育类等）的重要的词汇表达。教师指导学生将新闻中常见的词汇分类记录，有助于学生词汇量的增加，使学生自主学习的能力得到培养。其次，除了浏览各类网站，教师也可以为学生放映一些介绍以英语为母语的国家的风土人情和文化艺术等方面的人文科普类的短片，培养学生的跨文化意识，使学生对主要英语国家的政治、经济和生活方式等有一个全面的了解和认识。学生通过对这些内容的学习，能够了解世界文化，培养世界意识，紧跟时代潮流与进步，了解世界形势。如全球经济一体化（global Economic Integration）、人类命运共同体（a Community with a Shared Future for Mankind）、一带一路倡议（The Belt and Road Initiative）、新丝绸之路（The new silk road）、绿色发展（Green Development）、可持续发展（sustainable development）等。学生在掌握了这些语言表达后，能够更好地培养思维，扩展视野，了解这些词语背后的额外知识。另外，教师可以利用网络资源补充一些课本上缺乏的、地道的英文表达方式，如常见的成语、俗语、交际中常使用的俚语等，使学生的英语学习不再是为了考试，而是实实在在用于日常交流。教师应培养学生自主学习的能力，如在课前布置一些与课文内容相关的问题，让学生利用互联网查找资料，并在课堂上展示。学生展示的内容实际上是与教师课堂的要点息息相关的，这样不仅锻炼了学生归纳、总结的能力，让他们在学习中学会合作、愿意与他人分享各种学习资源，也能花更少的时间得到更多的资源和知识；教师与学生不再是单纯的教和学，而是相互学习、相互合作的关系。这样的课堂比教师单独讲授更具吸引力。

2. 学生学会运用网络资源和学习软件自主学习

在的英语课堂教学中，总会有学生的英语水平参差不齐的情况，而教师要实行所谓的"因材施教"也较困难。在课堂时间较短、内容多时，课堂教学也只能以教师的讲解为主，学生并没有更多的时间消化和吸收，互动也少。而在线学习和相关的学习软件给学生提供了在课堂以外复习、学习的另一种课堂。在线课程趣味性强、自主性强、资源丰富，学生可以根据自己的课堂学习情况随时自学或复习，并预习课文的重点和难点。在课堂上，师生可以在线进行讨论，共同解答疑难问题。学生在学习完成后会有同步的练习可以作答。教师可以立即评分、讲解。这有助于学生养成自主学习的习惯，帮助不同层次的学生选择适合自己的节奏和方法进行自我提高。学生在课余时间可以利用互联网对听、说、读、写进行针对性的训练，如下载各种英语有声读物、英语听写训练、英语新闻、英语小说等。这就需要学生在充分了解自己的情况下，根据不同的情况进行选择。这也是培养学生自我认识、自我分析、自主选择能力的好方法。

3. 师生在线互动交流

英语学习平台能够提供一个轻松、自由的语言氛围，教师可以利用这一点在校园网或其他网站开设英语学习平台，如云课堂、课堂派、超星电子等。不同于学校课堂上的教学，在学习平台上学生可以聊各种话题，教师也可以提供一些话题供学生思考，而学生可以在此积极发表各种见解。在这之前，学生必须充分准备。不同于学校中的面对面，学生可以匿名回答，没有正确、错误之分，目的是让学生用英语充分表达自己的见解，体现自己的个性。教师可以利用这个"加油站"上传一些资料提供给学生，学生可以根据自己的需要下载查看，也可以补充教师的资料库。这些互动能够拉近师生的距离，互联网为师生课余交流提供了一个更好的平台。

4.教师应利用互联网提高专业水平

英语教师大多没有国外学习的经历，其自身英语水平的提高就变成了终身学习的过程。互联网可以在很多方面帮助英语教师不断提升自我，可以为教师提供各种资源，包括备课资源、课堂资源和专业发展资源等。在目前英语语言环境缺乏的情况下，学生通过在线收看英语国家的新闻、电视、听英文歌曲、广播等可以弥补语言环境方面的不足。在教学方面，各类教研网站为教师提供了交流心得，展示成果的平台。教师可以通过对同行的教学论文的研读，基于教学课件的方法，丰富自己的教学理论，总结出适合自己的教学风格和教学方法。对一个教师来说，其只有不断地提升自我，才能为学生提供更高质量的教学，才能真正做到为人师表。

第五节　负迁移思维的培养

一、汉语负迁移与英语教学

迁移是学习中的一种普遍现象，它广泛存在于知识、技能、态度和行为规范的学习中。也正是由于迁移的作用，所有的习得经验几乎都是以各种方式相互联系起来的。在英语学习中，负迁移现象的产生，一方面与学生的认知水平有一定关系，另一方面也与教师在教学中学生相关能力的培养有关。

（一）文化迁移的定义

已有知识对新知识学习产生影响的现象称为迁移（transfer），促进新知识学习的迁移称为正迁移（positive transfer），阻碍新知识学习的迁移称为负迁移（negative transfer）。行为主义心理学认为，学习者在英语学习中所犯的错误或遇到的障碍多是学习者母语习惯负迁移的结果。文化迁移则是指由于人们下意识地用自己的文化规则和价值观来指导自己的言行和思想，并以此为标准来评判他人的言行和思想。

（二）汉语文化负迁移对英语学习的影响

因为英语学习者是在已经具备了一套具体语言规则的基础上进行学习的，已完成了依靠语言社会化的过程，其社会身份已确定。在学习英语时，其已有的语言知识不可避免地将成为学习英语的参照系，其原有的世界观和价值观等不可避免地发生迁移。因此，许多中国学生的语言学习其实都是"英语语法+英语词汇+中国文化背景"。他们把英语镶嵌到自己母语文化背景之中，割裂语言与文化的关系，造出了许多"Chinese English"（中式英语）而不是"Idiomatic English"（地道英语），造出了许多的"Discourse in English"（英语语篇）而不是"English discourse"（英语语篇）。英语教师应该尽可能让学生了解学习过程中会出现的文化冲突，对母语和目的语进行分析和比较，减少或阻碍文化的负迁移，促进文化的正迁移，从而提高语言交际能力，提高学习效率。同时，从文化迁移的角度来看，要培养出具有很强语言交际能力的学生，教师需要很高的素质①。教师不但应有深厚的语言功底，还必须具备较高的东西方文化修养、很强的跨文化意识和跨文化交际能力。

（三）防止汉语负迁移的教学原则

1. 情境性原则

语言作为交流的工具必然与特定的情境相联系。如果脱离实际运用而单纯孤立地学习语言知识，势必会导致最初学习时的语言情境与将来实际的应用情境相差太大，造成迁移受阻。学习者在汉语环境中学习英语，在一定程度上增加了学习的难度。如果不考虑这一特点，而是脱离实际、孤立地学习英语知识，那么尽管学生在头脑中储存了所学的语言知识，这些知识有可能仍然处于惰性状态，难以在适当的时候被激活、被提取出来加以应用或迁移。为此，教师教学中应考虑情境因素在语言学习中的作用，充分创设并利用各种情境，使语言迁移达到最好的效果。

2. 鼓励性原则

个性特征是相对稳定的心理品质，这意味着个体在进行语言学习和知识迁移活动时，不可避免地受个性特征影响。个性特征影响学生的整个学习过程，自然也影响迁移过程。在英语教学中，教师应充分考虑到这一点，鼓励学生用英语进行交流，努力尝试运用新的不同的方式来表达意义，对于学生主动使用英语的意识及其行为给予充分的肯定和支持，鼓励学生正视英语学习中的错误。同时针对学生可能存在的个性问题，教师要正确引导，使学生成为一个积极的英语学习者。

（四）汉语负迁移下的英语学习策略

语言教学应是渐进、自然、启发式、关联的教学，而不是集中、说教、注入、孤立式的教学。文化随时间、地点和人物的角色变换而发生变化。因此，作为文化中介的教师在教学中应以培养学生的跨文化交际能力为目标，以汉语文化和英语文化为内容（包括其他文化），除高雅文化外，还应涉及大众文化习俗、仪式及其他生活方式，以及价值观、时空概念、解决问题的方式等深层文化的内容。教师所讲授的文化信息应来自应多个渠道，如阅读、交流、大众媒体、实例分析、调查、到目的语国家实践等。教师应从多个角度介绍来自不同文化背景的作者编写的文化材料，并从汉语文化、英语文化及其他语言文化等多个角度看待英语文化，采用启发式教学，强调实践，注重学生的个人参与。教学方式可采用对比法，比如让学生就某一方面将英语文化与汉语文化进行对比，找出异同，突出强调与汉语文化存在差异的英语文化现象，可以尝试从多个角度特别是本族人的角度对英语文化进行理解，从心理上认可其在英语环境中的合理性。学生应调整自我观念，超越文化隔界，以开放的态度从不同视角看待和理解母语文化和异国文化。学生可通过阅读、倾听、交谈、观察、调研等多种方法，与教师、其他学习者、亲朋好友、来自英语国家的人进行

---

① 程晓棠，郑敏. 英语学习策略：从理论到实践 [M]. 北京：外语教学与研究出版社，2002：111.

交流。不同的民族有不同的文化，各民族的文化既有个性又有共性。共性为跨文化交际提供了依据和保障，个性却构成跨文化交际的障碍，从而引起文化的迁移。文化迁移受交际双方文化背景和思维方式的影响，在语言使用中会产生诸多文化迁移现象。探讨英汉文化迁移有助于消除交际障碍，拓宽视野，促进文化交流。

二、汉语负迁移与英语语法教学

汉语作为母语，一定会对英语语法学习产生影响。许多英语语法错误都是由汉语的负迁移所致。教师在英语教学中应正确引导学生学习英语语法。

（一）语言迁移的本质及理论

语言迁移是指学习者在使用第二语言时，借助于母语的发音、词义、结构规则或习惯来表达思想的现象。任何有意义的学习都是在原有学习的基础上进行的，有意义的学习中一定有迁移。中国学生在学习英语时，不可避免地受到来自汉语的影响。汉语作为原有的经验，是新的语言学习的一种认知上的准备，不可避免地参与新的语言学习。无论语间迁移，还是语内迁移，都存在正负两种同化性迁移。而汉语向英语各个层面上的正迁移和负迁移更是为人们所熟知。

许多学生在学习英语的时候会习惯性地把母语语言习惯强加于英语上，于是母语的负迁移现象层出不穷。这些负迁移现象通常表现在文化因素、语音、词汇和语法等方面。汉语作为母语，对于中国学生学习英语的干扰是多方面的，涉及语音、语义和句法结构等，在语法方面的表现尤为突出。受母语负迁移影响，学生在英语学习中较多侧重于词法和句法的学习和使用，而缺少对语法整体结构的认识和理解。在英语教学中，学生掌握不了句子的主要意思和分句本身所存在的逻辑关系，导致主次不分，汉语中很少使用被动语态，被动句中通常含有被动标志词如"被、由"等，而英语中被动语态的使用十分普遍，且被动意义有时是单纯的通过句子的形式所表现出来的。英语中用"it"做形式主语是一个非常普遍的句型，而汉语中则很少有这一现象。这些语法错误都是受到汉语的影响即汉语的负迁移所导致的。

（二）避免汉语语法负迁移，加强英语语法学习的主要策略

1. 中英文语法对比

由于中英文的语法结构在某些地方的相似和不同之处比较多，教师应时常将中英文的语法表达进行对比，以进一步加深学生的理解，即促进汉语语法正迁移，减少负迁移。教师讲解语法不一定非得把一个问题的所有方面都讲全讲细；相反地，要尽可能用简洁清楚的语言，帮助学生理解、消化、记忆和运用。

2. 语法与词汇糅合

把语法与词汇合在一起，学习语法以动词为纲。张道真说："有人把语法比作树干，词汇可说是枝叶，根深叶茂才能长成大树。"因此，学生不要把语法作为一种孤立的知识

来学习,孤立学习语法不可能真正掌握语法。教师只讲语法不会激起学生的学习兴趣,语法要在活生生的语言中才能体现时代气息,语法和词汇是血肉关系。

3. 创造情境教学,提高语篇情景意识

教师在英语语法教学中应坚持"优化而不是淡化语法教学"的原则。目前广泛应用的两类语法课堂教学模式是演绎语法教学模式和归纳语法教学模式。除此之外,教师还应创设趣味性强、贴近学生生活、适合目标语的语境,让学生在语境中探索语法规律,运用语法规则,内化语法知识,真正提高语言运用能力。情景教学法还意味着教师应为学生学习语法创造语篇情景。教师应当在语篇层面进行语法教学,帮助学生树立单句是语篇有机组成部分的观念,培养学生把单句放入语篇中选用适合语境的语法形式的意识,并引导学生关注语境如何决定语言形式的选择。

(三)对今后英语语法教学的思考

通过上面的分析可以发现,研究中出现的语法错误大多是由因汉语负迁移导致的。对于这种错误,学生如果不通过教师的指引和一些教学策略的帮助,则很难意识到并改正。因此,在英语的教学过程中,教师应该首先让学生认识到英语语法与汉语语法的不同,意识到汉语对英语学习所存在的干扰,并努力找出解决办法来消除和避免因汉语负迁移所导致的英语语法错误。

参考文献

[1] 黄文源. 英语新课程教学模式与教学策略 [M]. 上海：上海教育出版社，2004.

[2] 潘景丽，黎茂昌. 新课程中学英语教学理论与实践 [M]. 成都：四川大学出版社，2011.

[3] 乐伟国. 新课程教学素材与方略小学英语 [M]. 宁波：宁波出版社，2006.

[4] 程可拉，邓妍妍，晋学军. 中学英语新课程教学论 [M]. 广州：广东高等教育出版社，2007.

[5] 黎茂昌，潘景丽. 新课程小学英语教学理论与实践 [M]. 成都：四川大学出版社，2011.

[6] 郑秉捷. 中学英语新课程课堂教学案例 [M]. 广州：广东高等教育出版社，2003.

[7] 尹世寅，赵艳华. 新课程：中学英语课堂教学如何改革与创新 [M]. 成都：四川大学出版社，2005.

[8] 高洪德. 高中英语新课程理念与教学实践 [M]. 北京：商务印书馆，2005.

[9] 郭宝仙. 英语课程开发原理与实践 [M]. 上海：上海教育出版社，2015.

[10] 刘春燕. 英语产出能力与课程优化设计研究 [M]. 北京：科学出版社，2016.

[11] 戴小春. 英语专业课程结构优化论 [M]. 北京：北京理工大学出版社，2011.

[12] 黄胜. 新课程标准下的高中英语（必修）教材研究 [D]. 桂林：广西师范大学，2019.

[13] 尚瑞林. 新课程标准下的小学英语课程资源开发 [D]. 呼和浩特：内蒙古师范大学，2019.

[14] 廖欣. 小学英语教师课程知识生成策略研究 [D]. 西安：陕西师范大学，2019.

[15] 常德萍. 高中校本课程英语演讲赏析的调查研究 [D]. 济南：山东师范大学，2019.

[16] 陈燕. 中等职业学校英语语音选修课程开发研究 [D]. 宁波：宁波大学，2018.

[17] 宁静. 英语新课程改革背景下初中生跨文化交际能力的调查研究 [D]. 淮北：淮北师范大学，2018.

[18] 孙贝. 基于具身认知理论的初中英语词汇教学研究 [D]. 重庆：重庆大学，2018.

[19] 谢晓莉. 高中英语课程资源的开发及其管理 [D]. 苏州：苏州大学，2017.

[20] 侯琨. 基于学习动机理论的英语校本教材开发研究 [D]. 上海：上海师范大学，2017.